Auxiliando a humanidade a encontrar a Verdade

A Guerra Astral

© 2021 – Conhecimento Editorial Ltda

A Guerra Astral
José Andrade Filho

Todos os direitos desta edição reservados à
CONHECIMENTO EDITORIAL LTDA.
Rua Prof. Paulo Chaves, 276 – Vila Teixeira Marques
CEP 13480-970 – Limeira – SP
Fone/Fax: 19 3451-5440
www.edconhecimento.com.br
vendas@edconhecimento.com.br

Nos termos da lei que resguarda os direitos autorais, é proibida a reprodução total ou parcial, de qualquer forma ou por qualquer meio – eletrônico ou mecânico, inclusive por processos xerográficos, de fotocópia e de gravação – sem permissão por escrito do editor.

Revisão: Mariléa de Castro
Projeto gráfico: Sérgio Carvalho
Ilustração da capa: Banco de imagens

ISBN 978-65-5727-115-5
1ª Edição – 2021

• Impresso no Brasil • Presita en Brazilo
Produzido no departamento gráfico da
Conhecimento Editorial Ltda
grafica@edconhecimento.com.br

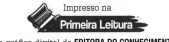

a gráfica digital da **EDITORA DO CONHECIMENTO**

Dados Internacionais de Catalogação na Publicação (CIP)
Angélica Ilacqua CRB-8/7057

Andrade Filho, José
  A Guerra Astral : romance transcendental sob a inspiração do espírito Luiz / José Andrade Filho – Limeira, SP : Editora do Conhecimento, 2021.

  278 p.

ISBN 978-65-5727-115-5

1. Literatura espírita 2. Guerra espiritual I. Título II Luiz (Espírito)

21-3930   CDD – 133.93

Índices para catálogo sistemático:
1. Obras psicografadas

José Andrade Filho

A Guerra Astral

Romance transcendental
sob inspiração do espírito Luiz

1ª edição
2021

Sumário

Prefácio	7
Prólogo	11
1ª parte – Os agentes da luz e das sombras	23
1. O Exército de Guardiões	23
2. Mago Aqtvos	35
3. Coordenador Aalão	37
4. O sombrio Adholphus	38
5. Os chefes de falanges da luz	46
6. Guardiã Waniah	49
7. Fábio e o guardião Vhanet	55
8. Guardião Justiniano	62
9. O Sombra	65
10. Guardiões Macberius, Roche e Silas	68
11. Falanges dos guardiões da Luz	72
12. Guardião Rafael	74
13. Mago Nevius	76
14. Mago Zirov	80
15. Mago Draco	82
2ª parte - A guerra astral (capítulos 16 a 61)	84
Epílogo	271

Prefácio

Um livro pode não ter sido escrito apenas por uma cabeça pensante e um par de mãos. Podemos estar diante de uma produção em conjunto, em parceria.

Muitos grandes escritores se arvoram em mencionar que sua primorosa criatividade e especial genialidade os conduziram à produção de grandes obras-primas e descartam a possibilidade do envolvimento de outras mentes inteligentes no processo criativo que, em parceria mental, se complementa por meio da inspiração e da intuição.

É evidente que qualquer autor, ao produzir um texto literário, agrega muito de si próprio: suas vivências, suas experiências pessoais, suas emoções, sentimentos e inspirações, no entanto, poucos consideram a possibilidade de uma intuição originada na influência mental de uma inteligência espiritual, extrafísica.

Ao contrário do que muitos pensam, podemos afirmar ser expressivo o número de obras criadas em parceria. Raramente ocorre pelo trabalho de apenas uma inteligência, e assumir a autoria exclusiva de um texto literário, é negar veementemente a possibilidade de ocorrência de uma intercessão espiritual na produção criativa.

A influência espiritual exercida pelos desencarnados (espíritos) no plano físico é fato e ocorre de forma intensa e contínua. Allan Kardec, em *O Livro dos Espíritos*, nos mostra isso quando indaga na pergunta 459:

"Influem os espíritos em nossos pensamentos e em nossos atos?"

Resposta dos espíritos:

"Muito mais do que imaginais. Influem a tal ponto, que, de ordinário, são eles que vos dirigem."

Nesse processo de influenciação mútua ocorre uma interação de duas mentes ativas em trabalho de reciprocidade criativa, uma associação, e essa é a essência do fenômeno.

O presente trabalho se encaixa perfeitamente nessa descrição. O livro foi intuído pelo espírito Luiz ao escritor-receptor encarnado, que minuciosamente registrou tudo o que lhe foi repassado mentalmente, por intermédio de projeções de imagens e cenas, como se fosse um "filme", e coube ao escritor-receptor assimilar e entender o que recebia para descrever tudo da melhor forma possível e transformar o material intuído em uma narrativa coesa, clara e precisa para o leitor.

Os estudos complementares, as pesquisas históricas e as leituras adicionais realizadas pelo receptor-escritor têm a finalidade de construir o cabedal de elementos componentes da criação intuída na memória dele, pois a inteligência espiritual que conduz o processo necessita que o seu receptor possua um mínimo de conhecimento sobre o assunto, devidamente assentado em seus arquivos mentais, para que o fenômeno possa ser implementado, pois de nada adiantaria intuí-lo sobre determinada situação ou apresentar informações e cenas sobre um determinado evento, se o receptor não estivesse em condições de assimilação mental. O desconhecimento do assunto poderia conduzir o receptor à dúvida, ao não entendimento por incapacidade técnica e cognitiva, e até à negação, cujo resultado seria um estrondoso fracasso de ambas as partes.

Muitas informações trazidas pelo mentor espiritual são fruto de acurada observação realizada no plano astral ou extraídas dos registros *akáshicos* (memórias compiladas no éter de eventos, ocorrências humanas físicas e espirituais, pensamentos, palavras, sentimentos, emoções e intenções, realizações, artes e criações de toda ordem). Tais informações são repassadas intuitivamente ao escritor-receptor, em cuja psique o mentor espiritual atua e precisa encontrar eco, subsídios técnicos, arquivos de memórias, parcelas de conhecimentos básicos, para poder semear as ideias e desenvolver os raciocínios que irão balizar a obra e permitir a captação das nuances dos cenários complexos apresentados. Por isso, o "filme" que é projetado na mente do escritor-receptor necessita ser inteligível, plausível, possuir lastro de conhecimentos correlatos e estar vibrando na frequência medianímica do narrador. Os autores parceiros deverão, ainda, se servir de recursos de linguagem adequados à compreensão do leitor, utilizar metáforas, comparações e ideias que produzam identificação psíquica e entendimento.

Os autores, em parceria, se esforçaram para encontrar

meios de estímulo à curiosidade dos leitores sobre o assunto, sobre os fatos. Um dos objetivos era aguçar suas percepções sobre as realidades dos dois planos dimensionais da vida, fazê-los se interessar em conhecer os dramas envolvidos e, essencialmente, provocar reflexões sobre a mensagem transmitida. O intuito desse esforço sempre foi o de esclarecer e promover a compreensão dos mecanismos que regem, interferem e interagem nas vidas física e extrafísica, continuamente.

O modelo de parceria criativa intuitiva se consolida na união de vetores empenhados em produzir um conteúdo que agregue diversos pensamentos, vivências e as experiências de mentes que transitam em universos dimensionais diferentes, que observam e sentem as realidades pela sua ótica, sua própria sensibilidade e ângulos de observação diferenciados, e seus elementos intrínsecos influenciam sobremaneira a narrativa, e conciliar visões tão diferentes sempre foi um árduo processo de amadurecimento, concatenação e conciliação de ideias, uma espécie de ajuste fino para que o leitor possa receber um conteúdo racional, pertinente e esclarecedor.

A literatura transcendental sempre foi muito questionada e vista com preconceito por aqueles que ainda não entenderam seu propósito e abrangência, mas o fenômeno de transmissão de conteúdo psicografado ou intuído psiquicamente se firmou como uma vertente poderosa de educação espiritual, de esclarecimento e de entretenimento, com um conteúdo edificante e rico.

Descrever a guerra astral travada nos bastidores dimensionais foi tarefa que exigiu disciplina e persistência, pois durou cerca de oito anos, agregou inúmeras atualizações, correções de rumos e incontáveis alertas dirigidos ao escritor como: "apaga e reescreve melhor"; "a ideia está incompleta"; "veja as imagens novamente e acrescente os detalhes essenciais ao entendimento". Trabalhar como aparelho receptor-escritor requer paciência, organização e arguta atenção para não negligenciar aspectos relevantes do "filme" que foi projetado em sua mente, para não comprometer a fidelidade e a precisão da narrativa portadora da mensagem principal, para não exagerar nas emoções e na dramaticidade, ao ponto de embrutecer o texto e deixar a obra ácida.

O objetivo precípuo que nos norteou, como já foi expresso anteriormente, foi o de esclarecer, oferecer conhecimentos e suprir a falta de informações sobre o que está acontecendo nos bastidores da vida física, do outro lado do véu dimensional, no plano astral.

O livro *A Guerra Astral* é atual e descreve com minúcias os acontecimentos marcantes destes momentos críticos pelos quais passa a humanidade terrestre. A realidade que se impõe a todos nós é a de uma guerra astral travada entre os mandatários das sombras que se digladiam entre si e, ao mesmo tempo, associados, lutam contra os éticos representantes da Luz. A obra nos apresenta o cenário estratégico do governo oculto do mundo, que luta ferozmente e de forma antiética para manter seus cruéis domínios, seus planos maléficos de poder. Seu objetivo é fortalecer as hostes e potestades do mal para prosseguir subjugando mentes e escravizando corações, a fim de atingir os propósitos nefastos arquitetados pelos senhores e maiorais das trevas. O teor da narrativa é contundente porque seu objetivo não é consolar, mas esclarecer e alertar.

Espero que este prefácio possa ser o elemento indutor de múltiplas reflexões que resultem em uma maior abertura consciencial dos leitores. Entender o que está ocorrendo ao nosso redor, conhecer as artimanhas das sombras, suas influências e os impactos em nossas vidas é elemento essencial para que possamos abandonar o grupo que marcha na ilusão, de olhos vendados e indiferente ao perigo real representado pelos lobos predadores espirituais que nos cercam.

Este alerta é para que possamos ter ouvidos para escutar e olhos para ver que estamos em meio a uma guerra astral entre os impérios do mal e a Luz, e compete a cada um de nós, nestes momentos cruciais, colaborar de forma positiva e fraterna, com esperança e fé na direção segura e confiável de nossos dirigentes espirituais e no Cristo, na certeza de que tempos melhores virão. Podemos nos tornar, cada um, "éticos soldados" do Cristo, e contribuir, conforme nossas possibilidades, na construção de um mundo mais fraterno e mais pacífico, no qual predominarão o amor e as leis imutáveis e eternas do Criador. Vivamos com Jesus em nossos corações e mentes e vibremos em sintonia com a espiritualidade dirigente planetária para ajudar a edificar a Nova Terra.

Luiz (Espírito)
Fortaleza, CE
13 de Julho de 2021

Prólogo

Grande parcela da humanidade ainda não acredita na existência de mundos dimensionais diferentes da existência material em que estagiamos. Não cogitam a possibilidade de seres extrafísicos que habitam outras esferas vibratórias denominadas astrais serem capazes de influenciar de forma positiva ou negativa a sociedade mundial. Alimentam a ideia de que a morte encerra uma trajetória e ao cerrar os olhos do corpo físico na Terra a vida do ser humano se acaba e creem ser o fim do espetáculo da vida, como acontece ao final de uma peça teatral em que os atos e as cenas se encerram com o abaixamento das cortinas.

Felizmente tem aumentado o número de pessoas que estão se abrindo espiritualmente para enxergar o fato natural da multiplicidade das existências, da imortalidade do Espírito. É o inevitável e gradativo rompimento do véu consciencial que encobre a racionalidade e atualmente nos impede de sentir, perceber e entender que os mundos dimensionais não estão separados e apartados da nossa realidade; ao contrário do que imaginam, estão intimamente ligados, entrelaçados e influenciando-se mutuamente, a todo instante.

Somos espíritos eternos – imortais – e nossa vivência na Terra não passa de mais uma experiência, mais uma oportunidade de educação, de progresso, para que possamos crescer espiritualmente. Nossa vida é de constante aprendizado. Frequentamos as escolas e universidades para garantir uma progressão intelectual e na medida em que aprendemos as lições e tiramos boas notas vamos avançando para outras séries mais adiantadas. Analogamente, frequentamos a escola da vida, na Terra, em cujo ambiente destinado ao progresso espiritual por intermédio das lutas diárias, do culto à fraternidade, do amor ao próximo e do burilamento espiritual, adquirimos o entendimento do real significado das existências humanas. Cada encarnação é uma nova existência oferecida pelo Criador, que se materializa com mais uma oportunidade de obtenção de melhorias morais e de progressão para outras dimensões mais avançadas e mais espiritualizadas. Há na escola terrena – essa bendita escola de vida na Terra —, diversos tipos de aprendizes: os estudiosos, dedicados e cônscios de suas responsabilidades, que são aprovados com louvor; os que ficam para recuperação por necessitarem de mais tempo de aprendizado ou por não terem aprendido os ensinamentos e as lições de vida, necessitando repeti-las; e existem aqueles que foram reprovados por nada terem apreendido ou assimilado das lições ministradas, por terem sido aprendizes relapsos, rebeldes e revoltados, por terem insistido em permanecer na condição de ignorantes espirituais. Os aprovados estão sempre melhorando sua situação por méritos apreciáveis a cada existência terrena [reencarnação]; os que se recuperam repetem algumas tarefas, vivenciam novas lições e com esforço redobrado e vontade poderão conseguir vencer os obstáculos e mudar de nível; e os que foram reprovados? Estes necessitarão de novas e diferentes oportunidades. Dependendo do grau de rebeldia moral e do atraso espiritual em que estacionaram, poderão receber lições mais duras e difíceis para despertarem e poderem sair da estagnação em que se encontram. Frequentarão novas escolas da vida para experimentarem outros métodos de aprendizagem [talvez em outros mundos], em ambientes compatíveis com o seu estado vibracional, com o seu grau evolutivo e conforme as necessidades espirituais pessoais de cada um ou do coletivo cármico como um todo.

    O sistema ensino-aprendizagem espiritual precisa lidar com um grande problema: os aprendizes rebeldes e revoltosos. Aqueles que não enxergam suas deficiências, não demonstram qualquer vontade de melhoria, que permanecem desinteressados e não cultivam a humildade para aprender. São aqueles que decidiram se revoltar por leviandade, por ignorância e falta de amor contra o sistema de ensino e crescimento espiritual que norteia todos os elementos da Criação Divina, se opondo a tudo e todos que os cercam. Para muitos desses aprendizes revoltados e rebeldes foram ofertadas, ininterruptamente, inúmeras oportunidades de novos aprendizados, de novos programas de recuperação, de novas perspectivas de percepção da vida, todas, infelizmente, desprezadas por eles. Preferem se manter na rebeldia e na insensatez do crime, desfraldando a bandeira da guerra contra a política educacional divina que ignoram. Para demonstrar a sua revolta e intensificar sua oposição, muitos, inadvertidamente, passaram a interferir no processo evolutivo da coletividade, atrapalhando o desenvolvimento do sistema ensino-aprendizagem planetário, dificultando as atividades escolares dos demais aprendizes da vida, criando obstáculos para impedir que mestres e educandos alcancem o progresso moral pretendido e se empenham apenas para atrasar os esforços de crescimento espiritual – o único meio capaz de nos fornecer os instrumentos pessoais indispensáveis à ascensão espiritual que nos aproxima, cada vez mais, da Fonte Criadora (Deus).

Desde tempos imemoriais da existência da humanidade terrestre espíritos encarnados e desencarnados desenvolvem ações funestas que fomentam a discórdia, as guerras, o ódio, a violência para forçar o homem a permanecer na ignorância escravizante.

A civilização terrestre conheceu, ao longo de sua trajetória, os flagelos de inúmeras guerras que aniquilaram nações, implantaram regimes de terror, destruíram povos promovendo incontáveis genocídios, derramaram o sangue de inocentes por ganância e exaltaram personalismos ensandecidos e comprometidos com o crime. Homens sem escrúpulos edificaram tiranias cruéis, escravizaram milhões de seres humanos, espalharam a miséria, a discórdia, disseminaram o sofrimento e as dores acerbas para satisfazer vaidades no terreno fértil do egoísmo e da ignomínia.

Somente a extremada crueldade e a insidiosa violência perpetrada por homens despóticos e desprovidos de qualquer senso de humanidade seriam capazes de rasgar o tecido social e inserir em suas feridas a insidiosa doença do morticínio e da carnificina dos seus semelhantes, dos seus irmãos, com tamanha virulência e leviandade.

A falha argumentação que tenta justificar como necessária a ocorrência da guerra para solucionar os conflitos tem a sua origem em mentes endurecidas e brutalizadas que exteriorizam e disseminam, com suas atitudes insanas, ações impregnadas de discórdia, calúnia, mentira, cupidez e desfaçatez, com o nítido desejo de opor obstáculos ao desenvolvimento e à evolução da civilização.

Perante a lei suprema da vida, as ações diabólicas de fomento e de execução das guerras injustas e delinquentes são consideradas crimes hediondos contra a humanidade e afrontam as leis de justiça divina universais. O exercício do livre-arbítrio individual pleno por alguns refratários ou por coletividades de transgressores passou a constituir justificativa à utilização sem freios da chave-mestra que abre o baú das iniquidades, repleto de maldades e perversidades, de onde são retirados os elementos nefastos para os mais desprezíveis atos de crueldade, covardia e desrespeito contra os seres humanos.

Para realizar o refreamento dos sucessivos atos abusivos contra a vida, contra a escravização mental da humanidade e contra o progresso terrestre, é imperativo impor oportunas e necessárias medidas de contenção disciplinadoras, com o objetivo de restabelecer o equilíbrio e a dinâmica evolutiva. Assim, para impedir que atos desgovernados sejam levados a efeito, fazem-se necessárias intervenções objetivando a sua oportuna neutralização, para evitar os efeitos destrutivos que contaminam a vida com a perversão e a maldade.

Para tanto, a salvaguarda dos mais caros princípios de liberdade, justiça e dignidade humana é realizada por forças que compõem um poderoso exército astral de guardiões, formado por entidades especializadas e capazes de implantar uma eficiente defesa para impor limites aos desatinos comportamentais que poderiam comprometer os planejamentos propostos pela Providência Divina e a evolução dos povos do planeta.

Essa poderosa força do astral denominada de "Exército de Guardiões" é a responsável pela milenar batalha de equilíbrio de forças e energias do Universo e atua como verdadeiro instrumento de consecução da Justiça Divina.

> Aconteceu então uma batalha no céu: Miguel e seus anjos guerrearam contra o Dragão. O Dragão batalhou juntamente com os seus anjos, mas foi derrotado, e no céu não houve mais lugar para eles... (Apocalipse: 12)

O embate entre as hostes e potestades do mal que lutam pela hegemonia de poder e pela governança oculta do mundo é uma realidade astral com ampla influência no plano das formas (material) e o seu conhecimento representa a aquisição de uma consciência mais expandida sobre os mecanismos que regem o entrelaçamento das vidas material e espiritual, para que a humanidade terrestre possa identificar, coletivamente, os caminhos que deverá percorrer para suplantar a ignorância moral, para escapar da escravidão mental, da subjugação dos sentimentos, da exacerbação das emoções descontroladas e dominar o seu próprio destino evolutivo. A influência perversa, dissimulada e contundente do governo oculto persiste e continuará provocando eventos nefastos que precisam ser combatidos com firmeza, determinação, inteligência e capacidade técnica, para evitar que provoquem efeitos evolutivos desastrosos e prejudiquem o progresso da humanidade terrestre. Essa tarefa de contenção de abusos, de reequilíbrio de forças e de garantia de justiça e paz é a destinação fundamental do Exército de guardiões.

Influência do astral na vida física – um caso histórico

Berlim, Alemanha – Inverno de 1938

No interior da sala sem janelas situada dentro do *bunker* subterrâneo alemão, a imponência da mesa redonda de madeira maciça com sete cadeiras de espaldar alto era evidente. Sobre a mesa pendia uma única lâmpada envolta por uma cúpula metálica de cor verde escuro que dirigia o foco de luz para baixo, deixando o ambiente soturno e lúgubre. As paredes do *bunker,* sem qualquer adorno, possuíam uma textura de concreto liso e pintura de cor cinza claro. Naquele local obscuro pairava uma atmosfera sombria e inexplicavelmente angustiante.

O homem que aguardava sentado em uma das cadeiras apertou um botão colocado na superfície inferior do tampo da mesa à sua frente e logo um soldado vestido em um uniforme do exército alemão abriu a porta e se colocou em posição marcial, olhar altivo e pronto para receber qualquer ordem.

– Você pode chamar os demais integrantes da reunião – disse o homem em alemão, com voz grave e imperativa.

– Sim, senhor – limitou-se a responder o soldado.

Em seguida ele fez meia-volta e marcialmente se retirou fechando a porta com cuidado para não fazer barulho. Depois de alguns minutos o mesmo soldado bateu na porta de aço, abriu-a e fez um gesto para que as pessoas que o acompanhavam entrassem na sala. Quando as cinco pessoas adentraram na sala, ele saiu e fechou a porta novamente. A última pessoa que entrou trancou-a por dentro deslizando um forte ferrolho. Do lado de fora, à direita e acima do batente da grossa porta de aço, uma luz vermelha foi acesa e abaixo dela uma mensagem escrita em uma placa branca com letras pretas alertava: "Reunião em andamento – não interrompa".

– Boa noite, senhores! – disse o homem depois de se levantar de sua cadeira para recebê-los e ato contínuo cumprimentar os convidados, um a um. – Acomodem-se, por favor, deixando a cadeira central que está voltada para a porta, vazia.

Todos os que estavam reunidos em volta da mesa já se conheciam: o médico e cientista alemão doutor *Shürman Hallwass*; as médiuns videntes *Françoise Ceurton*, francesa de Lion e *Elizabeth Steel*, inglesa; o sensitivo austríaco *Hans Hess*; o coronel do exército alemão Fronz Müller e o major das SS (*Schutzstaffel*)[1] *Klauss Hannemann*.

Dr. Shürman, falando em alemão com forte sotaque da Baviera, iniciou uma preleção sobre os procedimentos a serem seguidos na reunião daquela noite, dizendo:

– Senhoras e senhores, a noite de hoje se reveste de especial importância porque iniciaremos um novo ciclo de estudos. Para que possamos prosseguir em nosso caminho, precisamos apresentar um projeto convincente ao distinto comandante das SS, cuja presença na noite de hoje aguardaremos aqui neste local. Devo lembrá-los de que as demonstrações realizadas nesta sala servirão para emprestar credibilidade aos estudos e, logicamente, o êxito dos eventos nos proporcionará o necessário grau de convencimento para avançarmos no projeto que foi meticulosamente arquitetado. Não há espaço para fracassos ou embustes, somente a demonstração de nossa real capacidade poderá resultar no irrestrito apoio do *III Reich*. Dependemos do esforço de cada um dos presentes como portadores de poderes e forças sobrenaturais, para traçar os destinos do projeto *Schwarze Sonne*[2].

Depois de falar ele se levantou e saiu pela única porta de acesso, deixando os convidados sozinhos. Minutos depois uma sirene emitiu um silvo curto e estridente, anunciando a chegada do ilustre visitante ao *bunker*. Dentro da sala todos se entreolharam apreensivos e não tardou para que a porta de aço fosse novamente aberta e por ela passasse aquele homem de constituição franzina, cabelos negros repartidos de lado e rigorosamente penteados,

[1] *Schutzstaffel* – Tropas de proteção (denominação das SS, tropa de elite nazista).
[2] *Schwarze Sonne* – *Sol Negro* – fonte de energias astrais negativas.

bigode fino, óculos redondos de aro metálico e lentes pequenas que lhe emprestavam uma feição sisuda, um olhar severo e ameaçador a quem ousasse encará-lo. Metido em um uniforme negro impecavelmente cortado, seus gestos aparentemente singelos e polidos escondiam, atrás de sua máscara de homem bom, muita crueldade, arrogância desmedida e brutalidade sem limites. Todos se levantaram e fizeram uma reverência silenciosa meneando a cabeça, sem encará-lo.

O oficial de alta patente do *Reich* estava sempre acompanhado por outro militar, seu guarda-costas e assistente, um grandalhão de olhos azuis e cabelos loiros muito curtos, também envergando o uniforme das tropas SS. Com um gesto firme a autoridade recém-chegada sinalizou para que seu assistente se retirasse. O assistente se empertigou e antes de cumprir a ordem observou com atenção o rosto de cada um dos presentes, a fim de memorizá-los. Em seguida tomou posição de sentido, juntou os calcanhares estalando-os com suas botas pretas lustradas que subiam até abaixo dos joelhos, fez a saudação do *Reich* levantando a mão direita espalmada até a altura dos ombros, executou meia-volta e saiu em passo marcial.

A porta foi trancada novamente pelo Dr. Shürman. Depois de indicar o local onde o comandante das SS se sentaria ele pediu permissão para iniciar a reunião.

– *Herr Reichsführer*[3] SS Himmler, estamos aqui reunidos nesta noite para realizar as demonstrações a que me referi em nosso encontro. O senhor já conhece nossos propósitos, recebeu os documentos sigilosos que detalham nossas ações da GOK – *Geheimbund Okkulten Kräfte*[4] e na noite de hoje poderá presenciar a prática das atividades.

– Sim, podemos começar – respondeu Himmler.

Uma luz tênue de cor vermelha foi acesa no canto superior direito da sala. Todos permaneceram em silêncio. Os sensitivos entraram em profunda concentração e depois de alguns minutos um deles se manifestou batendo o punho cerrado com força na mesa de madeira. A assistência se assustou quando o silêncio foi subitamente quebrado, no entanto, era notório o olhar impassível e de incredulidade de Himmler, que se manteve frio ao ouvir a voz rouca e estertorada emitida pelo sensitivo paranormal Hanz Hess, que disse:

[3] *Reichsführer* – líder das SS.
[4] GOK – *Geheimbund Okkulten Kräfte* – Sociedade Secreta de estudos de Forças Ocultas.

"– A noite é a eterna guardiã das sombras. Neste dia em que se inaugura um novo caminho para que o poder das forças do governo oculto possa se manifestar, apresento-me como representante daqueles que deverão conduzir os destinos da humanidade para um período de glórias, paixões e acendrado compromisso com a imortalidade, sem os grilhões morais escravizantes. Para que não permaneça a desconfiança e o ceticismo em relação aos ditames da nova ordem mundial a ser estabelecida, será instalado no orbe terrestre, em amplitude mundial, um império de mil anos, um governo forte que deverá reinar e preponderar sobre as demais nações do mundo. Os líderes de nações serão cooptados por meio do convencimento pessoal ou, se necessário, pela força de coação, a fim de obtermos a sua fidelidade e o inquebrantável liame aos desígnios traçados pelos condutores e arquitetos do projeto de conquistas, de subjugação e de domínio mundial. Ocultos pelo manto da invisibilidade dimensional, os artífices detentores reais do poder serão reverenciados por vós como Drachen[5].

A partir de hoje as diretrizes emitidas pelas forças condutoras ocultas serão implementadas e conduzidas por instrumentos de força, sob a égide da violência se for necessário. O Comandante Himmler e o Chanceler da grande nação germânica[6] deverão buscar o estabelecimento do império do III Reich sobre a Terra, promover a sua expansão e alcançar a vitória derrotando os opositores. Vocês serão os prepostos e legítimos representantes da irmandade do Sol Negro – o império dos Drachens."

Terminada a comunicação o sensitivo Hanz permaneceu prostrado sobre a mesa com braços estendidos e a testa pousada sobre o tampo de madeira, alegando uma perda substancial de energia vital que havia sido sugada pela entidade comunicante.

– Uma força descomunal, sombria, maléfica e inumana quase me matou – disse Hanz com voz fraca e débil.

Ato contínuo, a sensitiva inglesa Elizabeth também se pronunciou com uma respiração dificultosa, apesar das palavras serem pronunciadas de forma clara e em alto tom. Dirigiu-se ao comandante das SS com o objetivo de convencimento, razão pela qual narrou diversos episódios secretos ocorridos com aquele comandante, cujos conhecimentos eram restritos a poucas pessoas de seu círculo

---

[5] *Drachen* – Dragão.
[6] Alemanha

pessoal, além de outros pequenos fatos que Himmler julgava, erroneamente, serem de conhecimento unicamente seu. Estupefato e totalmente absorvido pela narrativa, ele não contestou a veracidade daquilo que era explicitado. No entanto, demonstrando sua arrogância, interrompeu a manifestação para que outros segredos mais funestos e comprometedores não fossem revelados de imediato perante aquela assembleia.

– Basta! Cale-se! Não diga mais nada. Acredito em você, seja lá quem for. A partir de hoje terá a minha inequívoca adesão aos propósitos da irmandade *Sol Negro*, desde que minhas exigências sejam atendidas.

"– E quais são as suas exigências?" – perguntou a entidade maléfica.

– Exijo que as todas as ações desenvolvidas sejam de meu conhecimento e estejam sob meu absoluto comando e nada me seja ocultado.

"– Apesar de você ser apenas um instrumento da vontade dos maiorais da escuridão, sabíamos que sua ganância de poder e irrefreável orgulho o impulsionariam a responder de forma desrespeitosa e essa atitude poderia nos permitir destruí-lo; no entanto, estes elementos inerentes à sua personalidade são essenciais potencializadores de nossos propósitos. Precisamos de homens como você no comando. Saiba, também, que não estamos querendo sua aquiescência. Esse pacto já foi firmado desde tempos imemoriais e você está envolvido até suas mais íntimas fibras, por isso foi inserido neste contexto. Por razões que você ainda desconhece, não possui a plena consciência disso, apesar de sentir que tudo o que digo é verdadeiro e irrecusável."

– Eu sempre terei poder de escolha e recusa – retrucou Himmler.

"– Engana-se, ser ignóbil. Você deverá atender ao que lhe for ordenado pelos maiorais, caso contrário lhe será imposto o fracasso e a destruição. A partir de hoje este grupo de reunirá todas as sextas-feiras à zero hora para receberem as instruções a serem repassadas pelo Dr. Shürman ao comandante Himmler, que nem sempre poderá estar presente neste local devido ao atendimento de suas atribuições em outros ambientes de trabalho."

A sala foi invadida por um silêncio sepulcral. Os membros da reunião se entreolharam incrédulos ao ouviram a palavras finais da entidade:

"– Amanhã um evento inesperado deixará evidente o poder de quem tudo comanda por detrás da cortina dimensional. Um membro desta reunião sucumbirá e será trazido à nossa presença e vocês terão certeza de que o pacto se cumprirá."

Todos ficaram alarmados e assustados com a profecia do ser comunicante. Até mesmo Himmler se sentiu acuado naquele ambiente que havia se tornado extremamente denso e asfixiante, como se o ar interno da sala houvesse sido removido. Um odor fétido e acre de enxofre invadiu as narinas de todos os presentes. A sensitiva Elizabeth Steel estremeceu e soltou um grunhido baixo. Em seguida desfaleceu e caiu da cadeira onde estava sentada e permaneceu estendida no chão frio da sala. Ninguém se atreveu a deixar o seu lugar para ajudá-la. Estavam estarrecidos, assustados, e somente depois de alguns minutos ela recobrou os sentidos, se arrastou novamente até a cadeira e muito debilitada energeticamente sentou-se novamente em seu lugar. Seus gestos foram acompanhados pelos olhares estupefatos de todos. Eles permaneceram imóveis por minutos que pareceram uma eternidade até o Dr. Shürman quebrar o silêncio dizendo que a reunião com as entidades estava encerrada e não haveria mais manifestações naquela noite.

No dia seguinte, à tarde, para espanto de todos os membros da funesta reunião da noite anterior, um a um eles foram sendo avisados que o Coronel Müller, um dos integrantes da irmandade do Sol Negro, fora encontrado sem vida pela esposa, que ao chegar em casa acompanhada pelos dois filhos pequenos do casal o encontrou no escritório da casa da família, localizada em um bairro afastado do centro de Berlim. Aparentemente depois de um acesso de loucura em que quebrara tudo o que encontrou ao seu redor, morreu em circunstâncias misteriosas.

❊ ❊ ❊

Em 1939, a Alemanha deflagrou a Segunda Guerra Mundial. Iniciava-se, naqueles conturbados anos de violência e iniquidade um período sombrio que ceifaria a vida de milhões de seres humanos de maneira cruel e agressiva. Nos campos de batalha a luta era renhida e brutal. Nas cidades arrasadas pela destrutividade dos engenhos bélicos, imperava o ódio, o desespero e o total descaso com a vida do ser humano. Naquele contexto lúgubre, uma faceta ainda mais perversa e cruel deixaria cicatrizes profundas na memória da coletividade terrena: a solução final (*Endlösung der judenfrage*) – planejamento de segregação e genocídio das minorias não arianas consideradas impuras e tratadas como um problema, um entrave ao desenvolvimento da sociedade europeia branca, principalmente os judeus. As diretrizes eram para que eles fossem confinados em guetos para posterior remoção até os campos de concentração e extermínio. O alto comando nazista encarregou o General SS Reinhard Heydrich da solução final para a questão judaica e determinou que ele apresentasse os planos gerais para execução e cumprimento das ordens. As diretivas do governo oculto alcançariam a fase executória.

Todos aqueles infelizes eventos e ações desumanas foram inspiradas pelas entidades maléficas diabólicas que se manifestavam na irmandade do Sol negro. Mentes ardilosas e invisíveis articulavam estratégias destruidoras que eram executadas por suas marionetes encarnadas, com o nítido intuito de provocar o caos generalizado, conturbar as sociedades mundiais, espalhar o ódio, o desespero, o medo e o sofrimento, sentimentos e emoções que alimentavam o sol negro com energias negativas. Os desencarnes em massa utilizavam métodos violentos a fim de obterem abundantes subsídios energéticos em quantidades suficientes para sustentar os planos maléficos e apartados das leis universais divinas do amor, do perdão e da fraternidade. O objetivo precípuo dos agentes do mal sempre foi, desde tempos imemoriais, erigir na Terra o império das sombras para dominar, exercer poder, escravizar mentes e corações humanos. No entanto, as ações e estratégias trevosas dos seres da escuridão nunca tinham sido desenvolvidas com total livre-arbítrio e tamanha desfaçatez. Sempre houve imposição de limites e salvaguarda do respeito ético. As ações desequilibradas e contundentes contra o desenvolvimento e o progresso das civilizações terrenas sempre foram acompanhadas, neutralizadas ou combatidas por emissários do bem e prepostos da luz desde os primórdios da humanidade terrestre: o Exército de Guardiões, um eficaz instrumento da Justiça Divina e paz para o planeta.

As investidas do mal e as ações maléficas da irmandade do Sol Negro durante a 2ª Guerra Mundial foram ininterruptamente combatidas pelos Guardiões – membros do Exército do Astral comandado pelo elevadíssimo espírito Miguel.

De modo geral, a deterioração espiritual, as iniquidades e as condutas reprováveis praticadas durante os conflitos bélicos e suas ações subsidiárias possuem potencial destrutivo capaz de desgastar a psique humana e aniquilar a vontade, a fé e a esperança das almas que foram envolvidas no turbilhão de violência e mortandade. Sem a essencial proteção dos Guardiões a humanidade terrestre já teria sucumbido às insidiosas e nefastas forças do mal e certamente o governo oculto das trevas teria infligido maiores sofrimentos e dores. Os efeitos graves e contundentes de suas ações inequivocamente não resultaram em danos maiores – apesar de terem sido expressivos –, porque foram controlados, mitigados e em alguns casos atenuados pelas ações estratégicas e táticas do Exército de Guardiões.

1ª parte
Os agentes da luz e das sombras

1. O Exército de Guardiões

O Exército de Guardiões é uma instituição astral hierarquizada, multidisciplinar, de atuação continuada na manutenção do equilíbrio energético e de forças antagônicas físicas e extrafísicas, no planeta Terra e em diversos outros ambientes cósmicos. Seu comandante supremo é Miguel, ser de elevadíssima estirpe moral e espiritual, que desenvolve as atividades de combate ao mal e às trevas, por intermédio de seus prepostos, tendo como fundamento principal a preservação da moral cristã, da ética, da justiça, da paz e da fraternidade universal, com o estrito respeito às leis eternas e imutáveis do Criador.

É estruturado em sete Grandes Comandos, sendo o sétimo o mais elementar e o primeiro o mais elevado hierarquicamente.

❋ ❋ ❋

No astral superior, uma importante reunião era iniciada por Alfrey, um espírito de luz que fora encarregado pelos diretores siderais de transmitir as diretrizes do grande Conselho do Cristo a serem aplicadas no planeta Terra. Em torno da mesa oval de cristal translúcido encontravam-se vinte espíritos também de elevada estatura moral e espiritual, escolhidos como encarregados da coordenação dos trabalhos de defesa, equilíbrio energético e de neutralização das ações agressivas e anticrísticas promovidas pelas hostes e potestades do mal que dominam as regiões de sombras e trevas da psicosfera astral do planeta Terra e interferem de maneira contundente no progresso e na evolução de sua humanidade, e convidados: seres espirituais de outros orbes do Universo que atenderam ao chamado do Cristo para apoiar e ajudar com suas experiências nas tarefas relacionadas ao grande momento de transição planetária terrena – de mundo de provas e expiações para regeneração – em virtude de já terem ultrapassado tão singular e delicada etapa em seus mundos de origem.

– Prezados irmãos em Cristo, minhas mais cordiais saudações a todos os presentes – iniciou dizendo Alfrey, com voz branda e doce.

Sua aura irradiava intensa luz e todos os presente sabiam que ela tinha sido atenuada para que a entidade mensageira sideral pudesse conduzir aquela reunião sem ofuscar os demais. Seu semblante era sereno e dos olhos brotava um intenso magnetismo que contagiava os que o viam com intensas emanações de amor, um profundo sentimento de fraternidade e de respeito, deixando-os extasiados e confortavelmente irmanados.

– A nossa convocação para esta reunião fundamentou-se na premente necessidade de juntarmos esforços e trabalharmos continuamente unidos pela restauração da paz e da fraternidade no planeta Terra. Temos aqui presentes, neste momento, irmãos que foram promovidos na hierarquia espiritual e é com muita satisfação que são recebidos como os novos membros deste dileto conselho. Para elucidá-los sobre as ações que serão desenvolvidas e suas inerentes responsabilidades percorreremos juntos uma jornada informativa para que possam conhecer, inicialmente, a estrutura dos nossos fiéis aliados e eficaz instrumento de efetivo combate ao mal: o Exército de Guardiões.

A atenção de todos se voltou para o grande painel que se iluminou na ampla janela de cristal que antes permitia a visualização do florido e multicolorido jardim localizado na área externa do edifício em que se encontravam e naquele momento se transformara em um dispositivo de exibição de vídeos. A voz pausada e clara de um narrador anônimo acompanhava as imagens que se projetavam tridimensionalmente para além da superfície da tela.

> "Este é o 7º Comando, cujos integrantes possuem: responsabilidade de guarda e segurança de caráter pessoal; de manutenção do equilíbrio entre as forças que se opõem à política divina e se digladiam umas contra as outras pela hegemonia de poder e entre estas e as que trabalham para que

vigorem no orbe terrestre as diretrizes Crísticas; de controle das energias físicas e extrafísicas; de defesa das pessoas que, pela importância do trabalho que realizam, precisam ser protegidas das investidas do mal que pretendem, a todo custo, prejudicar e anular o trabalho da Luz em favor do bem geral.

As atividades do 7º comando são desenvolvidas por recrutas, espíritos recém-chegados à vida extrafísica, desencarnados recentemente e já estabilizados emocionalmente, que possuem afinidade com o trabalho de proteção individual por já terem exercido experiências semelhantes na vida física e desenvolvido atividades correlatas durante sua existência terrena, enquanto encarnados, como agentes de segurança, militares e policiais. Eles são convidados a se incorporar na organização para integrar as falanges de soldados dos Guardiões, recebendo, assim, uma grande oportunidade de serem úteis à causa do Cristo e poderem melhorar suas condições espirituais servindo ao bem comum da humanidade. Geralmente são confundidos com os anjos da guarda pessoais por estarem sempre presentes ao lado de seus tutelados e alvos de sua proteção. Antes de se engajarem em uma missão, recebem treinamento contínuo e completo sobre energias, psicologia humana e conhecimentos diversos sobre os mecanismos que regem as vidas física e espiritual e a fidelidade à hierarquia e à disciplina, fatores de essencial importância para o sucesso das inúmeras e complexas missões em que irão se envolver como soldados-recrutas."

Houve uma pausa na narrativa enquanto as imagens se sucediam. Elas mostravam a atuação de algumas equipes de espíritos vestidos com uniformes militares em diferentes padrões, vestimentas plasmadas, algumas semelhantes aos trajes dos guerreiros antigos, outras notadamente de *design* mais moderno e futurista, e todas usadas conforme a necessidade da situação, com o intuito de se adaptarem ao ambiente e às pessoas que os cercam. As imagens cessaram momentaneamente e, em seguida, símbolos tridimensionais diversos foram mostrados, girando como escudos à frente da assistência. O narrador voltou a falar e as imagens das atividades do escalão em destaque foram projetadas:

"O 6º Comando é composto por equipes constituídas de guardiões que atuam em grupos provendo segurança de ruas, bairros, casas religiosas, templos, instituições assistenciais e políticas com fins humanitários. O Comando ora apresentado é formado por espíritos com experiência terrena em segurança e defesa tática. São ex-militares, policiais, detetives e agentes de segurança com experiência e treinamento mais especializado para realizar trabalhos de maior abrangência e que exijam diferenciadas capacitações e qualificações. Na umbanda são conhecidos como Exus e suas falanges são responsáveis pela ordem e disciplina das comunidades; pela salvaguarda dos ambientes e para evitar o assédio de inteligências perversas, maléficas e desequilibradas aos locais sob sua proteção. Guardam também os oradores e divulgadores legítimos do pensamento espiritual, bem como de líderes religiosos e políticos de destaque que promovem benefícios reais em suas comunidades. As atividades de segurança desenvolvidas atingem não somente os protegidos, mas também os potenciais opositores do bem comum que poderão sofrer as consequências das ações dos guardiões, de forma direta ou indireta. Conforme suas especialidades podem ser denominados como: Caveiras, Obreiros da Noite, Força-tarefa feminina D'Arc, Falange Coração de Maria, Hindus, Sentinelas dos Portais, Comando Tripartite e outras. Os Guardiões que integram a falange dos Obreiros da Noite ou Guardiões da Noite formam uma força poderosa e disciplinada a serviço dos homens de bem e das instituições beneméritas do mundo. Os Caveiras são os guardiões dos cemitérios e de áreas umbralinas inferiores. Eles auxiliam os seres que desencarnaram e que por algum motivo permanecem ligados aos despojos materiais em deterioração, em estado de perturbação mental nas zonas de vibrações inferiores. Especializaram-se em limpeza energética dos cemitérios para impedir que os magos-negros e feiticeiros das sombras ainda encarnados – quando desdobrados —, consigam adquirir – roubar – os fluidos vitais remanescentes contidos nos corpos dos recém-desencarnados. São conhecidos no astral e identificados pelo símbolo da caveira com raios solares. Como esclarecimento, informo que os símbolos identificam indivíduos (espíritos), grupos ou equipes de espíritos e falanges de guardiões.

Outro exemplo que apresentaremos a seguir é a Falange Coração de Maria, falange orientada pelo iluminado espírito Maria de Nazaré e comandada por prepostos de elevada estirpe moral e espiritual. São responsáveis pelo equilíbrio energético de grandes regiões e por importantes etapas de separação, controle e relocação de espíritos e coletividades endividados com a justiça divina que, devido ao acúmulo de débitos, já estão selecionados para compor os contingentes de transmigrações planetárias. A Falange Coração de Maria utiliza como símbolo uma "Cruz de Malta Azul ladeada por dois ramos com folhagem de oliveiras";[7]

Imagens com grupos de guardiões de diversas feições, algumas até grotescas, foram mostradas, mas o narrador, de forma célere e elucidativa, explicou:

"Alguns guardiões e servidores da Luz atuam em áreas de baixíssima vibração do umbral inferior e necessitam plasmar aquela aparência para poderem transitar naqueles ambientes sem maiores problemas, isto é, para poderem se integrar aos ambientes de trabalho, às suas energias e aos aspectos circunstanciais".

Para alguns dos espíritos presentes àquela reunião o que era apresentado não constituía novidade, já possuíam conhecimento sobre as atividades dos Guardiões; no entanto, para outros, portadores de informações incompletas ou parciais, o que estava sendo apresentado era de valor inestimável e lhes proporcionaria um alargamento dos horizontes espirituais e obtenção de maior abrangência consciencial sobre os inúmeros aspectos relacionados à vida terrena, criação do grande Arquiteto do Universo – Deus.

A apresentação seguia seu ritmo:

---

[7] Cruz de oito pontas cujos vértices se unem ao centro formando quatro "v"; também chamada de cruz de Amalfi. (N.A.).

"O 5º Comando é o responsável pela defesa de líderes mundiais; pela defesa de organismos internacionais; proteção daqueles que representem os interesses globais; salvaguarda de instituições mundiais de promoção de bem à humanidade; proteção de indivíduos possuidores de um papel importante na renovação da humanidade que, por meio da difusão de ideias e ideais superiores, desenvolvem atividades e ações humanitárias de uma forma mais pronunciada, desagradando os opositores do bem, que pretendem a todo custo neutralizar suas iniciativas e destruir o trabalho em curso. Alguns grupos de guardiões são nomeados protetores de instituições e de pessoas que têm uma elevação proporcional ao grau de importância das ideias propagadas e dos benefícios decorrentes de suas ações, segundo parâmetros universais. A especialização do trabalho desenvolvido não significa a necessidade de guardiões com elevada evolução espiritual ou iluminação interior. A especialidade está diretamente relacionada ao tipo de tarefa desenvolvida, sua abrangência, profundidade de penetração e capilaridade nos tecidos sociais humanos no plano físico e no astral".

Assim que o narrador iniciou a apresentação das atividades do 4º Comando, notórias expressões de admiração e interesse foram pronunciadas.

— Cabe-nos aqui ressaltar que os demais comandos apresentados não são de modo algum considerados inferiores, menos importantes ou relegados ao segundo plano, isso não, pois todos eles possuem grande relevância no contexto planetário. Na Casa planetária e na seara de trabalho do Cristo todos os trabalhos, quer sejam mais humildes, quer sejam abrangentes, possuem o mesmo grau de importância porque fazem todos, sem exceção, parte de um mecanismo maior, cujas engrenagens dependem umas das outras para girar e manter a máquina em pleno funcionamento – explicou Alfrey.

O que chamou a atenção de todos foi o fato de os comandos se sucederem no escopo funcional com evidente e diferenciada responsabilidade atribuída aos dirigentes e comandantes dos escalões mais elevados dos Guardiões.

Depois de ligeira pausa o narrador reiniciou a apresentação:

"O 4º Comando atua nos grandes cataclismos do orbe terrestre, como: explosões vulcânicas, terremotos, maremotos e enchentes; também em diferentes tipos de acidentes de grandes proporções e outros fenômenos naturais; realiza de forma pormenorizada o monitoramento dos efeitos decorrentes de cataclismos, afim de realizar atividades subsequentes de segurança e administração das áreas afetadas; utilizam o apoio prestado pelos elementais (seres de evolução pré-humana), cuja evolução e condução de suas ações estão intimamente ligadas ao sistema energético e ecológico do planeta; ocupam-se também do monitoramento das mudanças climáticas e psíquicas do sistema físico-astral do planeta Terra e de sua psicosfera adjacente, em atividades de contenção do aumento da densidade e do peso específico da camada energética ou egrégora terrena, que é espessa e envolve a atmosfera psíquica do orbe, formando uma compactação energética que é sustentada por "forma-pensamento" obscuras e negativas criadas pelos pensamentos desajustados da humanidade; trabalham em sintonia com os representantes do governo supremo do mundo, do qual Jesus é o nome maior; atuam de forma equilibrada ao interagirem com energias poderosas presentes nos diversos ambientes do planeta, transformando, graduando e distribuindo as energias advindas do Sol e de inúmeros elementos etéricos da dimensão astral para recompor e sanear ambientes deteriorados; no plano físico, interagem com encarnados para o despertar de consciências que poderão ajudar a manter o funcionamento do sistema vivo do planeta; realizam manipulação de fluidos mais intensos e menos conhecidos do mundo oculto com o objetivo de neutralizar suas ações nefastas junto aos campos energéticos coletivos.
Possuem bases em locais estratégicos do plano astral que correspondem, no mundo físico, à localização de certas regiões do Brasil, do Tibete, do Oriente médio, da Europa, Austrália e dos Estados

Unidos da América, além de bases submarinas e intraterrenas".

O narrador realizou nova pausa e como todos os presentes se mantiveram em silêncio, a voz pausada e firme voltou a ser ouvida em seguida:

"O 3º Comando empenha-se continuamente em manter estreita ligação com os dirigentes espirituais do planeta, em especial com o seu protetor, Ismael. É o responsável direto pela preservação e manutenção da ecologia planetária, não somente no aspecto físico, mas também, e sobretudo, nos contextos energéticos, espiritual e cósmico. Executa ações direcionadas ao despertamento das consciências para acelerar a comunhão com a organização planetária.

É o Comando responsável por formar grupos nas dimensões física e extrafísica, em todo o orbe, e prepará-los para o inestimável serviço de ajuda humanitária em momentos críticos de calamidades ou convulsões sociais. Promove e inspira a reunião de comunidades que surgem de modo incipiente, em campos, vales e serras, para atuarem como alternativos e eficientes sistemas de vida e de auxílio, preparando-as para um crescente fluxo de pessoas em sua direção, no caso de ocorrência de uma convulsão de caráter mundial. Controlam a rede de meridianos da terra, redirecionando as energias de certos locais com natural potencial vibratório positivo para outros onde se faz necessário elevar o padrão vibratório, colocando determinadas áreas inabitadas ou negativadas devido às precipitações energéticas deletérias que as tornavam impróprias, em condições de utilização e de receber necessitados, acidentados e refugiados nos dois planos da vida. Uma das atividades mais importantes e significativas do 3º Comando, certamente, é a elaboração de estratégias minuciosas focadas nos momentos de transição planetária ou naqueles instantes que antecedem aos grandes eventos de desencarne em massa ou nos expurgos transmigratórios das populações de desencarnados do planeta, dando curso aos planejamentos dos dirigentes siderais.

Os integrantes do 3º Comando vibram e trabalham sob orientação direta de entidades veneráveis e espiritualizadas – os prepostos do Cristo –, e associados ao 2º Comando, cuja função precípua é a administração dos complexos processos de transmigração de espíritos entre mundos diversos".

O 2º comando responsabiliza-se pelas questões que envolvem as obsessões complexas desencadeadas por magos-negros e os feiticeiros que lhes são subordinados. Trabalham na desarticulação dos estratagemas de desordem mundial; na neutralização de planejamentos desviados da ética e da moral engendradas pelos magos-negros e pelos Dragões[8] que, associados, integram o governo oculto do submundo astral e objetivam paralisar a evolução e o progresso da civilização terrena por meio da efetiva, destruidora e sistemática oposição negativa à política do bem.

Possuem, ainda, como importantes missões: o apoio e a supervisão direta dos desencarnes em massa, especialmente quando estes envolvem grandes contingentes de espíritos que aportam, necessitados e perturbados, nas fronteiras do plano astral; o enfrentamento de situações de alta complexidade, no que se refere às bases dos senhores da escuridão, cientistas das sombras e seus séquitos das trevas; na coleta de informações acerca do sistema de poder dos chefes e subchefes das falanges dos magos-negros, seres trevosos que pretendem instituir um império de sombras e trevas e dos dragões, seres draconianos diabólicos que objetivam a completa destruição do planeta Terra que os mantém prisioneiros em seu energismo magnético. O 2º Comando trabalha diuturnamente coletando informações valiosas que irão alimentar o banco de dados dos Guardiões e da espiritualidade superior a respeito desses espíritos milenares endurecidos no mal, de seu habitat, suas ações e planejamentos futuros – trabalhos

---

[8] Dragões: Seres milenares oriundos de outras moradas siderais que foram exilados na Terra e se recusaram a reencarnar para dar continuidade ao seu processo evolutivo. São portadores de profundos conhecimentos científicos, sentimentos extremamente brutalizados e moralidade inexistente. Pretendem aniquilar a humanidade e o próprio planeta que os mantém imantados ao seu magnetismo. São os responsáveis diretos pelos eventos mais danosos e destruidores ocorridos nos orbes por onde passaram.

extremamente perigosos realizados por falanges de especialistas ligadas ao 4º Comando.

O narrador fez nova pausa; as imagens que ilustravam a descrição das atividades do 3º e 2º Comandos cessaram. Momentos depois teve início a introdução tridimensional referente ao 1º Comando ou, como é denominado pelos próprios Guardiões – O Comando Superior.

"O 1º Comando, denominado Comando Geral dos Guardiões do Exército Astral, atua em âmbito mundial, englobando as dimensões corpóreas (físicas) e extracorpóreas (astral). Planejam e executam gestões de otimização dos processos evolutivos da humanidade terrena, em nível cósmico, em ambos os lados da vida; atuam diretamente no planejamento e coordenação de ações direcionadas aos períodos de transição entre eras espirituais – eventos cíclicos espaçados no tempo —, porém não raros e devidamente previstos pela administração espiritual superior cósmica; são os dirigentes e coordenadores das transmigrações planetárias, eventos que já ocorreram na Terra anteriormente e, agora, novamente se avizinham.[9] Gerenciam os processos seletivos espirituais e são os responsáveis pela implantação, implementação e coordenação de todas as diretrizes estabelecidas pelos prepostos do Cristo e pelos dirigentes siderais superiores encarregados do equilíbrio energético do Cosmo."

Encerrada a apresentação, a tela desapareceu e em seu lugar ficou nítida novamente a janela de material transparente, semelhante ao cristal, que mostrava o exuberante jardim com árvores frondosas, palmeiras e arbustos floridos da área externa adjacente à sala de reunião. Alfrey, que havia se afastado durante a apresentação para não ficar na frente da tela, se posicionou diante dos demais integrantes da reunião sentados no entorno da mesa e disse:

– Prezados irmãos, depois de assistirmos a tão elucidativa exposição sobre as missões do Exército de Guardiões em diversos níveis, gostaria de acrescentar que a mesma constitui um resumido conjunto de informações, posto que a abrangência e a profundidade dos trabalhos realizados

---

[9] Os registros terrenos não possuem as informações relacionadas às transmigrações, no entanto, elas sempre foram mencionadas e trazidas ao conhecimento da humanidade terrestre por intermédio de avatares e prepostos do Cristo durante suas reencarnações missionárias.

pelos guardiões excedem em muito o que foi apresentado aqui. Como afirmei no início de nossa reunião, objetivamos unir esforços para cumprir as diretrizes superiores e trabalharmos juntos em prol da restauração da paz e da fraternidade no planeta Terra. É sabido por todos aqui presentes que as falanges, hostes e potestades do mal estão intensificando suas ações funestas e destruidoras para tentar dominar a Terra e estabelecer um império de sombras e trevas. Eles não ignoram que seu tempo de estadia e de oportunidades redentoras de melhoria no orbe terrestre está se findando e que em breve serão realocados por meio do processo de transmigração planetária para outras moradas da Casa do Pai – o Criador —, moradas essas mais compatíveis com suas atuais situações energéticas e vibracionais, local onde poderão refletir sobre seus destinos, onde serão convidados a retomar suas jornadas evolutivas e impelidos a experimentar novas e edificantes lições de vida. Para isso, deverão passar antes por um longo e minucioso processo de análise de suas jornadas pregressas, dos erros cometidos, das consequências advindas e das perspectivas para o futuro. Nada permanecerá oculto ou inconclusivo, pois a Fonte Criadora nos faculta a liberdade e o livre-arbítrio para semear, mas nos obriga a colher os frutos doces ou amargos resultantes daquilo que plantamos.

Por conhecerem as duras consequências de suas ações sombrias e apartadas da política crística e as responsabilidades colocadas sobre os seus ombros, eles se mantêm temerosos e o medo acirra neles o ódio, a violência e a rebeldia, por acreditarem que a sua recusa os salvará de novo exílio. Todos os revoltados que estão tumultuando as sociedades terrenas encarnadas e provocando o caos nas comunidades astrais precisarão realizar ajustes de conduta perante as forças espirituais magnânimas a serviço da Luz do Cristo. São seres que desejam contrariar a vontade do Pai e aqui permanecer. Querem estagnar o progresso da Terra, evitar que ela se transmute e evolua, querem impedir a todo custo que o planeta Terra seja promovido na hierarquia dos mundos e se torne um orbe de regeneração, porque não haverá lugar para eles. Muitos já passaram por outros processos de exílio planetário antes e, agora, trabalham para barrar a inevitável progressão vindoura. No entanto, sabemos que o que está previsto se cumprirá porque são determinações divinas. Estamos sendo guiados por espíritos superiores, de mentes e corações capacitados, amorosos e plenos de justiça, liderados pelo Mestre Jesus Cristo, o capitão que detêm o leme desta nau chamada Terra, e nada poderá alterar a rota traçada pelo Criador. Vocês receberão o inestimável apoio dos Guardiões para desenvolverem as ações previstas de combate ao mal. Trabalharão juntos para o restabelecimento da justiça divina e da paz fundamentada na ética da moral evangélica. Para permitir que a misericórdia divina possa levar luz aos redutos mais obscuros do astral e do plano físico e para que possamos penetrar nos ambientes degradados e corruptos a fim de libertar das garras dos algozes cruéis e impiedosos os numerosos contingentes de espíritos escravizados pelos detentores do poder temporário das trevas, devemos dar início à primeira etapa de trabalho do atual planejamento. Os nobres irmãos receberão as ordens detalhadas e, depois de conhecê-las a fundo e estudá-las, poderão esclarecer suas dúvidas, clarificar pontos que porventura ainda não estão completamente entendidos dadas as inúmeras e complexas variantes que precisamos considerar durante a execução da missão. Poderemos, também, estabelecer e quantificar os meios necessários ao cumprimento das tarefas. Lembro-vos que as táticas e estratégias empregadas serão coordenadas pela minha equipe de especialistas, posto que muitas deverão ser implementadas simultaneamente e necessitarão de sincronização para que possamos obter o sucesso pretendido. Que a luz do Criador nos ilumine e a sabedoria do Cristo nos guie e oriente como um farol hoje e sempre.

    Com estas palavras Alfrey encerou a reunião e se retirou da sala, deixando os participantes aptos a prosseguir nas etapas preparatórias da missão recebida, que deveria se iniciar pelo estudo detalhado das tarefas delegadas a cada um. No ambiente, apesar das grandes preocupações e responsabilidades que pesavam sobre os ombros de cada um dos membros daquela valorosa equipe, reinava serenidade, confiança uns nos outros e nos dirigentes, esperança de resultados positivos, apesar do trabalho se mostrar árduo e com possibilidade de duros embates, e de fé inabalável nos resultados que alcançariam. Tinham nítida consciência de que estavam militando na seara do Bem e da Luz em prol de um objetivo maior: a evolução e o progresso da humanidade terrestre.

2. Mago Aqtvos

A paisagem do Astral inferior era desoladora. Naquele ambiente inóspito as árvores eram retorcidas e ressequidas, a água suja e malcheirosa, as construções de arquitetura lúgubre inspiravam medo e temor em quem se atrevesse a percorrê-lo, devido às suas formas rudes, grosseiras e telhados pontiagudos erguidos em material astral negro e áspero, fruto das criações enfermiças negativas oriundas dos pensamentos desregrados dos habitantes daquelas regiões dimensionais de baixa vibração. Em meio à triste paisagem sobressaía um castelo de pedras semelhante aos castelos medievais, com grandes portões de madeira escura fechando a entrada principal. Guardas armados e localizados no alto das torres realizavam a vigilância interna e externa do castelo. Em seu interior reunia-se um grupo de malfeitores comandados por Aqtvos, um mago-negro, cuja simples menção do nome amedrontava não somente os integrantes de seu séquito de malfeitores, como também os inimigos mais ferrenhos.

Aqtvos era muito respeitado no astral inferior pela sua capacidade de arquitetar ataques contra instituições terrenas devotadas ao trabalho em favor da humanidade, utilizar hipnose para controlar o comportamento de políticos e governantes corruptos e principalmente pela sua crueldade e maldade no trato de suas vítimas e de seus comandados que, por algum motivo, tivessem fracassado ou esmorecido no cumprimento de suas abomináveis determinações.

Aqtvos tornou-se um dos principais estrategistas do submundo astral. Desenvolvera inúmeras campanhas contra o bem e a luz, se contrapunha às políticas divinas e se tornara um antagonista feroz contra os trabalhadores do Cristo. O mago desenvolveu ao longo dos milênios de maldade uma sinistra e poderosa capacidade hipnótica, e a utilizava para induzir suas vítimas à desagregação de seu corpo espiritual – o perispírito – e, transformá-las em monstros, meio humano, meio animal, com forma grotesca e aspecto repugnante, um fenômeno hipnótico-magnético negativo denominado zoomorfia. Castigava os traidores de sua causa com extremada crueldade para servirem de exemplo e instrumento de atemorização aos demais membros de sua falange do mal.

Aqtvos se unira a outros magos-negros para somar forças em prol de um objetivo estratégico. Confiar em outros magos negros e dividir as tarefas lhe causava grande contrariedade. Normalmente os magos-negros não se submetem a ninguém porque geralmente possuem objetivos diferentes de outras facções das trevas, mas aquela reunião, excepcionalmente, pretendia reunir esforços para implementar uma atuação conjunta e coordenada, algo inédito até então no astral inferior, voltada ao combate direto com os representantes da luz que lhes causavam grandes prejuízos em quantitativos energéticos inferiores, cujas energias negativas eram utilizadas para a execução de seus projetos abjetos; prejuízos com a redução do número de colaboradores que desertavam ou rompiam unilateralmente os contratos com medo de serem aprisionados na iminência de contato com os guardiões, deixando missões incompletas; prejuízos inestimáveis também relacionados à perda de escravos, espíritos resgatados pelas equipes socorristas que realizavam incursões no umbral médio e inferior para buscar aqueles que se encontravam em condições de socorro, a fim de serem transportados para os postos de acolhimento localizados nas fronteiras vibracionais do astral.

O egoísmo, o orgulho, a arrogância e a sede de poder e dominação sempre impediram os principais chefes da escuridão de se unir. Aqtvos, particularmente, acreditava que poderia ser mais eficiente agindo por conta própria, como sempre fizera. Durante milênios foram poucas as vezes em que precisou recorrer a alianças para conseguir o seu intento; no entanto, forças poderosas do sindicato do governo oculto o pressionaram a aderir àquele empreendimento contra o inimigo comum de todos: a luz, e tendiam a ser ações sem precedentes em intensidade. Aqtvos julgara oportuno e promissor em ganhos futuros, por isso aderira.

"Sei que essa aliança maldita é de fundamental importância no momento, mas preciso estar atento a tudo para não ser traído e me tornar um derrotado. É crucial não enfraquecer, não confiar em ninguém" – pensou Aqtvos, ardilosamente.

3. Coordenador Aalão

Os três homens e a mulher sentados em volta da mesa de reunião conversavam em voz pausada e baixa enquanto aguardavam a chegada de Aalão, espírito de alta estirpe moral na hierarquia da Luz, designado como coordenador e orientador das missões que em breve se iniciariam nas dimensões astral e física terrenas. Aalão havia participado de importante assembleia conduzida nas altas esferas dimensionais pelo venerável espírito Alfrey e agora precisava repassar as diretrizes dos escalões mais elevados acerca dos trabalhos a serem desenvolvidas em diversas partes do planeta aos escalões operacionais subordinados.

A sala de reunião estava iluminada por tênue luz solar, que penetrava por uma claraboia e pelas amplas janelas voltadas para uma área de circulação espaçosa, e cercada por inúmeros grandes canteiros com folhagens e flores ornamentais. Na extremidade oposta do espaço havia uma área de convivência onde se divisavam inúmeras pessoas sentadas em bancos à sombra das árvores, algumas conversando e outras, ainda, caminhando calmamente pelas calçadas laterais.

Quando a porta se abriu, eles vislumbraram a figura esguia que adentrava a sala, semblante sereno, mas com movimentos firmes que demonstravam um misto de altivez, sobriedade e segurança.

– Meu cordial bom dia aos prezados companheiros – disse Aalão, esboçando um largo sorriso aos presentes. – Fico imensamente feliz em revê-los e particularmente empolgado com a oportunidade de poder desenvolver de novo um trabalho com essa valorosa equipe de guardiões.

– Nós também estamos muito felizes e gratos pela confiança – respondeu Macberius, em nome dos presentes.

Além de Macberius, Chefe dos Obreiros da noite, poderoso grupo do Exército dos Guardiões do Astral, capacitado a realizar missões de reconhecimento e intervenções de grande envergadura no astral inferior. Encontravam-se também presentes na reunião: Silas, Chefe dos Caveiras, grupo responsável pela proteção de pessoas e de locais onde haja concentração de energias, Waniah, Chefe do grupo D´Arc, força-tarefa feminina do Astral e Roche, Comandante dos Vanguardeiros do astral, grupo de proteção e defesa de pessoas iminentes e instituições de caráter humanitário.

– Senhores, todos já devem estar informados de que temos no momento uma funesta e destruidora crise em andamento e que medidas urgentes necessitam ser tomadas para a contenção dos efeitos danosos direcionados à sociedade terrena mundial – falou Aalão, com voz grave e firme.

Seu tom de voz revelava a preocupação não somente

com os últimos acontecimentos, mas também com a urgência das medidas que demandavam profundos estudos de situação e planejamentos táticos detalhados.

– O que lhes relatarei exigirá reflexão e elaboração de ponderado conjunto de ações. Sabemos que os erros muitas vezes nos ensinam, mas precisamos evitar cometer equívocos desnecessários, para não comprometer a nossa luta na seara do bem e os esforços de outras equipes de trabalhadores do Cristo. Que essa preocupação sirva como estímulo e motivação para um trabalho conjunto alinhado e cooperativo, para que possamos, em breve, ver triunfar na Terra as diretrizes do Altíssimo.

Em seguida Aalão fez um relato minucioso da situação e apresentou os planos estratégicos que fundamentariam os planejamentos táticos das diversas equipes de guardiões.

4. O sombrio Adholphus

Adholphus determinou que seus comandantes de hostes do mal se reunissem no salão negro da imensa fortaleza medieval plasmada no astral inferior, uma construção que fora edificada por ele há séculos, por meio da movimentação mental de substâncias astralinas de baixo teor vibratório.

A edificação possuía duas salas em estilo medieval, aspecto assombroso, paredes de pedras negras e iluminação avermelhada. Um corredor escuro levava a outros aposentos com decoração agressiva e gosto duvidoso. Na parte de cima ficava um amplo espaço – a sala do trono —, com teto sustentado por altas colunas ornamentas com armas medievais. O trono era adornado com esfinges em alto relevo entalhadas em madeira negra semelhante ao ébano, e projetavam cabeças de cordeiros, bodes de grandes chifres, serpentes e cabeças de dragões. No mesmo salão, no centro e não muito afastada do trono, havia uma grande mesa em semicírculo, de madeira escura, cadeiras de espaldar alto e todas elas voltadas para o trono central.

Os aposentos no fundo do castelo serviam para a permanência dos membros-chefe da falange de Adholphus. Um longo corredor frio e escuro conduzia ao aposento principal, o mais isolado e ricamente adornado e que era amplamente utilizado por Adholphus para a prática de orgias sexuais.

No pavimento térreo, próximos aos portões, ficavam

os aposentos de sua guarda pessoal e no subsolo as masmorras – local onde eram aprisionados os inimigos, os traidores e todos aqueles que tinham sido transformados em escravos —, além de câmaras de tortura.

Adholphus comandava uma extensa falange de malfeitores, de feiticeiros desencarnados e encarnados a serviço do mal. Seus crimes já se contavam aos milhares. Ao longo dos séculos e milênios sem reencarnar, ele havia perdido parte de sua aparência humana. A degeneração perispiritual e energética o transformara em um monstro, desfigurado. Assemelhava-se a um grande lagarto, com pés e mãos em forma de garras, escamas pelo abdômen e tórax, cabeça alongada, língua bífida, cauda escamosa, olhos avermelhados e grandes, que lhe emprestavam um aspecto animalesco e tenebroso. Ele se aproveitava de sua aparência grotesca para amedrontar e causar grande temor para se beneficiar das energias geradas pelo medo.

– Infames, vamos iniciar nossa reunião – disse Adholphus aos seus subordinados, com voz rouca e estertorada.

– O momento é grave e precisamos consolidar nossas posições de domínio junto àquela horda de imbecis encarnados. Estamos assistindo à derrocada de diversos seguidores do bem, que se rendem como cordeiros aos nossos poderes por meio da subversão de valores e acatamento integral das paixões devastadoras que lhes impingimos. São fracos, indisciplinados e se tornam vítimas fáceis de nossos processos obsessivos. Nossos aliados encarnados estagiam agora em uma etapa importante para o sucesso dos nossos planos. Eles poderão utilizar o poder conquistado para desenvolver a desagregação da civilização. Em breve seremos os maiorais do submundo e com total controle sobre as mentes e corações dos encarnados. Será um duro golpe para os partidários da Luz, que conhecerão o poder das trevas, da escuridão e das sombras interiores. Somos numerosos, somos muitos e isso é estrategicamente significativo para que possamos atuar simultaneamente nos mais diversos espaços e ambientes do mundo e eles não poderão nos combater em todos os lugares ao mesmo tempo.

Ao ouvirem Adholphus, todos os presentes àquela diabólica reunião assentiam com gestos de cabeça, indicando concordância com o que estava sendo afirmado naquele antro de inescrupulosos seres.

– Vocês deverão continuar aumentando nossa falange. Deverão interferir nas mais importantes decisões da crosta; deverão atuar junto aos representantes das diversas infames instituições de ajuda e auxílio humanitário, dificultando suas ações ao máximo, para que os encarnados fiquem cada vez mais necessitados e carentes. Agindo como lhes ordeno eles próprios irão facilitar a nossa atuação junto às suas mentes ociosas e enfermas. Eles deverão ser escravizados e obsedados individual e coletivamente de forma continuada, sem tréguas. Vamos transformá-los em seguidores passivos, inúteis, vamos bloquear suas consciências, deturpar seus pensamentos para mantê-los na ignorância espiritual, e essa é uma conduta infalível: manter o povo na ignorância... Membros importantes dos governos do mundo: políticos, juízes, militares de alta patente deverão ser acompanhados, corrompidos e estimulados a fomentar a discórdia, os ressentimentos, os conflitos de toda ordem, a desinformação destruidora e as promessas que geram esperança para que depois possamos obter suas energias e aquiescência em troca de migalhas. Nós precisamos de caos e eventos negativos que tornem a atmosfera densa e propícia para nossa atuação sistemática – continuou Adholphus com veemência e ódio nas palavras.

– Adholphus – interrompeu um dos membros da reunião. – São ideias suas?
– É evidente que sim.
– Então estaremos sozinhos?
– É evidente que não, imprestável.
– Seguiremos diretrizes de seres superiores a nós? – perguntou outro membro.

Adholphus não esperava por aquela pergunta antes de terminar sua exposição e aos gritos disse:
– Vermes insolentes e desprezíveis, acham mesmo que exporei o controle de minhas hostes à obediência cega de outros comandos que não são meus superiores? Existe um consórcio de interesses – gritou ele furioso para que todos entendessem.
– Adholphus, sabemos que estamos sendo manipulados por um estrategista superior, um mago-negro, e queremos saber suas reais intenções de poder regional.
– Vocês só precisam obedecer às minhas ordens. Caso isso não ocorra, punirei severamente todos aqueles que descumprirem as minhas determinações.

Dizendo isso levantou-se de sua cadeira e investiu contra o subordinado que iniciou o questionamento, com violência e crueldade. Aplicou-lhe mordidas que dilaceraram seu corpo espiritual denso. Houve reação do agredido e uma batalha feroz entre os dois se desenrolou á frente dos demais que assistiram ao embate calados e temerosos. Adholphus estava irado e dando vazão ao seu ódio insano. Ele rasgou o comparsa com suas imensas garras afiadas e, em seguida, aplicando forte hipnotismo para dominá-lo mentalmente, deixou-o inerte.

– Guardas, levem este verme para as masmorras.

Torturado com dores, o ser vitimado foi arrastado para a parte subterrânea da fortaleza e jogado em uma cela fétida, fria e escura.

– Esse verme imundo estava me testando. Sei que pretendia me derrubar para assumir o comando da legião. Estava me traindo e planejava juntar forças com um inimigo nosso para me enfrentar, acreditando possuir poderes para isso. Todos vocês desconhecem a extensão dos meus poderes. Desobedeçam-me e sofrerão as consequências – disse, gritando e encarando os demais, enquanto movimentava sua língua bífida de lagarto para fora e para dentro da boca. – Chamem o segundo em comando para assumir a chefia do grupo daquele inútil traidor.

Um outro espírito baixo, entroncado e com cara de poucos amigos entrou e sem dizer qualquer palavra se postou à frente de Adholphus.

– O seu antigo chefe foi deposto e você assumirá o comando do grupo a partir de agora. Sente-se no lugar dele, você foi promovido. Agora vocês irão receber as ordens mentalmente, em detalhes. Poderão em seguida deixar a fortaleza e se dirigir aos seus redutos para dar continuidade ao trabalho.

Os integrantes da reunião se levantaram e sorrateiramente saíram, deixando Adholphus sozinho.

Inesperadamente um vulto negro vestindo um largo manto escarlate, com capuz, adentrou a sala. Adholphus sentiu a intensa energia negativa e o magnetismo que vinha do ser à sua frente, mas não conseguiu vê-lo.

– Você dominou muito bem a reunião, Adholphus. Puniu o rebelde que já vinha questionando suas ordens e tramava contra seu poder, mas cometeu erros graves – disse o mago-negro ao adentrar no salão.

– Nevius! – exclamou Adholphus levantando-se da cadeira e afastando-se. – Onde você está? Apareça!

Nevius em seguida fez-se visível para Adholphus.

– Sempre insolente. Jamais diga que trabalha sozinho,

eles precisam saber que alguém superior e mais poderoso que você está no comando para que confiem na inteligência por trás das ordens e temam a cadeia de comando hierárquica como um todo.

– Sim, Nevius – respondeu Adholphus, temeroso.

– Não quero que diga o meu nome novamente. Diga simplesmente: meu senhor. Você e seus subordinados são engrenagens componentes de um grande sistema multifacetado – são um subsistema. A eliminação de um subsistema não afeta o todo, há redundâncias, portanto, se quer importância funcional, trabalhe em sua etapa e não se transforme em peça descartável. Nossos planos são audaciosos e abrangentes. Precisamos trabalhar com afinco e determinação para que as estratégias sejam seguidas, sem erros.

– Nossos planos, você disse? – indagou Adholphus.

– Sim, nossos. A orquestração de tantos elementos envolve muitas mentes ardilosas. Somos inteligências milenares oriundas de outros mundos, de outros orbes. Fomos chamados de deuses e somos deuses. Acompanhamos a humanidade desde o seu nascimento como civilização e nos tornamos detentores de profundos conhecimentos sobre a alma humana, seus sentimentos, sua psique, seus temores e defeitos.

– Viram nascer a humanidade? O que isso significa?

– Significa que estamos atuantes desde os primórdios das civilizações da Terra, prevalecentes a ela, e acompanhamos todo o desenvolvimento humano, interferindo muitas vezes para implantar nossa visão de mundo e nos transformarmos em seus deuses. Reverenciados como deuses, traçamos muitos caminhos que vocês percorreram controlados. Temporariamente nos associamos a outros deuses para unir especialidades e lutar contra as forças opositoras e formamos uma poderosa organização: o governo oculto do mundo. Acredite, Adholphus, nós podemos triunfar sobre esta maldita Terra e vamos conseguir erigir um império de trevas que durará para sempre. Em breve você receberá novas ordens. Prepare sua legião e isso basta para você por enquanto.

O mago-negro, sem dizer mais nada, virou-se e deixou o local de forma inesperada, sob o olhar atento e magnetizado de Adholphus.

❋ ❋ ❋

Adholphus desceu as escadarias que conduziam ao piso intermediário de sua fortaleza, onde se localizava seu suntuoso aposento. Entrou e encontrou sua escrava-amante acorrentada a uma argola metálica fixada no chão.

A mulher fora levada para dentro da fortaleza depois de ser aprisionada pelos servos de Adholphus, enquanto vagava desorientada e sem destino na área de um pequeno cemitério. A infeliz, de nome Joana, havia desencarnado em lamentável situação espiritual e ainda se encontrava presa aos despojos físicos em estado de decomposição. Possuidora de grande beleza física, dedicou-se, enquanto encarnada, à luxúria, à exploração da sensualidade de forma exacerbada e ao domínio e controle interesseiro de pessoas. Envolvia-se com homens ricos, seduzindo-os, alimentando suas paixões e explorando-os até sua completa ruína, ocasião em que os abandonava e deixava que mergulhassem em mórbido desespero amoroso. Enganou e ludibriou sete homens com sucesso. Sua última investida tinha sido sobre um homem muito forte, um poderoso e inescrupuloso industrial inebriado pelo abuso de seu poder econômico. Ele inicialmente cedeu aos encantos dela, mas, astutamente percebeu suas artimanhas e propósitos, não entrou em seu jogo e buscou no passado dela as informações de que precisava para conhecer as particularidades transviadas de sua vida. Joana foi desmascarada e humilhada sob a pecha de meretriz perante a sociedade hipócrita que frequentava, ambiente onde podia se exibir e desperdiçar incontáveis horas em fofocas, mexericos e maledicências.

Não suportando a terrível situação em que fora inserida, adoeceu gravemente. Sozinha e abandonada, cometeu suicídio, acreditando que a passagem pelos portões da morte lhe traria nova vida. Enganou-se. Muito desorientada e mentalmente perturbada, foi capturada por entidades maléficas e levada para a fortaleza de Adholphus ainda repleta de fluidos vitais, um precioso elemento para os senhores da escuridão.

Adholphus avançou sobre seu corpo como um animal enraivecido. Com extrema violência deu vazão aos mais absurdos atos de perversão sexual, explorando-a e abusando, mais uma vez, da situação lamentável de subjugação à qual era submetida coercitivamente. Joana exibia frêmitos de medo, desespero, angústia e desesperança, sentimentos em ebulição naquele ambiente de vícios, erros, enganos e total afastamento das leis morais que regem o universo humano. Depois de saciado, Adholphus determinou que a levassem de volta ao calabouço da fortaleza e retornou para a sala do trono. A mentalização que realizara para perturbar, bloquear e destruir as memórias de Benita consumiram grande cota de suas energias, necessitando se reabastecer com os fluidos de sua vítima. Ele sugou o que pôde da pobre e infeliz Joana, que ainda mantinha alguns poucos resquícios de energia vital devido ao seu recente desencarne e ao apego materialista que a aprisionava junto ao corpo físico outrora muito belo. Ela havia caído nas garras de seus algozes porque ainda alimentava mentalmente os ilusórios sonhos de luxúria, prazer e riqueza material que a acompanharam em sua última existência e esse estado mental inferior permitiu que ela fosse atraída magneticamente para um estado dimensional semelhante – dando curso à lei da afinidade —, que aproxima por sintonia inderrogável os que pensam, agem e mentalizam de forma semelhante, os que possuem sentimentos, interesses e propósitos de vida convergentes.

– Greg – chamou Adholphus.

Um espírito alto, robusto e negro, de voz grossa e rouca, se aproximou com rapidez e respondeu:

– Sim, meu comandante.

Greg há séculos se mantinha como segurança de Adholphus. Sua aparência animalesca, com dentes afiados à mostra, músculos avantajados e uma vestimenta que lembrava os guerreiros da antiguidade, era assustadora. Greg já provara inúmeras vezes a sua fidelidade a Adholphus e este, em contrapartida, havia lhe ensinado diversas técnicas de controle mental e magia para que se transformasse em feitor e pudesse escravizar espíritos para alimentar suas necessidades de energias negativas e demonstrar-lhe algum poder, para manter a disciplina nos seus redutos.

– Greg, Benita desertou de nossa legião e agora encontra-se em poder dos miseráveis emissários da Luz.

– Nunca confiei naquela mulher – disse Greg, com ódio. – Ela falhou nas missões mais importantes e nos colocou em uma situação desagradável perante os demais chefes de falanges que compõem essa legião.

– Ela nos enganou, nos traiu e antes que contasse qualquer coisa aos guardiões eu acionei os gatilhos mentais que eu mesmo coloquei por meio de hipnose, para destruir suas memórias e deixá-la inerte.

Adholphus soltou, em seguida, uma estridente gargalhada de desprezo.
– Aquela miserável vai vegetar e deixar os guardiões de mãos vazias. Eu desliguei os circuitos dela.
Os dois riram juntos, demonstrando ironia e desdém. Quando pararam de gargalhar Adholphus continuou:
– Por precaução, eu quero que você esteja atento e reforce as defesas da fortaleza para se contrapor a qualquer ataque que potencialmente possa ocorrer devido a algum possível vazamento de informações. Eu conheço algumas técnicas de reabilitação mental usadas pelos guardiões e me precavi contra a utilização delas quando implantei controles mentais em Benita, mas não descarto a possibilidade de possuírem outras maneiras de acessar os arquivos mentais dela.
– Entendi, chefe. Vou adotar as providências necessárias e aumentar as barreiras de segurança.
– Agora vá! – disse Adholphus gesticulando com sua mão horrenda em forma de garras.
Ele permaneceu pensativo, analisando potenciais repercussões que poderiam advir se os guardiões conseguissem acessar as memórias de Benita. O mago Nevius o treinara em práticas mentais para inserir os gatilhos mentais nos seus subordinados, mas teria lhe ensinado o suficiente? Ele esperava que sim, caso contrário teria sérios problemas adicionais.

5. Os chefes de falanges da luz

Após os relatos detalhados dos embates entre entidades das trevas e Grupos de Guardiões em lugares remotos do Oriente e do Ocidente, mais especificamente em território europeu, Aalão deixou claro que se tratava de ocorrências significativas e que os esforços dos Guardiões deveriam permanecer focados no restabelecimento do equilíbrio das forças, tendo em vista os preparativos para a grande mudança energética nas paisagens físicas e extrafísicas que estão em andamento sob a direção segura de Espíritos de elevada hierarquia universal.

– Estou surpreso com a ousadia das trevas. Os nossos agentes infiltrados descobriram que as entidades das sombras estão planejando o desencadeamento de ondas simultâneas de ações maléficas, com o objetivo de obstaculizar o progresso da civilização humana – disse Macberius, o

Chefe dos Obreiros da Noite.

– Precisamos descobrir que tipo de ações eles pretendem perpetrar para conseguir o seu intento. Sabemos apenas que os espíritos maléficos estão agindo sob o comando de Adholphus, entidade perversa do astral inferior – completou Aalão.

– Ainda não sabemos o que ele pretende, mas sabemos onde se encontra? – perguntou Waniah, Chefe da falange D'Arc, a força-tarefa feminina.

– Ele se encontrava em sua fortaleza do astral inferior, mas infelizmente desapareceu. Temos o rastro energético dele, vamos rastreá-lo – falou Waniah.

– Não vai ser assim tão fácil – respondeu Macberius. Perdemos o seu rastro energético e meus especialistas apostam que ele está sendo acobertado por alguém muito poderoso.

– Adholphus não é o estrategista das ações do mal, é apenas um executante, uma peça. Ele é muito esperto, sagaz e perverso, articula bem as ações e forma falanges de malfeitores brutais e violentos, mas não possui inteligência para ações mais elaboradas. Há alguém por trás de tudo isso, alguma inteligência astuta do mal, que permanece oculta dos Guardiões e agora oculta o seu executor também – acrescentou Aalão.

– Ele sabe que a sua presença à frente das ações poderá redundar em prisão, por isso permanece escondido – completou Macberius.

– A FT D'Arc conseguiu uma importante vitória: convenceu uma importante integrante das forças das sombras, em situação muito difícil, a se entregar às forças do bem. Essas informações preliminares foram obtidas devido a colaboração de Benita, uma ex-integrante e número um de um ativo grupo da legião de Adholphus. Ela se cansou de ser a chefe de uma facção criminosa do astral inferior e de viver sob o jugo cruel e escravizante de seu antigo chefe. Não pensem os senhores que sua mudança de atitude foi gratuita. Ela cedeu devido a um grande fracasso ocorrido em uma ação aparentemente fácil, mas que era na realidade uma armadilha. A fracassada investida fora preparada por Adholphus e se tratava de uma etapa importante no contexto de ações das trevas. Ele conhecia os riscos, mas a enviou para que ela se provasse e ela fracassou novamente; deixou o chefe Adholphus em uma situação delicada perante os demais líderes de falanges do mal e da legião, que passaram a questionar a sua capacidade. O insucesso de Benita lhe custaria muito caro, uma punição severa, por isso ela desertou – disse Waniah.

– Adholphus pune as derrotas de seus subordinados com a zoantropia, o conhecido processo hipnótico que utiliza a força mental para induzir sua vítima a uma forçada redução para um estágio animalizado – completou Macberius, olhando para os demais guardiões.

– É por isso que ele é tão temido no astral inferior? – retrucou Waniah.

– Sim, ele detém um grande poder como magnetizador e hipnotizador. Utiliza suas habilidades para subjugar seus subordinados e puni-los com severidade e crueldade quando fracassam. Aplica métodos hipnóticos que conduzem a vítima à licantropia ou à zoantropia, uma transmutação mental indutora que transforma a vítima em uma espécie de lobisomem ou outros animais, como símios, cobras, lagartos. O subjugado perde a vontade própria e o controle sobre seus pensamentos, refletindo apenas aquilo que lhe foi implantado na mente pelo algoz, por via hipnótica. Assim, passam a obedecer cegamente às ordens maléficas dos seus senhores. Trata-se de hipnose profunda que induz a um monoideísmo e consequente processo de regressão gradativo, que o conduz à degeneração da forma do corpo astral (perispírito). Tal processo resulta na total perda da conformação humana, mediante a inibição de sua compleição por indução mental hipnótica.

– Adholphus deve ter sido treinado por um mago negro; são eles os detentores de vastos conhecimentos sobre o poder hipnótico – explicou Aalão. – A continuidade desse processo leva a vítima à ovoidização, também denominada de segunda morte.

– Certamente Benita seria punida com esse tipo mais grave – concluiu Waniah. – Os fracassos seguidos e as repercussões para Adholphus o deixaram muito enfurecido e por isso Benita viu que tinha chegado a hora de pular fora do barco antes que ele naufragasse. Somos sua boia de salvação.

Após uma breve pausa ela continuou.

– Precisamos conversar com Benita e obter maiores detalhes sobre os planos de Adholphus. Antes, porém, devemos analisar se não se trata de uma armação maléfica de desinformação. Devemos nos certificar de que ela está falando a verdade e essas averiguações demandam tempo.

– Precisamos agir rápido! – exclamou Macberius, demonstrando calma e autocontrole.

– Sim, a primeira tarefa de vocês será a de extrair o máximo de informações de Benita. Waniah se encarregará dessa parte. Macberius, Silas e Roche, vocês receberão instruções para planejamento de uma incursão ao astral inferior, a fim de obter mais detalhes sobre o planejamento dos senhores da escuridão. Será importante estabelecer contato com nossos infiltrados; eles poderão ser de grande valia no apoio às ações de vocês por conhecerem as minudências da região onde habitam esses seres ignorantes e atrasados. Todos os informes são importantes; não omitam nenhum pequeno detalhe, não desprezem nem uma ínfima observação, pois ela poderá ser a chave do segredo ou a peça que completa o mosaico que precisamos montar.

– Assim o faremos, venerável Aalão. Trabalharemos nos planejamentos desde já.

Eles se cumprimentaram com cordialidade e saíram, deixando Aalão sozinho no amplo salão.

6. Guardiã Waniah

A comandante da força-tarefa feminina do astral denominada Falange D'Arc encontrou Benita, a ex-chefe de falange trevosa componente da legião de Adholphus, sentada em sua cela. A marginal do astral inferior estava com a cabeça entre os joelhos e parecia ofegante. Waniah desligou a barreira magnética de fechamento da entrada da cela e aproximou-se de Benita.

– Benita, você tem condições de conversar comigo?

– Quem é você?

– Meu nome é Waniah, sou a chefe da FT D'Arc, a força-tarefa feminina do astral.

Benita permaneceu em silêncio e com os olhos semicerrados, observando aquela mulher deslumbrante à sua frente. Waniah era uma mulher de estatura média, corpo escultural realçado pela roupa justa de cor vermelha alizarina. Usava um colete militar e um cinturão preto e largo de material etérico com suporte para sua espada de material semelhante ao aço, mas de tecnologia avançada capaz de atrair e absorver as energias negativas, como um para-raios atrai as descargas elétricas. Seus cabelos ruivos eram curtos e espetados para cima. Os olhos verdes, as maçãs do rosto salientes, os lábios finos e o maxilar pronunciado insinuavam uma conformação facial de origem nórdica. Sua presença marcante sempre era notada onde quer que estivesse. Expressava-se sempre com muita atitude e firmeza, conduta que deixava evidente a liderança e a determinação que impunham respeito. Enganava-se quem ousasse acreditar que por ser uma mulher encontraria nela fragilidade e insegurança: ao contrário, ela era dura, destemida e implacável. Durante uma de suas existências tinha sido esposa de um guerreiro viking e não conseguira dar-lhe filhos; morava sozinha. Numa das longas ausências de seu companheiro ela fora assediada por um outro homem da aldeia que a importunava constantemente com ameaças se não cedesse aos seus caprichos sexuais. Em uma noite do rigoroso inverno nórdico o assediador invadiu a sua casa e tentou estuprá-la, mas ela tinha se preparado para o pior e reagiu para defender-se. Desde então, fora acusada de adúltera assassina e banida da aldeia. Precisou de muita força e coragem para sobreviver; cortou os cabelos trançados com uma faca e se disfarçou de homem para conseguir emprego em um estábulo numa outra aldeia ao norte. Com a ajuda do filho do estalajadeiro que já tinha se aventurado em guerras e se tornara um inválido devido a um ferimento grave na perna, aprendeu a usar armas de combate que lhe serviram de proteção quando se juntou a grupos guerreiros que sistematicamente invadiam os territórios da Inglaterra para saquear. Encarnações posteriores moldaram seu espírito de guerreira nas sombras. Cansada de tantas lutas e subserviência a senhores da escuridão, foi cooptada por um nobre espírito de luz que a convenceu a mudar de lado e ofereceu uma oportunidade irrecusável para modificar sua situação e ela a agarrou. Decidiu que usaria a força daquela característica pessoal para lutar pela justiça e foi convocada a trabalhar junto com os guardiões como forma de resgatar grandes débitos anteriores e ajudar a promover a justiça divina e a paz na seara da Luz. Sua liderança nata a conduziu rapidamente à chefia da força-tarefa D'Arc, que fora criada para ela.

— Ah! ouvi seu nome por aí e sofri indiretamente as consequências de muitas ações que você realizou. Ah! Então estou diante da famosa guardiã que os maiorais das trevas querem pegar?

— Não sei. Querem?

— Sua cabeça está a prêmio; vale muito e a cotação pela sua captura continua subindo.

– Que pena, acho que vai ser difícil alguém ganhar esse prêmio. Para os que tentarem vai custar muito caro. Espero que continue subindo, isso me valoriza ainda mais, não acha?

Waniah deu uma gargalhada e encarando Benita disse:

– Bem, vamos ao que realmente interessa.

– Não confio em você. O que você quer de mim? – perguntou Benita, com desdém. – Não sou nada, não interesso a vocês.

– Engana-se, mulher. Temos muito interesse em tudo o que você puder nos informar. Para ser retirada do local onde estava e ser afastada das garras de Adholphus você precisou mudar de atitude, se arrepender do que fez e pedir ajuda. Além disso, decidiu colaborar conosco. Lembra-se?

Benita voltou-se lentamente para Waniah e, com um sorriso malicioso e debochado, encarou-a sem responder à pergunta.

A aparência de Benita demonstrava sua condição espiritual inferior. Vestia-se com roupas que pareciam saídas do período medieval. Trajava-se dessa maneira para poder impor respeito aos seus seguidores. Não apresentava formas femininas, sua feição era grotesca e rude. Estava suja, coberta por uma camada de fuligem negra e cheirava a enxofre e amônia. Seu rosto estava desfigurado e em nada lembrava uma mulher. Era notória a desagregação molecular de seu perispírito devido aos inúmeros anos sem reencarnar. Sua recusa e rebeldia cobrava um alto preço em termos de manutenção da conformação humana. Quanto mais tempo passava, mais desagregadas ficavam as moléculas de seu corpo astral, repleto de chagas e com deformações que a tinham transformado em um verdadeiro monstro.

Sua figura contrastava com a de Waniah, que apresentava formas femininas bem definidas e olhar altivo de segurança e firmeza e atitudes que deixavam transparecer vitalidade e energia. Estava acompanhada de mais quatro mulheres vestidas com o mesmo uniforme vermelho, empunhando armas magnéticas e de eletrochoque utilizadas para a contenção de pessoas.

– Eu me entreguei por ser a única alternativa que restou depois que fracassei pela terceira vez. Eu não tinha outra opção – lamentou-se. – Não pretendo virar bicho, já estou em um estado lastimável e piorar não esteve nos meus planos.

– Acho que a punição que Adholphus reservava para

você seria muita mais séria.

– É, talvez uma segunda morte. Ele queria me aniquilar de vez.

– Quer dizer que você recebeu uma missão e não conseguiu cumpri-la! Eu posso saber que missão tão importante foi essa, cujo fracasso a levaria a represálias tão intensas e severas, a ponto de obrigá-la a mudar de lado?

– Não se trata somente da importância da missão, sua vadia, mas principalmente porque foi o terceiro fracasso e isso é considerado imperdoável pelos maiorais do submundo.

– Eu gostaria que você não se referisse a mim em termos tão chulos.

– Não gostou do termo vadia, sua desgraçada arrogante – disse fitando Waniah com os olhos semicerrados e provocativos.

– Você não me conhece e isso já é o suficiente para que você me respeite. Devemos conversar de maneira civilizada e eu estou respeitando você, apesar de considerá-la uma marginal sem escrúpulos. Você pediu a nossa ajuda com a promessa de que colaboraria fornecendo informações sobre as facções criminosas do astral inferior. Não possui méritos para ser ajudada como foi. Sua vida tem sido uma sucessão de ações equivocadas e distanciadas da ética, da moral e das leis divinas. Você é uma criminosa, mas sequer consegue honrar sua palavra?

– Honra é apenas um termo de barganha no meio em que transito. Minha palavra serve para satisfazer aos meus propósitos. Ela serve para enganar os incautos que querem acreditar nela. Será que você não entendeu que eu só fiz isso para me livrar daqueles escravizadores de mentes? Para me livrar do castigo?

– Você está tendo uma oportunidade de ouro para mudar sua atitude, sua vida e verdadeiramente cuidar de seus interesses.

– Meu interesse de vida é poder. Eu quero que meu séquito cresça cada vez mais e me obedeça, assim poderei aumentar meu poder de destruição e manter minha independência com segurança.

– Você sabe melhor do que eu que o seu séquito foi abandonado por você e outro líder das sombras já ocupou o seu lugar. Você foi descartada e essa suposta independência não é possível no meio em que você vive, isto é, no mal. É ilusório pensar que não serão manipulados por inteligências superiores às suas; os senhores da escuridão são seres renitentes no mal e há milênios escravizam almas e espíritos como você para satisfazer seu ego megalomaníaco, perverso e egoísta, para manterem o seu poder e dominação. Possuem habilidades de subjugação cruéis que utilizam contra aqueles que não sintonizam com suas falsas pretensões e comungam com suas ideias e ideais inferiores. Pretendem formar um exército de malfeitores para viabilizar a paralisação do processo evolutivo da humanidade terrestre.

– Sim, somos opositores do progresso da humanidade e vocês são os falsos santinhos. A imposição de seu sistema de vida também é escravizante: se não fizer o bem, vai para o inferno!

– Você sabe que isso é apenas a retórica enganosa do mal. As coisas não funcionam assim e você sabe muito bem que plantar o mal vai obrigar você a colher os frutos do mal que plantou. A lei de causa e efeito é implacável em todo o Universo e serve para todos, não há exceções na criação. Todos estarão, sempre, vinculados às mesmas leis eternas e imutáveis de Deus.

– Não repita o nome dele na minha frente – disse, e abaixou a cabeça.

– Entendo – falou Waniah demonstrando piedade ao sentir a amargura que invadia Benita. – Vejo que a luz Dele já toca o seu coração novamente. Sente-se envergonhada pelos caminhos que ainda trilha?

– Vou seguir em frente. Para mim o caminho para a Luz já é impossível – retrucou ela, com veemência. Não sou uma fraca. Os fracos são destruídos pelo medo e pelo terror.

– Se não é uma fraca, por que pediu ajuda? Deveria suportar as consequências de seus atos errados, de seus fracassos.

– Não sou tola. Fugi para não ser escravizada, para não perder a minha liberdade de ação.

– Se voltar, será perseguida e aprisionada. Sofrerá as consequências de suas próprias atitudes. Será responsabilizada pelo que deixou de fazer. Ficando conosco, ao nosso lado poderá ser encaminhada a lugares de reeducação espiritual.

– Não me vejo nessa situação.

– Será alvo dos senhores da escuridão, porque para eles, o que deve prevalecer é a imposição da sua verdade pelo ódio, pelo medo e pelo terror. Eles não hesitarão em puni-la com severidade para servir de exemplo e coibir outras atitudes semelhantes.

– Sei disso, mas vou ter tempo para me fortalecer. Eu também tenho poder e logo serei mais forte que o meu perseguidor, eu garanto.

– Você se rebelou contra seu chefe Adholphus, mas existe outro acima dele. Quem é ele, Benita?

– Me revoltei contra a Luz e agora me rebelo também contra todos os maiorais do poder escravizante das sombras que querem me subjugar. Você mesma disse que não há lealdade e nem ética entre nós. É a mais pura verdade. Só o poder fala mais alto. A guerra pelo poder e pela dominação do mundo já começou e logo eclodirá, passando da esfera extrafísica para a física.

– Quem está no comando das ações? Adholphus?

– Adholphus é só uma peça nesse imenso tabuleiro de xadrez que abrange o Ocidente e o Oriente. Os dragões e os magos negros são os comandantes supremos.

– Você acredita poder lutar sozinha contra eles. Desculpe, mas é muita ingenuidade para alguém como você. Só pode estar brincando comigo. Vamos, desembuche logo! Chega de teatro. Quem é o maioral e o que ele pretende?

– Estou sentindo sua presença dentro de minha mente. Meu controle mental está enfraquecendo.... algo estranho está acontecendo comi...

Benita não terminou a frase: gritou, levando as mãos à cabeça, demonstrando sentir dores terríveis e então ficou muda e imóvel. Seus olhos estavam vidrados e seu olhar fixo na parede da cela. Waniah se aproximou daquela mulher endurecida pela maldade e perversidade para tentar auscultar seus pensamentos. Um estridente gritou a assustou. Waniah deu um salto para trás e, no mesmo instante, as guardas entraram na cela e se posicionaram ao lado da guardiã de armas em punho.

– Esperem – disse, colocando o braço à frente das guardas que apontavam suas armas para Benita. – Ela está sob ataque mental. Está em transe hipnótico e parece estar sendo subjugada por meio de sintonia mental. Deve haver uma entidade perversa das sombras, muito poderosa, um "hipno"[10] ou até mesmo o próprio chefe dela tentando controlá-la.

---
[10] – Denominação recebida pelos hipnotizadores e magnetizadores a serviço das trevas.

– Quem é o chefe dela? – perguntou uma das guardas.

– Adholphus, mas estou mais inclinada a pensar que uma outra inteligência muito mais poderosa está controlando a mente dela. Vejam seus olhos revirando descontroladamente. Ele pode estar interferindo em suas ondas mentais para que não o revele para nós.

Benita soltou um uivo parecido com o de uma loba feroz, começou a se contorcer, caiu, rolou pelo chão e revirou os olhos como se estivesse tendo um ataque epiléptico.

Waniah imediatamente chamou uma equipe de socorristas e eles a colocaram em uma maca, aplicaram sedativos e a levaram para a enfermaria.

– Ela vai ficar sob efeito de sedativos e assim que melhorar você será informada e poderá conversar com ela – disse a enfermeira responsável pelo atendimento.

– Tem ideia do que aconteceu?

– Já vi casos semelhantes. Ela foi submetida a um ataque mental para apagar sua memória. Os danos causados pelas ações hipnóticas e magnéticas poderão deixar sequelas irreversíveis. Os senhores da escuridão inserem dispositivos no cérebro – implantes eletrônicos –, para poderem manipular seus escravos, impedir que ações não autorizadas sejam executadas e para que o conteúdo de suas memórias não seja violado. O objetivo é negar informações e, para atingir seus propósitos, recorrem a artifícios diversos, mesmo que seus atos provoquem danos irreversíveis às suas vítimas. Felizmente ela foi socorrida rapidamente e poderemos minimizar os efeitos danosos inserindo-a no interior de uma câmara de contenção para impedir que as emanações do subjugador possam alcançar sua mente; no entanto, ainda assim, trata-se de uma situação extremamente dolorosa e cruel.

– Benita acreditava estar fora do alcance dos poderosos.

– Ela o subestimou? – perguntou a enfermeira.

– Não creio. Ela conhece muito bem a capacidade deles, mas por prepotência e arrogância achou que estava a salvo e já era capaz de se defender. Digamos que ela tinha uma visão míope da situação.

– Entendo e me entristeço com tantos desatinos espirituais.

– Precisamos de força, coragem e muito trabalho para esclarecer e reverter esse triste quadro – desabafou Waniah.

7. Fábio e o guardião Vhanet

Cláudia se levantou primeiro, puxou o irmão pelo braço e saíram pela porta central da igreja. Fábio Antunes estava muito apreensivo, caminhava vacilante e olhava para todos os lados tentando ver a entidade tenebrosa que o perseguira pela manhã. Ele abraçou a irmã e caminhou em direção ao carro dela estacionado na rua lateral da catedral.

– Vou deixá-lo em casa, você precisa descansar – disse Cláudia.

– Está bem – respondeu Paulo, com voz baixa e grande abatimento. – Vou tentar dormir um pouco e espero que Mira não demore a chegar do trabalho. Apesar de suas dificuldades ela me dá apoio e sustentação. Não quero ficar sozinho, acho que poderei surtar e enlouquecer se essa situação de perseguido continuar. Ainda não posso afirmar com certeza, mas tudo indica que as perseguições são decorrentes do trabalho que iniciamos recentemente em nosso grupo mediúnico. Nosso mentor espiritual disse certa vez que desenvolveríamos um trabalho de suma importância e que necessitaria de muita disciplina dos médiuns, oração e vigilância. Eu notei que ultimamente temos enfrentado entidades cada vez mais astutas, cruéis e enraizadas no mal. Percebi também que algumas foram aprisionadas e encaminhadas para locais que ignoro, com o objetivo de desarticular legiões do mal. Creio que esteja ocorrendo uma grande movimentação no astral e com certeza estamos envolvidos até o pescoço. Os mentores espirituais se utilizam do ectoplasma do médium – neste caso o meu —, para poderem atuar com reservas energéticas estratégicas em ambientes tenebrosos.

– E como você sabe sobre isso? – perguntou Cláudia, a irmã mais velha de Fábio, uma católica fervorosa que não enxergava com bons olhos a participação do irmão nas reuniões mediúnicas.

– Participo de muitas investidas em regiões umbralinas inferiores, desdobrado.

– Acho tudo isso uma temeridade. Você vive mexendo com coisas que não devia, está se envolvendo com magia e isso é contra as leis de Deus. Está perturbado porque quer, porque é um idiota e não me ouve.

– Não, minha cara irmã. Trata-se de um trabalho sério de ajuda a outras pessoas.

– Ajuda a pessoas mortas, Fábio? Deixe os mortos

quietos, não os perturbe.
 — Eu não os perturbo. Eles é que estão por toda parte nos perturbando, nos influenciando, interferindo e interagindo conosco, de forma positiva e também negativa.
 — Isso não é certo, Fábio.
 — Minha irmã, eu sou conduzido pelos mentores dos trabalhos mediúnicos. Assim que me concentro na reunião mediúnica, sou desdobrado magneticamente e sigo acompanhando-os e auxiliando quando solicitado.
 — Você é um doido em aceitar participar de um trabalho como esse — retrucou Cláudia com veemência nas palavras.
 — É uma missão que preciso cumprir. A faculdade mediúnica é um precioso e eficaz instrumento entregue a uma pessoa para que ela a utilize em benefício de outros e ajude a espalhar o bem. Os médiuns, felizmente, recebem essas faculdades como uma oportunidade de melhoria de sua condição espiritual. Eles precisam ajudar para serem ajudados pois, frequentemente, são os mais endividados com a justiça divina, necessitando de instrumentos que os auxiliem a resgatar seus débitos e esse tipo de trabalho é a ferramenta mais adequada para tal, a que permite resgates mais vigorosos e intensos — trabalho versus remissão, entendeu?
 — Uma espécie de atalho? — perguntou ela, incrédula.
 — Eu não diria um simples atalho e sim uma grande oportunidade de melhoria espiritual que precisa ser bem aproveitada.
 — Entendo, mas não quero isso para mim. Sou católica e acredito no poder dos santos da Igreja, por isso eu o levei lá. Você mesmo não me disse que sentiu momentos de paz lá dentro enquanto rezávamos?
 — Sim, eu disse. É sempre muito bom estar em um campo sagrado, em paz. Respeito todas as formas de ligação espiritual com o divino, todas as religiões. Aliás, a palavra religião advém do termo *religare,* que significa ligação com a espiritualidade superior.
 — Não leve esse trabalho adiante, deixe-o. Faz e sofre porque quer.
 — Não posso abandoná-lo porque não se trata de uma questão de querer ou não querer e sim de aceitar o que foi disponibilizado para saldar dívidas.
 — Deixe de besteira, você não tem dívida alguma.
 — Engana-se, minha querida. Todos nós temos dívidas

espirituais decorrentes de ações equivocadas em nosso passado.

– Lá vem você de novo com essa conversa de vidas passadas.

– Não é conversa, é realidade.

– Você sabe muito bem que não acredito em reencarnação e sim em ressurreição da alma.

– Esse termo ressurreição erroneamente substituiu o termo reencarnação nos escritos religiosos.

– Só faltava essa; dizem ao coisas mais absurdas para justificar o que pensam. Quero parar com essa conversa – disse Cláudia, irritada com a argumentação do irmão.

– Está bem, mas quero que entenda: se eu abandonar tudo terei que assumir as consequências dos débitos acumulados. O livre-arbítrio sempre será respeitado, mas a lei de causa e efeito é atuante e implacável. Cobrará os débitos. O que foi plantado deverá ser colhido, disse-nos o sábio da Galileia, Jesus. Instrumentos para mitigar os efeitos dessa colheita penosa nos são oferecidos pela bondade e misericórdia divina e será sempre uma sábia decisão não rejeitar a ajuda do alto.

– OK, meu irmãozinho. Se você precisar de algo me avise que virei para ajudá-lo. Agora precisamos ir.

Ela ligou o carro e eles saíram.

※ ※ ※

Em casa, Fábio despiu-se e se deitou no confortável sofá. Logo adormeceu e se viu fora do corpo físico, desprendido, em desdobramento. Surpreendeu-se com a clareza de seus pensamentos e com a súbita aquisição de consciência durante o sono do corpo físico. Sentiu uma estranha sensação de frio; arrepios lhe correram pela espinha sem que ele soubesse o porquê. Sentiu vertigem e uma intensa fraqueza, como se suas energias estivessem sendo drenadas. Não percebeu que ao seu lado encontrava-se o estranho homem que o perseguia. Levantou-se e ao virar a cabeça para o lado esquerdo assustou-se com a visão fantasmagórica que o observava. Ficou paralisado de pavor e não conseguiu ver o rosto daquela figura negra com nitidez. Seus olhos focaram somente nos olhos negros, de intensa escuridão daquela entidade à sua frente.

O medo que Fábio sentiu naquele momento era indescritível. Seu coração disparou e, instintivamente, ele deu um salto para trás, afastando-se da criatura. O Sombra o encarou com seus olhos enegrecidos e voou direto para ele, agarrando-o. Fábio, paralisado de terror, sentiu aquelas mãos esqueléticas, de pele ressequida, com unhas grandes e sujas apertando o seu pescoço. À medida que o Sombra apertava seu pescoço, também sugava suas energias vitais, deixando-o cada vez mais enfraquecido e sem condições de reagir.

– Sinta o meu ódio. Eu vou levá-lo comigo para uma viagem através da paisagem astral inferior, de onde você veio, seu verme traidor! – disse o Sombra com voz grunhida e estertorada.

No momento em que a entidade trevosa se preparava para arrastar Paulo, surgiu diante da porta um Espírito envolto em tênue luz safírica, grande poder magnético e porte que demonstrava força, vitalidade e energia.

O Sombra largou o pescoço de Fábio e imediatamente se virou para aquele ser que ele conhecia muito bem. A Espírito o olhou compassivamente, com serenidade, e disse:

– Você pretende continuar sua caminhada amealhando míseros atos de covardia e insensatez, meu irmão? – perguntou Vhanet em tom grave e firme.

– Vhanet, o guardião subcomandante da Legião *Lux Albis*, a força opressora da Luz, liderada pelo poderoso Azaliel. Nome bonito esse da sua Legião. No entanto, você não passa de um subordinado desprezível.

– Obrigado! – respondeu Vhanet. – Que bom que nem tudo o agrada; é assim mesmo, não agradamos a todos. Trabalho cumprindo missões para a Legião *Lux Albis* e sou honrado por poder partilhar esse esforço com o nobre comandante Azaliel.

– É o encarregado da aplicação das leis, o grande justiceiro, mas em muitas situações os guardiões não agem conforme o que pregam – retrucou o Sombra, com extremada ironia nas palavras.

– Os guardiões não pregam nada. Trabalhamos no que for necessário para manter a ordem e fazer prevalecer a justiça e paz.

O espírito de elevada hierarquia no exército astral dos guardiões e subcomandante da *Lux Albis* era, naquele momento, o chefe de uma frente de combate direto aos seres do astral inferior (grosso) e líder de grupos de guerreiros dos guardiões que agem em nome do Miguel, o comandante supremo e de seu líder de Legião, Azaliel. São espíritos determinados, disciplinados e adestrados nas táticas de desarticulação de atos maléficos e capacitados no desenvolvimento de ações táticas e estratégicas preventivas de neutralização das forças das trevas. Vhanet estava cumprindo determinações expressas de Azaliel, seu comandante e um espírito milenar detentor de vasto conhecimento da formação, estrutura e modo de atuação das turbas malfeitoras do astral inferior. Ele estava vestido com uma indumentária semelhante às roupas de combate dos antigos guerreiros romanos, com um colete de metal dourado, muito brilhante, cobrindo o seu tórax. Calçava botas curtas cobrindo os tornozelos e a partir deles usava um protetor de pernas de tiras trançadas, de material resistente semelhante ao couro, que se estendia até os joelhos. Um elmo de material astralino brilhava em sua cabeça irradiando luz, como um reflexo solar. Empunhava uma espada longa, de grande porte, parecida com as espadas dos antigos cavaleiros medievais, forjada em material leve, transparente como um raio de luz congelado, de cor azul intenso. Nos punhos usava braceletes de cor amarelo ouro. A figura de Vhanet exibia porte atlético e grande higidez física. No semblante transparecia força e seriedade.

Vhanet, empunhando a reluzente espada de luz, bradou para o infeliz Sombra que o observava atônito e temeroso:

– Largue-o!

O Sombra em sinal de desafio olhou para Vhanet e continuou segurando o pescoço de Fábio.

– Você atua em momentos graves, atendendo determinações de superiores cruéis do astral inferior, que agem contra as determinações das esferas elevadas da vida para prejudicar seus irmãos e impedir o progresso da coletividade encarnada. Sua consciência deve considerar que a verdadeira grandeza reside nos atos praticados na seara do bem e não servindo às hostes e potestades do mal. Convoco-o a abandonar suas condutas criminosas, a abdicar da violência e a colaborar na edificação dos ditames da justiça divina, agora.

– Colaborar com você? Seria o meu fim! Meus chefes jamais esquecem uma traição e buscam nos confins do inferno os traidores, para lhes infligir tenebrosos flagelos e torturas. Prefiro obedecer às ordens recebidas deles e manter minha relativa liberdade.

Dizendo isto largou o pescoço de Fábio e movimentou-se para escapar do local, mas foi surpreendido pela extrema velocidade de ação do guardião Vhanet que se colocou à sua frente impedindo-o de sair.

— Deseja evadir-se como uma vil criatura? Embora seus atos o desqualifiquem, pelas leis divinas você ainda é merecedor de préstimos. Somos todos filhos de Deus e Ele espera que um dia o filho transgressor de suas leis retorne à Sua casa. Reflita sobre isso.

— Já escutei essa conversa outras vezes e não caio na armadilha da luz. Não há retorno para mim. Meus débitos – como vocês costumam dizer —, são muito grandes e, considerando o que eu teria que colher como resgate, reconheço não possuir recursos para saldar minhas dívidas. Continuarei, se me permitir, como inadimplente.

Fábio Antunes acompanhava a conversa, temeroso e ao mesmo tempo interessado em tudo que estava sendo dito. Estupefato com os acontecimentos, pensou:

"Eu devo estar enlouquecendo. Isso não é realidade. É apenas um sonho ruim, um pesadelo. Em breve instantes vou acordar e tudo vai passar".

Vhanet captou os pensamentos de Fábio e disse:

— Não é um pesadelo, meu irmão. Você está realmente presenciando este evento e vai compreender tudo no devido tempo. Acalme o seu coração e tenha fé.

— Não tenho mais nada para fazer aqui. Vou me retirar, mas esteja certo de que virei vê-lo novamente em breve – grunhiu o Sombra, olhando para Fábio que se mantinha sentado, encolhido no canto do quarto.

— Você atendeu ao meu pedido para soltar Fábio Antunes e poderá deixar este local, mas será portador de uma mensagem para Adholphus.

— Eu não sei quem é esse Adholphus a quem se refere – mentiu de forma arrogante.

— Acaso não o reconhece como seu chefe? – perguntou Vhanet.

— Bem, na verdade não trabalho para ninguém no momento.

— Não minta para mim; eu consigo captar os seus pensamentos e não me subestime. Sei de suas ligações com Adholphus. E sei também que ele lhe ordenou que levasse Fábio Antunes para uma incursão no astral inferior, a fim de cobrar dívidas anteriores.

— Esse é um problema entre os dois. Sei apenas que esse verme já foi aliado de Adholphus em outras situações no passado e hoje é considerado um traidor da causa que ele defende.

Fábio Antunes, que escutava tudo com especial atenção, alarmou-se e ficou extremamente preocupado com a informação que acabara de escutar.

– Diga a Adholphus que nós logo adentraremos o seu reino de sombras para colocar um ponto final em suas artimanhas, desmandos e crimes contra a humanidade. É chegada a hora da derrocada de seu efêmero reinado de trevas. Ele ultrapassou todos os limites da Lei. Diga também que haverá proteção dos guardiões para aqueles que decidirem mudar a trajetória de suas vidas.

– Você sabe muito bem, Vhanet, que essa história não vai terminar aqui. Eu voltarei até conseguir cumprir a minha missão e não levarei recado algum para Adholphus. Não sou menino de recados e você me subestima.

Dizendo isso, o ser sombrio adotou uma atitude arrogante e subitamente atirou-se sobre o guerreiro e guardião Vhanet tentando agarrá-lo. O Sombra abriu sua boca semelhante a boca de um tubarão, deixando expostas duas fileiras de grandes dentes pontiagudos e, em vão, tentou abocanhar o braço com que Vhanet segurava a espada de luz coagulada. Das pontas de seus dedos emergiram garras negras, compridas, afiadas e a horripilante criatura saltou e apoiou-se na parede para se equilibrar. Em seguida avançou novamente em direção ao peito de Vhanet, que se esquivou com um giro de corpo rápido. Essa manobra lhe permitiu posicionar-se lateralmente para, em seguida, realizar um movimento de cima para baixo com a espada de luz. O golpe preciso encontrou a mão e as garras do Sombra que estavam estendidas para tentar agarrar o guardião e cortou-a na altura do punho. Delirando de ódio, o Sombra investiu mais uma vez contra o guardião e novamente foi golpeado, desta vez no ombro esquerdo, percorrendo todo o tórax e abrindo um profundo corte diagonal de cima para baixo que cortou suas vestes negras e sujas de fuligem e o seu corpo astral deformado. Em seguida Vhanet direcionou a ponta da espada para o peito do Sombra ferido e falou secamente:

– Não tente mais nada, criatura. Vá e leve a mensagem ao seu chefe sem demora.

O Sombra abaixou-se, vencido, apanhou o pedaço do membro decepado e em seguida saiu sibilando como um animal ferido, sentindo fortes dores, para desaparecer na escuridão da noite, em direção às profundezas do astral inferior.

Fábio Antunes, aterrorizado, contemplou aquela figura poderosa e serena à sua frente e percebeu que era

testemunha de fatos raramente presenciados pelos denominados vivos – os encarnados. Subitamente foi puxado para seu corpo adormecido e acordou sobressaltado como quem acorda de um pesadelo. Ainda ofegante pelo susto, percebeu que se recordava de tudo o que havia acontecido.
"Preciso registrar esse pesadelo" – pensou.
Ao seu lado Vhanet o observava satisfeito. Ele elevou a cabeça e desapareceu do quarto subindo como um cometa, deixando atrás de si um rastro luminoso. Seu corpo de matéria etérea atravessou as paredes do teto como se elas não existissem, rumo a outras dimensões. No entanto, esse espetáculo de luz Fábio Antunes não pôde presenciar.

8. Guardião Justiniano

Do lado de fora da residência de Fábio Antunes um espírito vestindo uma roupa negra, aparentando ser um maltrapilho, aguardava a saída da entidade sombria que ousara enfrentar Vhanet.

Subitamente, assustou-se com a saída do que parecia ser um animal enfurecido em fuga. Identificou prontamente a entidade escrava das sombras e preparou-se para segui-la e tentar localizar a fortaleza de Adholphus. A entidade trevosa prosseguia alternando passos rápidos com saltos, pois a sua baixa condição vibracional o incapacitava de volitar[11] para percorrer distâncias com maior velocidade e presteza.

Justiniano, o guardião encarregado de seguir a entidade sombria, era um especialista em acompanhamento encoberto. Recebera intenso treinamento no astral sob supervisão das equipes técnicas dos guardiões, em especial sobre a aplicação de técnicas de disfarce mediante o adensamento de seu corpo astral, para poder se misturar às entidades de vibração grosseira e densa do astral inferior e não ser reconhecido, a despeito de seu grau espiritual.

Justiniano aparentava um homem baixo e franzino, barba negra cerrada da mesma cor escura que os seus cabelos encaracolados e desalinhados. Vestia-se em trajes andrajosos e adotara a aparência de espírito em estado de decrepitude para não chamar atenção para si. Ele passou a seguir a entidade a distância e ambos percorreram

---

[11] Volitação é a capacidade que o ser espiritual possui de se deslocar por meio de sua vontade e força mental. Há a possibilidade de percorrer grandes distâncias, utilizando como impulso a força do pensamento. Tal capacidade é proporcionada pela sutileza dos corpos sutis de alguns habitantes do astral, mas dificultada ou impossibilitada pela condição espiritual e energética densa.

áreas da paisagem extrafísica extremamente poluídas por formas-pensamento degeneradas e viciadas que emprestavam um aspecto sombrio e tenebroso ao lugar, ambiente idêntico a um pântano, com arvoredos retorcidos, enegrecidos e sem folhas, cobertos por uma camada de fuligem pegajosa de odor acre intenso.

O Sombra percorria o terreno vigilante, olhava constantemente ao redor, desconfiado, e tal qual um cão raivoso grunhia para todos os que cruzavam o seu caminho. Penetrou fundo na subcrosta da Terra e então parou próximo a um lago escuro, onde havia dois guardas de estranho aspecto, parecidos com homens-lagarto. O guardião concluiu que aquele posto, possivelmente, seria uma barreira de segurança avançada da edificação de Adholphus.

"Ela deverá estar próxima, nas redondezas" – pensou, para enviar um sinal mental ao seu chefe que tudo acompanhava a distância.

Após ver o Sombra conversar com um dos guardas, um ser rude e de aparência reptiliana, Justiniano teve uma surpresa. Os grandes portões da edificação se materializaram bem a sua frente. Ela estava encoberta por camuflagem produzida por um eficiente campo magnético denso, que foi desativado para que o Sombra pudesse entrar.

Enquanto portões basculantes eram abertos lateralmente, ele ouviu o barulho de dobradiças rangendo e de correntes sendo arrastadas e simultaneamente, uma ponte deslizante foi estendida sobre o largo fosso de detritos insalubres e contagiosos que circundava a fortaleza. O Sombra passou pela ponte apressado e adentrou a fortaleza. Em seguida a ponte foi recolhida, emitindo muito ruído de atrito de madeira e metal. Um som de trombetas graves e sonoridade aterrorizante indutora de agonia e desespero foi ouvido ao fundo, vindo de dentro da fortaleza.

O aspecto geral da fortaleza era lúgubre e rústico, como um castelo medieval. Na frente fora erguido um alto muro de pedras e na parte superior dele havia seteiras que deixavam antever a presença de mais guardas armados. Nos fundos da fortaleza um extenso lago com águas escuras, lamacentas e plantas de horripilante aspecto guarneciam a retaguarda.

Justiniano aproveitou-se da movimentação de entrada do Sombra para realizar um ligeiro reconhecimento da fortaleza e das características do local, antes de se retirar para um lugar seguro onde pudesse observar melhor.

Depois de os portões basculantes serem fechados novamente, todo o conjunto de edificações sumiu, deixando visível apenas um ambiente inóspito e coberto por brumas e cinzas de fumaça. Ela estava novamente encoberta pelo campo de força e pela camuflagem, invisível.

Justiniano mapeou o local e então se aproximou dos guardas. Aproveitando a diferença vibracional existente entre ele e as entidades que serviam ao mal, ficou escutando a conversa incógnito. Tinha a vantagem de não ser percebido ou enxergado por eles.

– Temos recebido estranhas visitas hoje – disse um deles.

– Sim; e quem é esse aí que acabou de entrar? – perguntou o outro.

– É um vampiro mercenário, um arrogante que foi contratado para um servicinho.

– Aquele que não vimos entrar e saiu daqui antes dele, também é um vampiro?

– Claro que não, seu idiota. Ele é um terrível mago-negro. Foi muito bom não ter percebido sua chegada. Não queira nunca cruzar o seu caminho. Certamente nós o interpelaríamos, cumprindo nossa missão e seríamos severamente punidos pela insolência. Ele é muito poderoso e eu já o vi escravizando quem ousou confrontá-lo. O incauto foi transformado em um animal e depois em um elítrio (ovóide)[12] apenas por dirigir-se a ele.

– Vou tentar me lembrar disso!

– Para a sua sobrevivência espero que você se lembre. Dê-se por satisfeito por integrar este posto de vigilância. A situação lá dentro da fortaleza está quente.

– Como ele entrou sem ser visto?

– Ele estava invisível para nós, mas agora me lembro de ter sentido um intenso medo e uma angústia asfixiante. Deve ter sido o rastro magnético que ele deixou quando passou por aqui sem ser visto.

– Nós falhamos em nossa vigilância e na missão de dar o alarme de aproximação de intrusos?

– Claro que não. Nem mesmo nosso chefe percebeu a sua chegada.

Justiniano ficou escutando a conversa com interesse. Sabia que aquelas informações seriam preciosas para os guardiões. Adholphus estava realizando tratativas escusas

---

[12] Ovóide ou Elítrio – espírito que perdeu sua conformação humana por se fechar dentro de si próprio devido a enfermidade de consciência, por sentimento de culpa ou por indução hipnótica provocada por um magnetizador das trevas que faz com que sua conformação perispiritual regrida.

com um mago negro e esse era um indício muito perigoso.

"Preciso saber quem é o mago e vou precisar de ajuda especializada" – pensou.

– Chega de conversa, preste atenção no serviço, seu traste. Está vendo aquelas entidades se aproximando?

– Sim.

– São quiumbas[13]. Vamos abordá-los e enxotá-los daqui.

Ouvindo os guardas, Justiniano decidiu deixar o local e dirigir-se à base dos guardiões para poder informar a Silas, seu superior e chefe dos Caveiras, a exata localização da fortaleza de Adholphus e o que havia extraído da conversa entre os guardas do astral inferior.

9. O Sombra

Adholphus se preparava para sair da fortaleza quando foi avisado por um guarda de que um Sombra, sem uma das mãos, trazia uma mensagem para ele. Autorizou sua entrada na fortaleza e pelas vibrações percebeu que era o vampiro mercenário, um ladrão de energias vitais dos encarnados que ele havia enviado à crosta para debilitar e depois trazer um antigo comparsa traidor à sua presença, para lhe aplicar o que ele julgava ser um merecido castigo. Pretendia roubar seu duplo etérico, o corpo energético existente entre o corpo astral e o corpo físico; assim o manteria em um estado doentio e em coma, impedindo-o de trabalhar pela causa do bem e da misericórdia crística à qual vinha se dedicando.

– Aquele desgraçado está ajudando os guardiões e realizando um trabalho conjunto de convencimento dos meus aliados para que mudem de lado e me abandonem. Mas isso não vai durar muito. Receberão o que merecem pela afronta – disse baixo, para si mesmo, com raiva.

Quando o vampiro se aproximou Adholphus percebeu que ele estava mutilado e de suas feridas no peito manava um líquido fétido e enegrecido. O Sombra carregava a mão esquerda amputada, apertando-a contra o peito magro e esquelético.

"Essa figura esquálida não conseguiu cumprir as minhas ordens" – pensou ele.

– Meu senhor, fui até o local indicado, encontrei a pessoa que o senhor quer destruir e estava cumprindo minha

---

[13] Espíritos ignorantes e afastados da ética e moral espiritual. São os marginais do astral que realizam serviços de obsessão.

tarefa de trazê-la à sua presença com êxito quando fui interceptado por um agente da Luz. Veja o que resultou – resmungou o Sombra mostrando a mão decepada.

– Por que não fugiu, criatura? Poderia retornar mais tarde para cumprir a tarefa, já que eu não exigi que fosse cumprida de imediato.

– Não consegui, ele bloqueou minha saída.

– E você simplesmente aceitou isso? Não o atacou para poder fugir?

– Sim, eu revidei com todas as minhas forças, mas foi um erro grave confrontá-lo. Ele era muito poderoso. Quando tentei agarrá-lo com minhas garras afiadas ele utilizou sua espada de luz e cortou minha mão com uma velocidade estonteante, como um raio, eu nem pude acompanhar o movimento, de tão rápido que foi, e eu só percebi o que ocorrera quando vi a minha mão já caída no chão.

– Você é um fraco! Pensou somente em sua mão podre e deixou aquele traste fugir?

– Ele foi protegido pelo guardião e novamente conduzido ao corpo adormecido. Não havia força suficiente para lutar contra aquele ser superior. Nem mesmo o senhor, mestre, poderia fazê-lo.

– Não seja insolente, seu desprezível. Não me compare a você que não consegue cumprir uma simples missão de sequestro de um encarnado desprendido pelo sono. Quem era ele, seu verme inútil?

– Disse que se chama Vhanet, o guardião de uma falange de combate astral. Você o conhece?

O Sombra havia percebido a mudança de atitude de Adholphus ao escutar o nome Vhanet.

– Determinou que lhe trouxesse um recado: disse que logo os guardiões virão acabar com o seu reinado de trevas.

– Vhanet?!

A ira de Adholphus explodiu e descontroladamente ele começou a gargalhar e dizer impropérios. Referia-se a Vhanet de maneira desrespeitosa e irônica.

– Esse nome me deixa colérico e cheio de ódio.

Em seguida apanhou um chicote que se encontrava em uma bancada próxima e tentou desferir sucessivos golpes nas costas do Sombra. Alguns golpes o acertaram e ele se contorceu, mas em seguida o Sombra se esquivou e tentou atacar Adholphus, descarregando nele todo o seu ódio e a frustração do fracasso. Adholphus o derrubou com um golpe forte e lhe desferiu uma intensa descarga energética negativa viscosa e densa.

– Maldito! Não posso mais confiar em você! Vai pagar caro a ousadia de me atacar.

– Você o conhece! – gritou o Sombra enraivecido, ao se reerguer. – O que fez para chamar a atenção de Vhanet? – perguntou com desdém.

– Não é de sua conta – retrucou Adholphus encolerizado.

– O que houve entre vocês? – insistiu o Sombra. – Ah! Posso adivinhar, ele o traiu, não é mesmo?

– Vhanet já foi meu comparsa em tempos remotos e depois se transformou em um antigo rival. Lutávamos para obter poder e hegemonia nas sombras, tentando destruir um ao outro, mas ele se cansou, fraquejou e deixou as sombras muitos milênios atrás, quando decidiu mudar de lado e foi cooptado pela Luz. Pagou um alto preço por isso em subsequentes encarnações difíceis, e eu aproveitei para persegui-lo durante séculos. No entanto, com a proteção dos guardiões ele conseguiu se reerguer e depois de muitas provas e expiações tornou-se um guardião do exército astral. Cresceu em poder e atualmente é o subcomandante da Legião *Lux Albis*. Ele está determinado a me converter e a sua insistência se tornou o meu pior pesadelo.

– Inimigo perigoso! Precisa se precaver! – recomendou o Sombra. – E quanto ao homem que fui designado para trazer à sua presença, o que tem contra ele?

– Trata-se de um caso de traição mais recente, imbecil, um desertor de minhas fileiras de soldados da escuridão, que está me causando enormes prejuízos ajudando os "anjinhos" que trabalham para a luz resgatando almas que escravizei.

– Entenda, mestre, diante destes fatos que ocultou de mim e dos recentes acontecimentos, não poderei mais continuar lhe prestando serviços. Vou dar o fora daqui e só depois que você resolver suas pendências com Vhanet eu estarei disposto a servi-lo novamente. Boa sorte! – disse ironicamente.

– Saia, imprestável! – bradou Adholphus enfurecido.

Em seguida ele soltou um uivo grotesco e muito alto que foi ouvido por todos dentro da fortaleza. Sabiam que algo tinha dado errado e todas as vezes que isso acontecia Adholphus descarregaria sua raiva e frustração contra alguém. Uma movimentação frenética foi percebida dentro daquele covil de criminosos.

10. Guardiões Macberius, Roche e Silas

Três chefes de falanges dos Guardiões volitaram até a sede dos Guardiões localizada nos Andes. O grupo adentrou o imponente edifício e parou no centro do salão principal para observar as magníficas esculturas de cristal que irradiavam luzes de diversos matizes. Ouviram a harmoniosa melodia que se espalhava no ar transmitindo-lhes sensações de paz e serenidade. Depois de alguns momentos desfrutando daquelas emanações reconfortantes, eles receberam ondas mentais convocando-os a se encaminharem à sala de Azaliel – Comandante da Legião *Lux Albis*. Subiram a majestosa escadaria com degraus de cristal até o segundo piso e encontraram a porta de ampla sala aberta. Entraram com respeito e deferência.

– Saudações, venerável Azaliel.

Azaliel ascendera ao comando da Legião *Lux Albis* depois de milênios a serviço dos guardiões, em diversos escalões hierárquicos. Sua última encarnação havia ocorrido no Egito, por volta de 400 anos a.C., no período governado pelo faraó *Amyrtaeus*, da 28ª dinastia, o restaurador da independência egípcia que incitou a primeira luta de libertação contra a ocupação persa. Azaliel fora conhecido naquela encarnação pelo nome de *Anhur*, sumo-sacerdote iniciado na magia e no ocultismo e se tornara o principal conselheiro do faraó, exercendo forte influência política. Defensor ardoroso da paz e da justiça, era odiado pelos conselheiros que fomentavam a guerra e a discórdia, cuja ala mais radical e exaltada planejou ardilosamente a sua morte. Depois de seu desencarne foi convidado a integrar um grupo de espíritos incumbidos da missão de inspirar personalidades egípcias encarnadas e com forte influência nos governos subsequentes, que adotaram o discurso da negação e da renúncia às guerras fratricidas. Trabalharam para incentivar os sacerdotes à prática de cultos religiosos a um Deus único, como haviam feito anteriormente, durante a 18ª dinastia, no governo de Akenaton, que fora incentivado a abandonar a adoração politeísta para adotar o culto ao Deus único Aton (Sol).

– Saudações, meus queridos amigos e irmãos em Cristo – cumprimentou-os Azaliel com cortesia e deferência, enquanto abraçava fraternalmente cada um deles e, ainda segurando os ombros, olhava-os diretamente nos olhos com confiança e apreço.

Macberius era um espírito altivo, forte, de cabelos castanhos escuros, longos, penteados para trás e presos atrás das orelhas por uma dourada tiara metálica. Em sua última encarnação na Terra havia sido um experiente mago que viveu na região da Capadócia, território da Turquia e dedicara-se a empregar seus conhecimentos exclusivamente para o bem. Anteriormente, em encarnações passadas e por longos períodos no astral inferior – local que conhecia como poucos —, ele havia se prestado a servir ao mal e angariara inúmeros inimigos. Convertido ao bem e decidido a resgatar seus débitos, passou por diversas reencarnações dolorosas, nas quais se portou com dignidade e alcançou elevação espiritual. Desencarnado, atuou muitos séculos junto aos guardiões nas tenebrosas regiões do astral inferior, em trabalhos profícuos que lhe renderam méritos e experiência suficiente para se tornar o chefe da falange dos Obreiros da Noite.

Roche, o comandante da falange Vanguardeiros do Astral, era um espírito de grande carisma e forte magnetismo pessoal. Descendente das tradições dos antigos guerreiros celtas, ele havia internalizado em seu espírito a valentia, a coragem e o destemor adquiridos em diversas batalhas travadas em campos europeus. Apesar de lutar sob o comando de tiranos, portou-se sempre de forma ética para coibir abusos de seus comandados que queriam sempre não só se apropriar dos espólios de guerra como também matar sem motivo e estuprar mulheres. Foi traído e assassinado por isso. O mesmo ocorreu em outras duas encarnações devido à sua recusa em lutar ao lado de chefes militares que guerreavam para obter poder, subjugar e escravizar outros povos a fim de auferir honrarias e glórias efêmeras. Defensor da liberdade, lutara contra os invasores de sua terra natal e para salvaguardar famílias e direitos sobre a própria vida. Angariou com sua atitude a simpatia e a lealdade de inúmeros companheiros e, depois de diversas encarnações como um justo senhor feudal, aceitou ingressar nas fileiras dos guardiões e atuar nos locais mais insalubres e violentos do astral para promover a paz e ajudar a implantar e expandir o legado do Cristo nos domínios sombrios. Foi promovido a comandante dos Vanguardeiros por mérito e dedicação incansável ao trabalho.

Silas, o comandante da falange dos Caveiras, apresentava-se com uma estatura que contrastava com os demais guardiões. Franzino, baixo, olhar penetrante, sorriso maroto e gaiato, conquistara respeito pela firmeza e segurança. Na reunião com outros guardiões era alegre e descontraído, no entanto, assim que reassumia sua conformação de caveira, plasmando o visual de trabalho, se transformava em um ser medonho, com trajes que o assemelhavam ao anjo da morte: roupas largas, um capuz negro que escondia seu semblante, mãos com unhas grandes e pretas em forma de garras. Em uma das mãos segurava um enorme cajado com uma brilhante pedra no topo e na outra um tridente de cabo curto de pontas afiadíssimas e bifurcadas. Mantinha o corpo recurvado para frente, escondia sua face e deixava evidente apenas os grandes olhos vermelhos cor de sangue, brilhantes como se estivessem em chamas.

Azaliel, prosseguindo, disse aos três interlocutores sem rodeios:

— Estive reunido com o ilustre Aalão para uma conferência em que pude externar minhas preocupações em relação às articulações em curso no astral inferior. Precisamos enviar equipes de reconhecimento em locais diversos para obter o máximo de informações relativas aos planos arquitetados pelas trevas. Temos lacunas a preencher e sei que a articulação dos entes da escuridão envolve um planejamento complexo e em vários escalões. Preciso conhecer sua abrangência, quem são os líderes e esclarecer as obscuridades que lhes informarei a seguir, para podermos agir de maneira inteligente e incisiva. Vamos montar equipes de guardiões compostas por seguranças, técnicos, especialistas no astral inferior e médiuns encarnados para lhes fornecer o suporte de energias ectoplásmicas necessárias às ações nos ambientes do astral inferior. Senhores, estamos prestes a entrar em uma batalha sem precedentes e necessitamos de muito empenho e cautela, pois vamos lidar, ao que tudo indica, com seres extremamente ardilosos e inteligentes que poderão nos empurrar para armadilhas e situações de difícil solução. Há algo muito grande acontecendo e precisamos saber mais a respeito. Não se trata mais de um ser das trevas que precisa ser neutralizado e sim de uma articulação do mal que envolve muitas forças poderosas conjugadas, pois, apesar de lutarem uns contra os outros, lutam contra as forças da Luz, seu inimigo comum. Temos alguns agentes infiltrados, mas suas descobertas estão sendo limitadas. Eles não podem se expor mais do já o fazem para não serem surpreendidos e pagar um alto preço, por isso precisam ser apoiados. Lembrem-se que estamos lidando com magos negros, entidades maléficas com grandes conhecimentos de magia usados para escravizar e até submeter suas vítimas a penosos processos de alienação mental, cujo trato requer cautela, mas, a despeito disso, precisamos impor um pouco de ousadia para mantermos aberta essa preciosa porta de acesso ao mundo dos magos negros e dos dragões. O que posso lhes adiantar no momento é que estamos prestes a travar um lamentável embate. Para os encarnados uma guerra astral oculta, mas para nós, uma luta ostensiva, contínua, árdua e exaustiva.

Dando prosseguimento à reunião, Azaliel detalhou os planejamentos iniciais e repassou informações atualizadas relativas às ações que deveriam ser implementadas por cada um deles e suas respectivas falanges a partir daquele momento e prosseguiu:

– Preciso informar-lhes que nossos sistemas de inteligência detectaram indícios de uma situação que antes parecia improvável e agora se torna cada vez mais evidente: a associação de um dragão com dois poderosos magos negros: Nevius e Draco. Ambos estão desaparecidos do cenário das trevas e por isso ainda não pudemos confirmar algumas informações que conseguimos obter com agentes infiltrados. Se antes eles possuíam objetivos diferentes e esse fator por si só era impeditivo para uma possível união de forças, agora há indicativos fortes e consistentes de que facções e hostes dissidentes de magos negros decidiram realizar uma convergência de objetivos.

Eles se entreolharam e permaneceram reflexivos.

– Essa informação nos apanhou de surpresa, nobre Azaliel. Se isso se confirmar teremos enormes problemas para realizar a contenção de situações críticas e ouso afirmar sem medo de estar errado que o envolvimento de um dragão ultrapassa os limites de nossas atribuições, estou correto?

– Corretíssimo, meu caro. Vamos aguardar as orientações de nossos dirigentes e por enquanto era só isso o que eu tinha para lhes antecipar – concluiu Azaliel.

11. Falanges dos guardiões da Luz

Após a reunião com Azaliel, o guardião Macberius dirigiu-se juntamente com seus companheiros Silas e Roche para a sede dos Obreiros da Noite. Lá iniciaram os trabalhos de planejamento das futuras incursões no astral inferior baseados em uma quantidade surpreendente de informações contidas nos bancos de dados dos guardiões, armazenadas durante milênios.

Os Guardiões possuem uma estrutura organizacional disciplinada, bem articulada e muito poderosa no astral. Constituem sistemas de forças espirituais e de controle das energias mundiais e são operados por entidades especializadas na manutenção do equilíbrio das potencialidades em diversos setores da vida extrafísica, cujos reflexos expressivos se projetam sobremaneira na vida física do orbe terrestre. A necessidade de espíritos dedicados exclusivamente à manutenção da ordem, da disciplina e do equilíbrio no astral e na crosta começou no momento em que a Terra recebia, há milênios atrás, os primeiros contingentes de espíritos vindos de outros mundos, transmigrados; os registros desses eventos se perderam na poeira dos tempos das civilizações terrestres encarnadas. Os registros conhecidos se mantêm circunscritos entre as antigas civilizações da Lemúria e da Atlântida, desaparecidas e apagadas da memória terrena, e os tempos modernos atuais são um lapso de tempo muito estreito na história da humanidade.

Os guardiões possuem diversas especializações dotadas de altíssimo grau de eficiência, no entanto, suas falanges desenvolvem ações que não visam à eliminação completa dos percalços da vida humana, das lutas cotidianas e a anulação do livre-arbítrio. Ao contrário, não encontraremos entre as suas atribuições poupar os seres humanos de enfrentar as questões que eles mesmos engendraram para si ao longo dos séculos, cujos carmas coletivos e individuais necessitam ser trabalhados e solucionados. Sua função não é privar os indivíduos, as coletividades ou os governos dos desafios para o estabelecimento da paz, tampouco manter afastadas as inúmeras questões complexas e de natureza distinta que afligem a humanidade terrestre. Os guardiões serão sempre o elemento de equilíbrio, o fiel da balança e não apenas agentes de defesa e aplicação da justiça. Sua atuação esbarra na barreira do livre-arbítrio das pessoas, das comunidades e das nações, a menos que, no exercício dessa liberdade individual e coletiva, seja colocado em risco o grande plano divino para a evolução dos povos do planeta ou a negação de cumprimento de suas leis perfeitas, imutáveis e eternas. Neste caso, os guardiões assumem o papel de instrumento da lei de causa e efeito e passam a ser operadores da Justiça Divina para impor limites a tudo que poderia gerar desvios contundentes e profundos no planejamento sideral para o progresso e a evolução da civilização e da humanidade da Terra.

Naquele momento, dentre outras atribuições, diversas equipes da falange dos Obreiros da noite, comandadas por Macberius, realizavam incursões em áreas pouco exploradas do astral inferior para encontrar laboratórios das trevas, local onde eram realizadas experiências macabras com o intuito de obter novas tecnomagias, produção de artefatos de nanotecnologia diabólica e aparelhos (chips) de controle mental destinados às obsessões complexas e às subjugações humanas. Um mago negro, em especial, encontrava-se escondido: Zirov. Ele era o responsável pelo desenvolvimento de ciência do mal e conseguira uma fuga espetacular de uma armadilha montada pelos guardiões para apanhá-lo quando da desarticulação de um laboratório e desde então permanecia desaparecido, incógnito. Ele sofrera uma fragorosa derrota, mas todos sabiam que não desistiria de seus planos e outras opções ele certamente teria elaborado.

12. Guardião Rafael

Posteriormente, na ampla sala de reuniões, encontravam-se presentes o guardião Macberius, chefe dos Obreiros da Noite, Silas, guardião chefe dos Caveiras e Rafael, um guardião subordinado de Silas. Eles conversavam em pé sobre alguns detalhes de sincronização das tarefas que deveriam cumprir visando à continuidade na execução das diretrizes siderais expostas por Azaliel e as contribuições para o esforço de contenção do mal, enquanto aguardavam a chegada de Aalão, o Orientador, estrategista e controlador do astral superior.

Silas viu quando a porta se abriu e por ela passou aquele homem imponente, olhos ativos e sorriso franco. Vestia-se com simplicidade, roupas brancas plasmadas pela sua poderosa mente. Tinha cabelos brancos curtos, olhos azuis e pele escura, um contraste de destaque aos olhos de todos que o viam. No entorno de seu corpo astral podia-se notar a aura colorida e brilhante que o caracterizava como um espírito de elevada envergadura moral e espiritual. Apesar de suas inúmeras responsabilidades e diferentes problemas para solucionar, Aalão deixava transparecer serenidade, segurança e afabilidade no trato com todas as pessoas, indistintamente. Ele cumprimentou-os e pediu que se acomodassem para uma conversa, iniciando-a com palavras positivas e de incentivo:

– Senhores, renovo minha alegria cada vez que os encontro. Digo sempre que a dedicação e o comprometimento de todos os meus auxiliares diretos são motivo de intenso júbilo e satisfação.

– Nós agradecemos a confiança que nos é depositada pelo nobre Orientador – disse Macberius. – Rafael está aqui presente para nos informar sobre o primeiro contato com seu protegido Fábio e receber mais instruções.

– Diga nos, Rafael, o que pôde sentir e identificar em relação ao nosso trabalhador? – perguntou Aalão.

– Senhor, minha conversa com Fábio Antunes, em desdobramento, transcorreu dentro do esperado. Não houve, por enquanto, necessidade de expor maiores detalhes do que realmente está se passando no astral e no seu entorno, mas sei que precisará de mais elementos de convicção para compreender o real valor do trabalho a ser realizado. Entendo-o como possuidor de características muito importantes para este tipo de trabalho: a curiosidade, a vontade de aprender, de descobrir e de esclarecer fatos que julga, por enquanto, pertencerem ao sobrenatural, seu principal foco de interesse.

– Este é o combustível que o moverá para frente, a paixão pelos desafios e a busca de respostas. Trata-se de um espírito que se dedica a este tipo de estudo há várias encarnações e o principal elemento desta fórmula é a sua persistência. Ele foi um iniciado de grandes poderes psíquicos nos esquecidos tempos da Lemúria, mas, devido aos desvios de conduta e ao uso equivocado daqueles poderes, permaneceu milênios com os conhecimentos lacrados no fundo de sua memória espiritual, latentes. Agora, mais esclarecido e fortalecido, ele deixará aflorar novamente alguns elementos de seus antigos e esquecidos conhecimentos para poder utilizá-los a serviço do bem. Você perceberá que ele não se conformará com as lacunas nas informações que possui, não se abalará com os fracassos e continuará buscando com determinação os resultados satisfatórios e as respostas para suas indagações – esclareceu Aalão.

– Agora que eles já se conheceram, qual a próxima tarefa de Rafael, nobre Aalão? – indagou Macberius.

– A presença de Silas nesta reunião se fez necessária porque, como comandante dos Caveiras, precisa ser informado sobre a convocação de um subordinado seu.

Devemos acertar o afastamento Rafael de suas atuais atividades para que se dedique à tarefa de proteção pessoal. Seguirá trabalhando como guardião de Fábio e vai acompanhar suas atividades, monitorá-lo de perto e providenciar apoio de proteção se perceber alguma movimentação do astral inferior, no sentido de desestabilizar o trabalho que ele irá realizar – disse Aalão.

Aalão, dirigindo-se a Rafael, completou:

– Rafael, você o estimulará a prosseguir sempre que for necessário, quando perceber que sua vontade foi abalada por algum acontecimento externo; e eles ocorrerão, sem dúvida. No entanto, você sempre terá em mente o respeito ao livre-arbítrio, no que se refere às decisões dele quanto aos caminhos escolhidos e a maneira como ele os percorrerá. Lembre-se que não há uma fórmula correta para o desenvolvimento de atividades de tal envergadura. Você cuidará para que as ações estejam sempre orientadas para os objetivos propostos e para o bem. Essa orientação poderá valer-se de instrumentos como a intuição e a conversa em desdobramento pelo sono. Uma possível e provável intervenção em caso de urgência deverá ser norteada pela responsabilidade, pela ética e pelos princípios de relevância. Estaremos sempre alertas para poder instruí-lo sobre a melhor solução a ser adotada para cada evento. Muitos problemas necessitarão ser abordados e tratados com respeito às escolhas de ambos, e deverão ser guiados pelos fatos do momento, dentro das oportunidades que se apresentam evidentes e sempre movidos pela vontade de acertar conforme o modo de trabalho próprio de cada um e da ética. Eventos que poderão requerer outras providências mais drásticas deverão ser comunicados aos seus superiores para que juntos possamos adotar as medidas mais adequadas e oportunas.

– Entendido, senhor – respondeu Rafael. – E quanto ao fornecimento de novas informações? Sei que logo ele vai perguntar.

– Os demais elementos do problema deverão ser entregues em etapas. A total entrega poderá assustar o trabalhador mais corajoso e destemido. Vamos ampliar os limites aos poucos, instigando-o a ultrapassar novas fronteiras e vencer os desafios que se apresentarem, paulatinamente – completou Aalão. – Nós acreditamos que você está preparado para essa missão. E você?

– Retribuirei com trabalho a confiança em mim depositada. Missão recebida que será cumprida com disciplina às ordens recebidas, senhor. Estou preparado.

Macberius e Silas estavam satisfeitos com a conversa e confiantes na determinação de Rafael. Despediram-se e todos deixaram a sala em seguida.

13. Mago Nevius

Macberius e os outros chefes de falanges terminaram os planejamentos das ações das diversas equipes especializadas de guardiões.

– Já podemos submeter os planos à análise criteriosa de Azaliel e Aalão? – perguntou Roche.

– Sim, estão prontos, mas talvez tenhamos que adequar e/ou modificar alguns tópicos. Tudo vai depender da evolução dos acontecimentos recentes, das novas informações que aparecem constantemente e do direcionamento da missão que está sob a orientação segura dos veneráveis Aalão e Azaliel. Apesar de contarem com o apoio irrestrito do Alto para aplicar a política traçada pelos dirigentes siderais, a responsabilidade pela execução dos planos é deles – respondeu Macberius.

Macberius, Roche, Waniah e Silas encaminharam-se para o edifício do Ministério da Justiça Divina e, após a reunião de apresentação completa dos planejamentos, e deliberação dos maiorais, os planos foram aprovados e receberam a chancela necessária ao imediato desencadeamento das operações.

Macberius, Roche e Silas voltaram para a base dos Obreiros da Noite a fim de iniciarem os preparativos dos equipamentos e materiais específicos, além dos respectivos treinamentos dos guardiões técnicos e especialistas com participação ativa na missão. Waniah se dirigiu ao local onde Benita estava presa para mais uma conversa de esclarecimento e tentativa de obtenção de valiosas informações sobre o *modus operandi* da legião de Adholphus e os demais se preparavam para se dirigir às suas bases quando encontraram Justiniano, que aguardava Macberius para relatar as informações obtidas sobre a localização da fortaleza de Adholphus.

Eles se cumprimentaram e foram direto para uma sala especial de reuniões. Macberius tomou a iniciativa e disse:

– Acredito que você tenha informações importantes para nós, não é mesmo?

– Sim, comandante. Após a intervenção do venerável Azaliel eu segui a entidade sombria até o submundo da crosta terrestre, como determinado. A fortaleza de Adholphus localiza-se em uma região muito profunda e de difícil acesso. Tive dificuldades para transpor obstáculos, armadilhas e para transitar naquela região devido à baixa vibração ali reinante. É um lugar inóspito, denso e simplesmente sufocante. O ambiente possui uma atmosfera pesada e repleta de formas-pensamento desajustadas e viciadas que produzem uma egrégora condensada de fluidos mórbidos. Ali imperam os sentimentos de baixa vibração plasmados pela violência, pela crueldade e pela aspereza dos atos criminosos perpetrados contra pessoas [espíritos] e contra a humanidade como um todo. Além disso, descobri que a fortaleza dele oscila magneticamente para se tornar invisível, mas tenho as coordenadas do local e as repassarei em seguida.

– O que mais você descobriu sobre os planos das inteligências do mal? – perguntou Silas.

– Observando dissimuladamente a conversa entre os guardas de Adholphus descobri que aquele ser diabólico recebeu a visita de um mago negro. Adholphus se mostrou extremamente furioso após a visita inesperada, enraiveceu-se por ter sido pego de surpresa e distribuiu atos violentos aos prisioneiros, aos escravos de sua fortaleza e sobraram punições, também, para alguns soldados seus considerados culpados pela inesperada surpresa, chamando-os de incompetentes. Foram momentos de muita tensão e angústia.

– Conseguiu saber o nome do mago negro?

– Naquele momento não, mas eu procurei ajuda de especialistas e identificamos os rastros magnéticos deixados pelo mago-negro. Tudo indica que ele foi visitado por Nevius.

– Nevius... Essa é uma informação de suma importância. O envolvimento de uma entidade maléfica do quilate de Nevius significa que há algo grande sendo tramado. Indica-nos que se a potencial articulação estiver sendo orientada por inteligências extremamente astutas e profundamente enraizadas no mal, deverá ser algo abrangente – disse Macberius, visivelmente preocupado.

– Poderá haver mais alguma outra inteligência associada além de Nevius? – indagou Roche.

– Acredito que sim, meu caro, e espero que não seja um dragão – respondeu Macberius.

– O dia em que isso acontecer vai significar que nossas

ações estarão limitadas, não temos permissão para atuar no submundo dos dragões. Somente os Espíritos Angelicais possuem permissão do Mestre Jesus para adentrar aqueles domínios – concluiu Silas.

– Perfeitamente. Nossas ações deverão limitar-se aos domínios dos magos-negros. Se houver esse tipo de associação, a desarticulação das ações dos magos negros inviabilizará as pretensões dos dragões, que se utilizam dos magos e seus seguidores para a execução de seus funestos desejos de destruir o planeta Terra.

– A conclusão de que podemos estar diante de estratégias mais abrangentes precisa ser considerada imediatamente! – exclamou Roche, arqueando as sobrancelhas enquanto falava.

– Sim, a nível mundial! – retrucou Macberius – Em se tratando de Nevius, eu diria que a crueldade, a violência e a necessidade de promover destruição é a mola mestra de sua mente criminosa e malévola. Como disse o venerável Azaliel, acredito que enfrentaremos uma contundente guerra astral.

Todos se entreolharam com preocupação, porém confiantes na direção segura da espiritualidade superior e no apoio irrestrito dos dirigentes planetários e do próprio Mestre Jesus.

– A informação de Justiniano robustece os indicativos dos nossos maiorais sobre uma situação que era pouco provável e agora poderá se tornar uma grande ameaça. Eu me refiro à possibilidade de uma união temporária entre as facções do mal com o objetivo de realizar uma investida maciça. Sabemos que pela sua arrogância, necessidade de domínio e de poder, dragões e magos negros jamais se uniriam espontaneamente, mas ao que parece, as inteligências do mal draconianas tentam a todo custo promover essa união espúria.

– Isto é muito significativo – considerou Silas, sereno e compenetrado.

– Desculpem-me a interrupção, mas ainda tenho mais informações preocupantes – disse Justiniano.

Ele fez ligeira pausa e observou os olhares silenciosos dos demais.

– Enquanto tentávamos obter mais informações sobre o mago Nevius, por pura sorte identificamos em um local remoto, cujas coordenadas já foram inseridas no banco de dados dos guardiões, um laboratório onde trabalham diversos cientistas realizando experiências obscuras. Eu trabalhei com um especialista e nós acreditamos ter encontrado, como eu disse, por sorte, o obscuro e secreto laboratório de Zirov.

Macberius inquietou-se e com satisfação indagou:
– Você tem certeza do que está afirmando?
– Sim, comandante!
– Mostre-nos as evidências.
– Solicitei uma equipe de especialistas para realizar o quanto antes o magnetismo negativo do mago que visitara a fortaleza de Adholphus. Estávamos acompanhando o Sombra e ele nos levou a Adholphus. Ficamos receosos de seguir sozinhos, sem a devida proteção de equipes de segurança, mas não podíamos perdê-lo de vista e então arriscamos. Para nossa surpresa o rastro nos conduziu a um local muito vigiado e pelo que pude observar, trata-se de uma área extensa, com pavilhões de aparência moderna, muitos equipamentos diferentes e intensa movimentação de especialistas das sombras.
– E o que os fez acreditar que eram instalações laboratoriais? – perguntou Roche curioso.
– Um ser maléfico vestindo capa escarlate e preta chegou acompanhado de um numeroso séquito sombrio. O especialista analisou o seu rastro magnético e a surpresa foi grande: Zirov.
– Essa informação é muitíssimo valiosa para nós. Nevius e Zirov juntos e aparecendo no nosso cenário depois de muito tempo escondidos – falou Macberius.
– Mais um indício de encrenca grande sendo arquitetada – desabafou Roche.
– Excelente trabalho, Justiniano. Por gentileza, transmita meus cumprimentos aos especialistas que o ajudaram nesta missão. – pediu Silas.
– Assim o farei, nobre comandante.
– A identificação daquele local sombrio e voltado para experiências certamente desvinculadas da ética e da moral universais é um grande achado. Poderemos, a partir de agora, criar importantes oportunidades para agir e buscar a neutralização do mal praticado naquele local sob o comando de Zirov e interferir nos planos diabólicos dessa associação escusa entre ele e Nevius.
– Mais um laboratório de Zirov, enfim, descoberto. Por essa eu não esperava – afirmou Macberius satisfeito.
– Suponho que não será uma tarefa fácil entrar lá. Ele

não é tolo e por isso temos que estudar com cuidado os sistemas de segurança arquitetados pelos magos.

– Certamente faremos isso e enfrentaremos os desafios vindouros devidamente preparados. O bem e a justiça divina conspirarão a nosso favor e desta vez conseguiremos por as mãos naquele crápula, eu lhes garanto – finalizou Macberius resoluto.

14. Mago Zirov

No astral inferior diversas instalações laboratoriais haviam sido neutralizadas ou destruídas pelos guardiões. No entanto, sabia-se que uma instalação, em particular, continuava ativa, por estar muito bem escondida e contar com um sofisticado sistema de segurança composto de campos de energia e oscilação vibracional que lhe proporcionava relativa invisibilidade. Artefatos malignos já tinham sido encontrados pelos guardiões e com base em informações imprecisas, suspeitavam terem sido fabricados por Zirov, um milenar mago-cientista que conseguiu se esquivar de diversas reencarnações compulsórias e, atualmente, devido ao seu baixíssimo estado vibracional e avançado estágio de desagregação molecular perispiritual, fruto das energias negativas densas aderidas ao seu corpo astral, não poderá mais reencarnar na Terra, pois os corpos humanos não suportariam tão intensos adensamentos energéticos e causariam uma espécie de rejeição que não somente destruiria o seu próprio corpo, mas também mataria a sua genitora.

Zirov é um espírito exilado de Capela e veio para a Terra no último lote de degredados e, por não possuir grandes débitos, recebeu a oportunidade de reencarnar na Atlântida. Junto aos sacerdotes daquela civilização foi iniciado na magia e, por diversas encarnações sucessivas, aprendeu e aprimorou o domínio das energias. Depois que a Atlântida afundou e desapareceu nas profundezas do oceano, Zirov reencarnou no antigo Egito e foi lá que ele se desenvolveu ainda mais e se transformou em um mago negro. Há muito vinha sendo tutelado por entidades sombrias – dragões, que incutiram em seu âmago a revolta contra seus pares e a ânsia de dominação. Sua sede de poder cresceu desde então e a vontade de subjugar seus semelhantes tornou-se uma obsessão e sua principal bandeira. Dotado de inteligência privilegiada, estudou a física natural terrestre, as ciências ocultas e os processos de domínio mental. Em seus laboratórios dedica-se ao desenvolvimento e construção de equipamentos de dominação mental, os famigerados *chips* eletrônicos, também denominados implantes neurais eletrônicos. Zirov tornou-se um especialista tão poderoso que até outros magos negros o temem. É cruel e desprovido de qualquer sentimento de compaixão por quem quer que seja. Formou e lidera um sindicato das trevas denominado apenas de *Legião*, que congrega outros sete magos e seus respectivos séquitos de criminosos espirituais e encarnados, de diversos matizes trevosos, especialistas das sombras com atuação em diversos locais do globo terrestre. É um opositor ferrenho da política do Cristo e pretende transformar os encarnados e desencarnados em seres escravizados, robotizados e controlados pelos aparelhos parasitas que são implantados em seus cérebros espirituais, cujos reflexos no corpo físico são devastadores. Seu principal objetivo é dominar a civilização humana terrestre e implantar um império de trevas. Um verdadeiro monstro.

15. Mago Draco

Draco tem origem reptiliana e pertence a uma casta que dominou os semelhantes por meio da violência, do terror e da projeção de poder. Oriundo de um grupo de exploradores extraterrestres que visitou o planeta Terra há muitos milênios, aqui permaneceu preso à psicosfera astral terrena. Sua dominância permitiu que se tornasse conhecedor das características geomorfológicas do planeta e dos comportamentos individuais e sociais humanos para criar e aprimorar técnicas de controle e subjugação mental, a fim exercer forte influência sobre líderes e suas decisões mundiais de cunho político, econômico e bélico.

Sua aparência horrenda para os padrões terrenos causa temor até mesmo no submundo astral, local onde predominam muitas deformidades perispirituais, verdadeiras aberrações; as suas feições objetivam chocar e contribuir para formar uma aura mística de terror. Sua aparência reptiliana, com pele escamosa, grossa e de coloração escura, que pode variar do verde musgo ao marrom, é capaz de provocar asco e repulsa. Com altura de aproximadamente dois metros, aparenta ser maior devido ao volumoso corpo, rabo comprido, mãos e pés em forma de garras compridas e feição alongada com semblante de lagarto, um réptil, animal de sangue frio e muito adaptado a ambientes aquáticos. Durante muito tempo Draco contribuiu com governantes corruptos, fornecendo-lhes tecnologia em troca de favores relacionados a experiências genéticas com seres humanos que objetivavam criar uma raça híbrida que lhes permitisse transitar em meio à população e se misturar a ela, no entanto, tais pretensões foram abortadas devido à interferência limitadora de seres componentes do comando intergaláctico que atuam como guardiões da ética e na salvaguarda dos valores intrínsecos do processo evolutivo dos povos do Universo. As suas ações inescrupulosas de dominação recebem o freio das forças compostas por diversas raças universais que estão empenhadas em promover o despertar consciencial e expandir a fraternidade entre os povos do planeta Terra, não permitindo que ocorram abusos de seres mais fortes sobre os mais fracos e em desenvolvimento, o que poderia resultar no fracasso dos planejamentos evolutivos siderais previstos pela espiritualidade superior e influenciar negativamente o progresso, a harmonia e o despertar da humanidade.

Draco se tornou um membro ativo no governo oculto do mundo por exercer forte liderança sobre muitos chefes de falanges componentes de sua legião de malfeitores criminosos. Associou-se inicialmente a outro mago negro poderoso de nome Névius para formar uma coalizão de substancial força e poder mundial e juntos passaram a exercer a função de mais elevado escalão executório dos planos diabólicos elaborados pelos daimons (dragões), sendo considerados os principais artífices da política anticrística que pretende dominar e subjugar a Terra, a fim de transformar o planeta em um reduto definitivo das trevas.

2ª parte
A guerra astral

16

No astral inferior, Silas – Chefe dos Caveiras – e seus comandados encontraram grupos de quiumbas[14] reunidos em um amplo galpão. Preparavam-se para desfechar ataque surpresa a uma Casa Espírita que promove amplo trabalho assistencial e é responsável pela doutrinação e conversão de muitos ex-integrantes das legiões de malfeitores do astral.

A Casa Espírita Luz e Sabedoria estava sendo responsabilizada pela debandada de vários "companheiros" quiumbas de diversas facções do mal e Fábio Antunes era o médium mais visado pelos inimigos das trevas que queriam destruí-lo e interromper o seu trabalho.

Silas posicionou os componentes das diversas equipes de segurança em torno da Casa Espírita e distribuiu tarefas aos seus integrantes de proteção interna e externa. Foram instalados vários equipamentos de monitoramento da aproximação de espíritos trevosos. Cada integrante das diversas equipes portava armamento de descargas magnéticas, capazes de desencadear um choque eletromagnético que, percorrendo o sistema nervoso central do espírito rebelde invasor, seria capaz de lhe provocar entorpecimento dos sentidos, desorientação e até o instantâneo adormecimento.

Os trabalhos da Casa Espírita se desenvolviam normalmente no plano físico e os encarnados nada percebiam sobre a ativa movimentação dos agentes de segurança e a crítica situação enfrentada no plano extrafísico, na dimensão astral.

No entorno da Casa Espírita foram erguidos pelos guardiões três campos de força magnéticos periféricos circulares

---
[14] Quiumbas – Espíritos desordeiros, fanfarrões, que atuam em hostes ou turbas. Geralmente realizam trabalhos de perseguição e de obsessão mediante pagamento – mercenários do astral inferior.

e tais artefatos formavam poderosas barreiras de segurança magnética com alarmes de aproximação e sistemas de bloqueio para impedir a ultrapassagem dos limites estabelecidos, cujos sensores formavam uma malha de contenção vibracional espiritual individualizada, que funciona como uma identidade e reflete o estado interior do espírito conforme sua envergadura moral. Sua assinatura vibracional funciona como um marcador calibrado para bloquear os níveis baixos, ou seja, os espíritos mal intencionados e com vibração espiritual baixa serão impedidos de ultrapassar as barreiras magnéticas e somente aqueles cuja vibração é igual ou superior ao nível estabelecido pela segurança local poderão ultrapassá-las sem problemas e adentrar o local protegido.

A horda de espíritos arruaceiros e criminosos do astral que estavam reunidos no galpão haviam recebido missão de seus maiorais para tumultuar a casa espírita, causar o caos, a desordem e a interrupção de suas atividades. No entanto, ao avançarem para as proximidades do Centro Espírita, encontraram uma proteção diferenciada.

– Malditos guardiões à direita[15]! – disse um dos chefes com irritação e ódio. – Não será uma tarefa fácil, mas teremos que encarar a batalha com firmeza. Se falharmos seremos severamente punidos por Adholphus.

Eles permaneceram ocultos, observando a movimentação para tentar identificar falhas, mas notaram que o sistema de segurança havia se tornado rígido e minucioso.

– Alguma coisa diferente está acontecendo aqui e está me cheirando a uma armadilha não prevista por Adholphus – disse o líder dos malfeitores.

17

Silas foi chamado por Azaliel para uma conversa. Assim que chegou se dirigiu diretamente à sala do venerável dirigente espiritual e, depois de saudá-lo cordialmente, sentaram-se em amplas e confortáveis poltronas.

– Obrigado por ter vindo tão rápido, Silas.

– Seu chamado é uma ordem, prezado comandante. Do que se trata?

– Preciso encarregá-lo pessoalmente de uma missão no astral inferior que exigirá cuidados extras.

---

[15] Guardiões à direita é denominação recebida por aqueles que servem em dimensões de luz. Os guardiões à esquerda servem e transitam em regiões trevosas, embora muitos sirvam também à luz nas regiões mais densas, escuras e trevosas do astral inferior, cumprindo missões em nome da luz.

— Estou pronto e preparado. Pode dizer.

— Sabemos que Adholphus, um dos mais poderosos chefes de legião do mal, encontra-se decidido a destruir o trabalho que está sendo realizado por uma equipe de valorosos e corajosos médiuns que têm obtido sucesso na libertação de inúmeros irmãos pertencentes a diversas falanges de malfeitores que se encontram cansados dos sofrimentos e lutas movidas por vingança, ódio e iniquidades de toda ordem, que alimentam a sede de poder de seus maiorais das trevas. Além disso, aquele ser maldoso descobriu que um antigo aliado que se rebelou contra ele e posteriormente se tornou um implacável rival e inimigo poderoso, há muitos séculos, se converteu à Luz, submeteu-se a inúmeras encarnações de resgate e atualmente é o principal médium da equipe da Casa Espírita que você está guarnecendo e salvaguardando.

— Entendi. O médium em questão é Fábio Antunes e é quem está promovendo o enfraquecimento do reino de Adholphus e muitos outros maiorais das trevas. Interessante como a vida se encarrega de reunir os espíritos para o devido ajuste de contas cármicas. Agora entendo por que Fábio incomoda tanto Adholphus e se tornou seu principal alvo, motivo de vingança pessoal.

— Exatamente isso, meu amigo.

— E o que preciso fazer no momento?

— Quero que você forme uma equipe experiente de guardiões, arme-se e vá até a fortaleza de Adholphus lhe entregar uma mensagem que me foi repassada pelo próprio Aalão — o nosso dirigente e coordenador.

— É uma missão extremamente delicada e não poderei confiar em Adholphus, caso contrário, estarei sujeito a cair em uma armadilha; ele é imprevisível, ardiloso e cruel.

— Não tema e confie. Estaremos a postos para ajudá-lo, se for necessário. Confiamos a missão a você devido a sua experiência em transitar por aquelas regiões tão densas energeticamente.

— Sei disso. A ida de um dos seres mais elevados àquelas regiões do astral inferior requereria uma difícil e desgastante descida vibracional. A missão é adequada ao nosso padrão vibracional e será cumprida. Qual é a mensagem que deverei transmitir a ele?

Depois de conhecer a mensagem Silas foi até a sede da falange dos Caveiras para iniciar os preparativos e selecionar os guardiões que o acompanhariam.

❊ ❊ ❊

Depois de um amplo descenso que necessitou de intensa adaptação energética àquelas regiões mais densas e poluídas de emanações mentais inferiores, o grupo de Silas aportou em frente à grande fortaleza de Adholphus. Logo perceberam a movimentação dos guardas no interior dela. Silas precisava se comunicar e se identificar o mais rápido possível para não serem atacados e apanhados de surpresa, por isso se adiantou ao grupo para realizar um contato mental com as sentinelas mais avançadas; mas antecipando-se, um deles falou:

— Quem são vocês, intrusos? — perguntou o ser monstruoso, vestido com roupas de tecido grosseiro recoberto por peles como as vestes dos antigos guerreiros asiáticos. Em uma das mãos carregava um curto e grosso cajado que certamente seria apropriado não somente para desferir golpes contundentes, mas também lançar raios magnéticos por meio da pedra negra colocada em sua parte superior.

— Viemos em missão de paz — respondeu Silas com voz firme.

— Paz! — a sentinela emitiu um estridente gargalhada. — Essa situação não existe aqui, invasor.

— Precisamos falar com Adholphus, o seu senhor, para lhe transmitir uma mensagem importante do Alto — gritou Silas.

— Você é nosso inimigo e como se atreve a vir aqui nos afrontar?

— Não me desloquei até aqui para afrontá-los. Se nós quiséssemos afrontar a hoste de Adholphus teríamos vindo de surpresa.

A criatura sinistra se postou à sua frente e permaneceu em silêncio, com o olhar injetado de ódio fixado em Silas, como se estivesse conversando mentalmente com alguém.

— Recebi ordens de conduzi-lo, sob escolta, até o meu senhor.

— Vou entrar acompanhado.

— Não! Minhas ordens são para que você entre sozinho.

— Que garantias terei de que não serei subjugado?

— Você não tem garantia alguma. Tudo dependerá da vontade do meu senhor.

A criatura infernal ficou novamente em silêncio e depois de alguns momentos falou:

– Foi permitido entrar com um acompanhante desarmado e não tente qualquer truque ou acabaremos com vocês.
– Não pretendo utilizar truque algum, eu lhe garanto.
– Então venha e acabe logo com isso porque o meu amo é muito ocupado.

Silas entrou acompanhado por um guardião especialista. Foram escoltados pela criatura e, à medida que adentravam as câmaras internas do castelo, o ambiente ficava cada vez mais sufocante. Foram percorrendo os corredores externos da fortaleza para não revelarem o que escondiam em seu interior, nem a disposição estrutural dos cômodos e ambientes que certamente continham armas e equipamentos em suas câmaras. Entraram em um comprido corredor iluminado apenas por archotes fixados nas paredes de pedras e seguiram até uma grande porta de metal. A sentinela bateu nela fazendo um barulho seco e uma portinhola no alto de abriu.

– Recebi ordens para conduzir o intruso até o nosso senhor – disse o monstruoso ser.

A portinhola se fechou ruidosamente e depois de alguns momentos de espera ouviram o barulho de um grande ferrolho destravando a porta.

– Entrem! – ordenou a sentinela empurrando-os para dentro do amplo salão do trono.

Silas sentiu-se incomodado com o empurrão, mas sabia que a sentinela havia feito aquilo para mostrar serviço ao seu senhor e, se possível, provocar uma reação que pudesse ser contida utilizando sua truculência. Mas Silas se manteve calmo e equilibrado.

– Aproxime-se, Silas. Quero olhar nos olhos do meu inimigo antes de acabar com ele – falou Adholphus de forma irônica.

– Acalme-se, Adholphus. Não tenho intenções de confrontá-lo.

– Disse que veio me trazer uma mensagem do Alto? Ora, ora, quanta gentileza enviarem um mensageiro.

– Sim. Estou a serviço de Azaliel, mas a mensagem é de Aalão.

Adholphus se levantou do trono e com o punho erguido gritou, com sua voz rouca e gutural:

– Não repita este nome aqui novamente. Eu o proíbo.

– Assim será – retrucou Silas.

Adholphus virou e se sentou em seu trono novamente.

– Cumpra logo sua missão, não desperdice o meu tem-

po ou vou despejar minha ira sobre você – disse colérico.
– A mensagem é para que você se prepare para deixar seu trono.
– O quê! Como ousa? – gritou enfurecido.
– Por decisão dos dirigentes superiores, seus domínios passarão por um processo de higienização e reurbanização astral. Precisam eliminar parcela considerável dos acúmulos energéticos negativos e deletérios que se formaram nesta região e acabar com seu reinado, por ter ultrapassado todos os limites da Lei. Você deverá deixar a área e procurar outro lugar para estabelecer seu império de trevas. Se permanecer aqui será atingido pela onda de "Fogo saneador purificador"[16] que em breve varrerá toda a área, desintegrando tudo que encontrar pela frente. Eles esclarecem que a oportunidade de saída honrosa se deve aos parcos créditos que adquiriu servindo a Luz antes de se decidir a assumir a trajetória de rebelado que abraçou e entrar em conflito com os interesses do Cristo. É a vontade Dele e assim será.

Adholphus pulou de seu trono irado e arrostou Silas, ensandecido. A expressão dele era de um louco a emanar intenso ódio. Os guardiões se mantiveram firmes, inalterados e confiantes.

– O que me impede de ignorar tal aviso e destruir vocês dois agora mesmo? Seria uma resposta à altura da afronta que me fazem.

– Tudo está sendo acompanhado pelos nossos superiores. Tenho uma guarnição de guardiões muito bem preparada e armada na área externa da fortaleza, prontos para intervir a qualquer momento, bastando apenas um comando mental meu.

– Você está blefando, Silas!
– Não, não estou.
– Mentiroso! Eu acompanhei sua chegada e sei que veio sozinho, não há ninguém lá fora a postos.
– Você me julga tão despreparado e inconsequente, Adholphus? Você não os detectou porque minha equipe está protegida sob um vigoroso campo de força magnético. Vou determinar que desliguem o campo de força.

Adholphus percebeu pela sua visão espiritual o nume-

---

[16] Fogo purificador saneador – Onda energética solar intensa que queima os miasmas deletérios, consome as formas-pensamento negativas, destrói as emanações de ordem inferior e realiza a higienização do ambiente extrafísico por onde passa, cujos efeitos são sentidos também no ambiente físico da crosta terrestre.

roso e bem equipado grupo que se apresentou cercando a fortaleza.

– Você e seu grupo não são páreo para mim – retrucou ameaçador. – Tenho falanges associadas que virão se juntar a mim.

– Como eu disse no início de nossa conversa, eu não me desloquei até aqui para combatê-lo. Se tivesse recebido essa missão teria chegado de surpresa e feito a festa começar. Sei que é um senhor das trevas muito poderoso, possui incontáveis aliados muito fortes que poderiam ser chamados para apoiá-lo em uma contenda contra nós, mas, decididamente, esse não é o objetivo da minha visita. A minha missão está cumprida, a mensagem foi repassada pessoalmente para que você tenha tempo de se preparar e agora, se me permitir, vou me retirar.

– Também tenho uma mensagem para aquele ignóbil cujo nome não pronunciarei e que um dia foi meu aliado, se revoltou contra mim, me traiu e mudou de lado tornando-se meu inimigo. Foi por causa do que ele me fez que decidi me revoltar contra a Luz.

– Não poderia impedir o seu antigo aliado de mudar sua trajetória de vida. Era a vontade que pulsava no coração dele. Hoje, depois de muitos séculos, ele é um valoroso servidor da Luz. Acho até que você deveria perdoá-lo, pois isso já ocorreu há muitos anos atrás. Ele ascendeu e você continua estagnado nas trevas.

– Malditos! – gritou inflamado pelo ódio – Não permitirei que saiam daqui.

– Adholphus, acredito não ser uma decisão sensata. Tudo está sendo acompanhado pelos meus superiores e uma força de intervenção rápida poderá ser acionada a qualquer momento para me tirar daqui. Bastará um entrevero complicador e ela será enviada. E digo mais: se esse evento se confirmar, o seu tempo seria considerado esgotado, ou seja, o prazo concedido para se preparar se extinguiria no momento da intervenção. Peço que reconsidere sua decisão.

Dizendo isso, Silas e o guardião que o acompanhava saíram, deixando Adholphus urrando de raiva e saltando de uma parede a outra da sala do trono. O guarda de Adholphus tentou impedi-los, mas recebeu ordens mentais do chefe para deixá-los sair. Do lado de fora, depois da porta metálica, eles encontraram a sentinela que os conduzira até aquele local e novas provocações foram direcionadas a Silas, o Chefe dos Caveiras. A sentinela tentou agredir Silas, mas o guardião que o acompanhava se antecipou e com um golpe certeiro, seguido de um choque magnético disparado por uma pequena arma que estivera escondida dentro de seu colete, o deixou imediatamente desacordado e estendido no chão.

– O tolo acreditou que teria forças para nos confrontar – disse o guardião.

– Ele possui pouco conhecimento sobre nós; quando acordar vai se lembrar do que aconteceu e espero que passe a refletir mais antes de se aventurar em ataques gratuitos.

18

Adholphus descarregou a incontida ira em seus soldados e escravos. Depois de se acalmar, convocou uma reunião urgente para a noite daquele mesmo dia.

Ele entrou na sala do trono e encontrou seu séquito reunido. Estavam presentes àquela sinistra assembleia outros senhores da escuridão, os comandantes de falanges do mal componentes de sua legião das trevas; todos eram seus subordinados. Adholphus se assentou em seu trono, olhou fixamente todos os integrantes, penetrando no íntimo de seus pensamentos para auscultar suas mentes. Em seguida falou:

– O trabalho que iremos realizar dependerá muito da lealdade de cada um. Não admitirei omissões e traições. Sei que as traições e os conchavos existem para que cada um possa defender-se como pode, porque aqui no astral inferior não há leis e impera a vingança, o ódio, a astúcia e o poder do mais forte para nos mantermos íntegros em nossos domínios. No entanto, este caso dependerá do trabalho conjunto, da colaboração de todos para unirmos forças contra um inimigo poderoso em comum. Sozinhos não teremos chance de sucesso, mas juntos seremos fortes e implacáveis.

– Do que se trata, poderoso Adholphus? – perguntou um ser de aparência estranha, cujos olhos negros, grandes e hipnóticos sobressaiam em sua face deformada e parcialmente escondida atrás de um capuz marrom escuro.

– Todos nós estamos perdendo escravos e adeptos. Nossas falanges estão sendo dizimadas. Nossos laboratórios de pesquisas das sombras estão sendo atacados e destruídos por equipes dos malditos guardiões da Luz, e somente isso já seria motivo suficiente para nos rebelarmos, para nos unirmos e intentar uma investida conjunta, forte e poderosa contra os nossos inimigos, contra aqueles que pretendem nossa completa destruição. No entanto, descobrimos que há um projeto ainda maior e mais sinistro sendo implementado pelos seres da Luz.

Adholphus fez uma ligeira pausa para que todos assimilassem o que ele havia dito e ficassem interessados no que estava para ser revelado. Os membros da trevosa assembleia se mantiveram em silêncio.

– Não se demore, Adholphus – disse um dos senhores do astral inferior, com sua voz gutural, demonstrando irritação e impaciência.

– Os superiores da Luz arquitetaram um plano para nos expulsar de nossos domínios.

– Como? – perguntou outro senhor da escuridão.

– Pretendem realizar uma reurbanização de algumas áreas do umbral inferior onde estabelecerão postos avançados de socorro para recebimento e recuperação de espíritos resgatados dos seus reinos e domínios. Eles investirão contra nossos domínios a partir de um enclave estruturado bem debaixo de nossos narizes, e isso não podemos aceitar.

Houve um burburinho que se transformou numa algazarra ensurdecedora na assembleia. Um dos senhores da escuridão que se assentara à esquerda de Adholphus e de frente para a assembleia se levantou, ergueu uma das mãos esqueléticas que mais pareciam as mãos de ossos de uma caveira, e disse:

– Silêncio! Silêncio!

O ruído diminuiu e ele tornou a falar:

– Não estamos aqui reunidos para emitir opiniões sobre o que está sendo informado.

Todos se calaram e voltaram suas atenções àquele ser que era um respeitado e poderoso senhor da escuridão, um mago. Vidor era o seu nome e por não se sentir inferior a Adholphus ocupou uma posição ao centro e ao lado dele. Quando o silêncio se fez presente Vidor continuou:

– Também fiquei perplexo com as informações iniciais, mas ouçamos com atenção o que Adholphus ainda tem para nos revelar. Continue, Adholphus – pediu Vidor com respeito.

– Um mensageiro me disse que seremos expulsos porque os seres de Luz enviarão em breve o "Fogo saneador purificador".

Arroubos coléricos de insatisfação foram ouvidos em meio aos integrantes da assembleia. As emanações de intenso ódio se intensificaram e muitos impropérios foram pronunciados.

– Não vou pedir silêncio novamente – interveio Vidor irritado.

Imediatamente todos se calaram e ato contínuo, um dos presentes perguntou:

– Podemos saber como obteve tal informação?

– Silas, o chefe dos Caveiras, veio pessoalmente até meus domínios e me informou que Azaliel recebeu de um dirigente a missão de impor limites aos nossos desmandos. Disse que nós infringimos e ultrapassamos todos os limites das Leis e por isso seremos responsabilizados. Não houve possibilidade de argumentação ou ponderação. Disse que a decisão já tinha sido tomada e o processo estava em curso. Veio apenas para nos comunicar.

Adholphus fez nova pausa.

– Por isso estamos propondo uma reação unida – completou Vidor.

– É evidente que não nos conformaremos com essa decisão. Devemos lutar por aquilo que nos pertence e, em nossos domínios, nós somos os maiorais e não admitimos interferências. Precisamos nos unir e intensificar os ataques contra tudo e todos que querem nos destruir. E isso é uma declaração de guerra – gritou Adholphus, erguendo o punho cerrado.

Todos ergueram o punho sinalizando apoio e gritaram uníssonos:

– Guerra! Guerra!

Em seguida Adholphus e Vidor detalharam os planos arquitetados por eles e designaram as falanges encarregadas do cumprimento das diversas missões, de cada etapa da estratégia da escuridão.

19

Quando Fábio Antunes chegou no Centro Espírita Luz e Sabedoria para mais um dia de trabalho mediúnico, sentia-se esgotado e abalado com o que lhe acontecera em casa. Procurou Alcides, o dirigente da casa e coordenador dos trabalhos, para uma conversa reservada.

– Por que está tão aflito, Fábio?

– Desde a semana passada tenho sentido uma presença incômoda ao meu lado, como se alguém me observasse de perto, mas não consegui ver nada por meio de minha mediunidade. A tal presença despertava em mim sentimentos angustiosos e me deixava exaurido, cansado, como se minhas energias estivessem sendo drenadas, me causando dores de cabeça, enjoo e mal-estar.

– Está se dedicando muito ao trabalho? Anda estressado com alguma coisa?

– Nada disso; minha vida profissional é difícil, mas consigo levar numa boa, vou resolvendo os problemas com calma.

– Então você precisa consultar um médico.

– Não preciso de médico agora, estou bem de saúde. Posso lhe afirmar que tudo isso começou depois que nosso trabalho aqui na casa espírita evoluiu. Lembra-se do que o nosso mentor disse?

– Sim, me lembro. Disse que estávamos preparados, mas deveríamos manter a disciplina, vigiar e orar porque o trabalho que se iniciava seria árduo e delicado por envolver forças poderosos das trevas. E realmente está sendo – completou Alcides com veemência nas palavras. – Conte o que o abalou tanto.

Fábio narrou a Alcides tudo o que se passara duas noites antes, o que havia presenciado. Descreveu em detalhes o ente das trevas que o segurou pelo pescoço e o ser de luz chamado Vhanet que se digladiou contra o ser da escuridão amputando-lhe uma das mãos em forma de garras.

– Fábio, você tem consciência dos acontecimentos que ocorrem durante o desdobramento do sono?

– Sim, tenho em algumas ocasiões. Nem sempre. Acredito que isso ocorra quando os fatos são importantes e devem ser lembrados posteriormente em proveito de alguma situação.

– Conhece o funcionamento? – indagou Alcides. – Recebemos diversas orientações de nossos mentores espirituais sobre esse tema.

– Sim, me lembro. As lembranças dos acontecimentos, encontros e interações ocorridas durante os desdobramentos do sono geralmente não são captadas pelo cérebro carnal devido ao fato deste se comunicar de forma limitada com a memória espiritual – explicou Fábio. – Algumas pessoas dotadas de uma capacidade mediúnica mais aflorada conseguem suplantar os mecanismos de bloqueio e suavizar os filtros do cérebro carnal. Quando o espírito retorna ao corpo vindo de incursões pelo astral ele traz as lembranças, mas ao se acoplar novamente no vaso físico, o cérebro filtra tais memórias. O que comumente acontece é o bloqueio de tais informações pelo cérebro carnal, e as lembranças permanecem apenas na memória espiritual. O fato de acordar com a sensação de ter vivenciado determinados acontecimentos, visitado locais diferentes e não conseguir, por mais que nos esforcemos, compor um mosaico completo e sequenciado dos eventos, como se fosse um filme em cenas encadeadas, se deve ao fato de apenas fragmentos, pequenos pedaços dos acontecimentos conseguirem atravessar o filtro cerebral. Assim, a história fica cheia de brechas e sem sentido, desprovida de continuidade e encadeamento lógico, um filme recortado e repleto de lacunas, com cenas desconexas.

— Vejo que você realmente aprendeu muito e assimila muito do que nos é transmitido — concluiu Alcides, satisfeito com a resposta.

— O que acabei de narrar para você, Alcides, são lembranças completas, nítidas. Acredito que elas foram deixadas em minha memória para servir de ensinamento para o nosso grupo e dar credibilidade às manifestações ocorridas nas sessões mediúnicas.

— Estou surpreso e preocupado com tudo o que você narrou. Precisamos solicitar aos nossos guias espirituais proteção urgente, não somente para você, mas para toda a equipe de médiuns da casa.

— Orar é sempre bom e nos fortalece, mas acredito que o espírito Vhanet interveio porque já aguardava alguma reação das sombras. Depois de sua intervenção a sensação de tristeza, angústia e o desânimo desapareceram como num passe de mágica. Precisamos conversar com os demais médiuns para que saibam sobre esse evento e possam se precaver, fazendo a parte que lhes cabe em termos de segurança psíquica pessoal.

— Faremos isso, meu caro amigo. É importante nos mantermos unidos, confiantes nos nossos dirigentes espirituais e prosseguir sem esmorecimento.

Saíram da sala onde conversavam e se dirigiram ao local onde realizariam a sessão mediúnica daquela noite.

20

Adholphus estava enfurecido com as más notícias que

recebera de seus subordinados. Enviara um forte grupo de espíritos para atacar o Centro Espírita e eles simplesmente tinham desaparecido.

"Isso só pode ser obra dos malditos guardiões Caveiras. Eles estão intensificando os trabalhos de resgate de almas que há muito tempo permanecem aprisionadas e escravizadas em minha fortaleza" – pensou.

As ações estavam sendo desenvolvidas por nobres entidades espirituais protegidas por contingentes de guardiões, e contavam com o inestimável apoio energético de Fábio Antunes e do grupo de médiuns do Centro Espírita Luz e Sabedoria, que lhes ofereciam a adequada sustentação de fluidos vitais.

Adholphus decidiu enviar outro grupo maior para realizar a tarefa de ataque e a ação fracassou novamente. Depois de intenso embate de forças o segundo grupo de guerreiros das sombras também foi dominado pelos guardiões. Alguns fugiram, mas numeroso grupo de marginais do astral foi preso e aqueles espíritos rebeldes foram enviados como prisioneiros a um local protegido por intenso campo magnético de contenção, onde aguardariam o momento em que as mãos da Justiça Divina os alcançariam para o devido ajuste de contas, que provavelmente resultaria em expatriamento, exílio planetário.

– Falem logo, vermes! – gritou Adholphus ao grupo de soldados das trevas que conseguiu fugir e fora conduzido por indução mental à sua presença, para prestar esclarecimentos sobre os eventos de combate ocorridos na contraparte astral da crosta terrestre, local em que deveriam ter cumprido a fracassada missão de ataque.

– Estávamos atacando o local como o meu senhor determinou; avançamos, ganhamos terreno, mas ficamos retidos pelo potente campo magnético de proteção instalado pelos Caveiras no entorno daquele maldito lugar. Quando isso aconteceu, nossas equipes foram envolvidas por ele e aprisionadas – relatou o ser grotesco e animalizado cujo aspecto era metade homem, metade lobo negro, e se mantinha ajoelhado à frente de Adholphus, em sinal de reverência.

– E como somente vocês conseguiram escapar?

– Esta esquipe aqui à sua frente fazia parte da segurança de retaguarda e por isso não foi envolvida. Quando os aprisionados foram laçados magneticamente, receberam descargas que os atordoaram e, em seguida, os arremessaram por uma abertura dimensional a um local desconhecido.

– Está mentindo e inventando essa história – disse Vidor enfurecido.

– Não, meu senhor. Eu juro que esta é a verdade. Os Caveiras contaram com a ajuda de entidades de luz que potencializaram suas ações.

– Maldito Silas e sua falange de Caveiras! Malditos guardiões! – Ainda vamos ajustar contas e quando esse momento chegar serei impiedoso, eu prometo – esbravejou Adholphus.

Reunido com seus consorciados para calcular as perdas substanciais impostas pelos emissários da luz e seus guardiões, o revoltado e colérico Adholphus não demorou para descarregar toda a sua frustação e fúria sobre os soldados das sombras à sua frente. Olhou fixamente para um deles e mentalmente iniciou uma modificação psicossomática (no corpo energético espiritual), utilizando o processo de indução hipnótica zoantrópica[17], para transformá-lo em um lagarto. Findo o processo, podia-se ver um grande animal com o semblante humano estampado em sua cara reptiliana.

– Inúteis! – gritava Adholphus, destemperado e enlouquecido pelo revés sofrido.

Terminada a sessão de horror daquela assembleia maldita e a demonstração de sua força mental, Adholphus determinou que os seus guardas conduzissem aqueles infelizes fracassados aos calabouços imundos do castelo para serem castigados. Em seguida iniciou preparativos para assumir pessoalmente as próximas ações. Juntaria forças com seus aliados e investiriam com poder total sobre os Caveiras.

– Malditos! Receberão o troco que merecem – gritou ele ensandecido pela derrota.

21

No Centro Espírita Luz e Sabedoria o trabalho mediúnico tinha sido intenso naquela noite e, quando foi encerrado, todos os médiuns demonstravam visíveis sinais de

[17] Processo de transformação perispirítica (do corpo astral), produzida por indução hipnótica sobre a plasticidade do perispírito que, ao ser submetido a ação do pensamento direcionado ao seu mental inferiorizado pelas culpas e energias negativas acumuladas, adquire a forma animalesca induzida pelo algoz, sendo as mais comuns a licantrópica (lobos), cinantrópica (cachorro) ou zoantrópica (qualquer animal).

cansaço devido ao grande desgaste energético sofrido por cada um deles ao lidar com espíritos muito necessitados resgatados pelas equipes espirituais de redutos localizados no astral inferior, onde as energias negativas são muito densas e doentias. Apesar da reenergiza*ção* pelos fluidos dos mentores espirituais, as reposições energéticas se complementariam com as efetivas transfusões de energias vitais realizadas pela equipe de passistas da casa espírita que estavam a postos aguardando o término dos trabalhos.

– Nosso trabalho está muito pesado – comentou Cláudia, uma das médiuns da equipe de Fábio Antunes.

– Sim, minha cara amiga. Concordo com você, mas somos apenas instrumentos e os trabalhos estão sendo dirigidos por equipes espirituais altamente capacitadas. Devemos confiar sempre e seguir acreditando que o melhor está sendo feito por todos os envolvidos nesta tarefa que sabemos ser difícil, mas também muito importante.

❉ ❉ ❉

Na dimensão astral, o comandante Silas conversava com o guardião Julius, integrante da falange dos Caveiras:

– Nossas defesas magnéticas funcionaram muito bem e resistiram com facilidade aos sucessivos ataques das armas dos soldados das sombras. Eles tentaram rompê-la com pulsos magnéticos de polaridade inversa *à* utilizada no nosso campo magnético. Foram ousados, mas a tecnologia que recebemos de nossos maiorais foi desenvolvida pelos hábeis engenheiros do astral superior para resistir às alternâncias de polaridade e aos fluxos magnéticos com varia*ções* de intensidade – relatou Julius.

– Os novos equipamentos chegaram em boa hora. Os magos negros descobriram que inverter a polaridade e provocar oscilações no fluxo magnético de nossas cercas de defesa era uma medida de desativação das mesmas. Só que eles não contavam com essa tecnologia de resistência que é mais avançada e ainda permite que possamos direcionar o traçado do campo com ela ainda ativa, sem a necessidade de desligá-la para reconfiguração – explicou Silas, satisfeito com os resultados obtidos.

– Essa foi a nossa melhor manobra tática. Com o redirecionamento do traçado inicial nós os envolvemos no interior do campo magnético e os aprisionamos. Foi muito interessante observar que o perímetro de defesa nos colocava no centro do dispositivo, deixando as pontas do círculo abertas à nossa retaguarda. Parecia uma fraqueza, uma falha defensiva aquele dispositivo aberto à retaguarda; os marginais até riram, acreditando que poderiam explorar aquela suposta falha. Quando as pontas se moveram para frente como braços em pinça, o círculo foi invertido e as pontas foram se fechando, arrastando os que estavam nos flancos até se fechar à retaguarda deles e então, apertar o cerco, aprisionando-os. Foi simplesmente sensacional! – completou Julius.

– A nossa única falha foi fechar o círculo deixando um grupo solto, que certamente deve ter retornado para o reduto de Adholphus e informado o que aconteceu. O objetivo era aprisionar todos eles e transport*á-los* imediatamente para a prisão em outro nível dimensional, para que os maiorais das trevas permanecessem sem referências e sem informações do que ocorrera – disse Silas. – Ainda assim, foi um sucesso, comandante. Eles não possuem tecnologia para se contrapor. Precisamos apenas ter muita cautela para não sermos surpreendidos com alguma manobra que coloque nosso dispositivo defensivo em risco. Reúna os demais chefes de grupamentos dos Caveiras para avaliarmos as informações de nossos observadores externos para que possamos definir as táticas de defesa.

22

– Enviei um espião até as proximidades do Centro Espírita para avaliar a situação e ele encontrou um dispositivo novo armado no seu entorno. Uma barreira magnética mais moderna e muito eficiente. Será difícil penetrar as barreiras de defesa estabelecidas pelos guardiões – disse Vidor.

Adholphus escutou em silêncio e depois de refletir respondeu:

– Temos que mudar a abordagem do problema. Perdemos muitos soldados por intermédio do trabalho do médium Fábio Antunes. Eles definitivamente declararam guerra e estamos em desvantagem. Nossas duas investidas de ataque fracassaram e a margem para erros está muito reduzida. Sabemos que eles pretendem nos aprisionar e desmantelar nossos redutos das trevas, por isso necessitamos de um plano mais ousado que os surpreenda, mas no momento não consigo articular algo novo. Estamos parados no tempo em termos de tecnologia, precisamos de energia negativa, de armamentos, de ajuda para outras formas de combate.

— Agora é questão de sobrevivência e só me ocorre uma alternativa — falou Vidor, com receio de ser repreendido por Adholphus. Conhecia seus arroubos de raiva e ódio e precisava medir as palavras.

— Qual é a nossa opção? — perguntou Adholphus de forma agressiva.

— Recorrer ao mago negro.

— Ah! Isso não, Vidor. A ajuda de Nevius vai nos custar muito caro. Sabemos que tudo tem seu preço e receber ajuda dele será o mesmo que se tornar seus súditos, meros devedores. Perderíamos a nossa autonomia de ação.

— Você prefere isso ou ser destruído e permanecer preso à espera de sua sentença de expatriamento? Todos somos devedores da justiça divina e já estamos marcados com o selo do exílio. Quer antecipar essa condição de prisioneiro no corredor do degredo? Ou prefere lutar até a última gota de energia?

— Preciso pensar melhor — respondeu Adholphus.

— É tudo ou nada — argumentou Vidor, tentando descontruir os argumentos de Adholphus. Você tem algum outro plano em mente?

— Ainda não. Estou considerando o que você me disse. Pedir a ajuda de Nevius para atacar o médium diretamente, utilizando a magia negra, seria oportuno e mortal porque interromperíamos os trabalhos que ele realiza naquele maldito grupo e eu me vingaria de traições do passado. Teria a chance de trazê-lo desencarnado até mim para que eu pudesse me apoderar daquela alma imunda. No entanto, ainda assim não evitaríamos um confronto direto com os guardiões. Precisamos considerar o preço a ser pago por tudo isso.

— Vamos descobrir tratando do assunto com Nevius, aquele ser diabólico e astuto. Para isso necessitaremos expor tudo com muita cautela — arrematou Vidor preocupado.

Adholphus convocara Vidor e Greg para uma reunião urgente. Vidor, o chefe de falange aliado de Adholphus, entrou no salão da fortaleza acompanhado do infame Greg, o espírito cruel, líder de um numeroso grupo de hipnotizadores e especialistas em vampirização que era conhecido no submundo astral como mercenário encarregado de cumprir missões obsessivas junto a autoridades e pessoas influentes na vida política, a fim de lhes subjugar a mente e conseguir influenciar decisões que atendessem aos interesses particulares dos senhores da escuridão. Vestia-se com um longo manto negro para esconder suas deformidades espirituais, causar impacto negativo àqueles que estivessem sob seu jugo diabólico e impor respeito perante os demais chefes de falanges do mal. Vidor, ao contrário, vestia-se de forma elegante. Suas vestes pretas com gravata vermelha eram plasmadas de forma a se assemelharem aos cortes mais elegantes da moda da crosta terrestre, sempre limpas e impecáveis para se afastar do estereótipo de decrepitude que os demais chefes de falange não se preocupavam em esconder, apesar de tudo ser apenas aparente e a realidade ser completamente diversa. Vidor também apresentava avançado estágio de desagregação molecular espiritual e carregava espessa camada de fuligem de energias negativas devido ao longo período imerso nas energias negativas das trevas e sem submeter-se ao processo purificador da reencarnação. Adholphus havia marcado encontro com Nevius em lugar ermo e distante de seu ignorado reduto. Ele e os outros dois chefes de falanges aliadas se aproximaram do local sombrio escolhido por Nevius e, no instante em que Adholphus pensou em pedir permissão para adentrar seus domínios, recebeu mensagem mental para que se aproximassem. Nevius percebera a aproximação e já os aguardava.

    Estavam em um campo negro, com árvores raquíticas e retorcidas, solo lamacento, com inúmeras criaturas asquerosas entrando e saindo de buracos no chão e se escondendo entre as pedras escuras e cheias de limo. Chegaram até uma porta metálica de cor vermelho-sangue e ela se abriu, dando acesso a um corredor longo, iluminado por archotes, paredes e teto negro. Os archotes permitiam a visão de apenas alguns metros no entorno do local onde tinham sido colocados; o restante do ambiente era de uma escuridão sem precedentes. No final do corredor outra porta se abriu e eles entraram em um salão adornado com requinte duvidoso: pesadas cortinas escarlates, móveis negros, cadeiras marrom-escuro adornadas com caveiras e muitos símbolos de magia negra incrustrados nas paredes negras, que cintilavam como se fossem iluminadas por luz neon cinza brilhante e artificial. Tudo naquele ambiente era inusitado e inspirava horror até mesmo para os três marginais daquele submundo onde imperava o poder, a traição e defesa dos interesses mais escusos.

Nevius apareceu à frente deles saindo da parede. Esteve ali o tempo todo observando-os, camuflado, como se fosse uma sombra incrustada na pedra.

– Sei por que vieram me procurar – disse o mago negro com sua voz grave. – Presenciei sua conversa com Vidor.

– Você estava no interior do meu castelo?

– Tenho o rastro magnético daquele ambiente e me projeto mentalmente para dentro dele quando me interessar. Observei seus fracassos nos miseráveis embates contra os guardiões. Me diverti muito com a sua estupidez.

Adholphus sentiu sua raiva crescer. Exigia respeito de seus subordinados e não admitiria ser humilhado na frente dos demais chefes de falanges do mal que lhe eram associados.

– Sua ira me fortalece, Adholphus. Continue...deixe-a crescer para gerar energias negativas que me fortalecerão. Eu me alimento com elas.

Ele tentou se acalmar e recobrar o raciocínio para dialogar com Nevius, um ser extremamente inteligente e astuto, mas cruel o bastante para punir com sofrimentos acerbos e inimagináveis todos os que ousassem desafiá-lo.

– Sim, posso ajudar você e seus incompetentes asseclas – disse Nevius de forma arrogante. – Posso interferir no campo de força magnético dos guardiões para abrir uma fenda temporária. Vocês poderão penetrar o dispositivo defensivo deles e travar a luta que se propuseram enfrentar.

– E qual será o preço por esse apoio, grande mago?

Nevius soltou uma estridente gargalhada.

– Trabalharão para mim. Se prestarão a me servir retribuindo o favor, pois tenho projetos ambiciosos e precisarei de executores.

– Com todo respeito, mago, é um preço muito alto. Não podemos perder a nossa liberdade – retrucou Vidor.

– Encontram-se na situação de fracassados, sem opções e fadados à destruição. Vocês sozinhos não são páreo para os Caveiras. Se abdicarem de seus planos e permanecerem em seus redutos serão engolidos pelo fogo saneador purificador que os queimará e varrerá tudo o que existe naquele local para o solo árido do astral inferior. Investir contra os guardiões será insistir no fracasso e, certamente, resultará em prisão e expurgo. Portanto, só lhes resta prolongarem suas chefias à frente de suas respectivas falanges pactuando comigo e depois pagar sua dívida.

Houve um silêncio constrangedor. Adholphus, Vidor e Greg se entreolharam indecisos.

– Se decidirmos aceitar, qual será a nossa condição perante seus domínios e o seu poder? – arguiu Adholphus.

– Condição de devedores. Eu serei o credor e vocês ficarão me devendo um trabalho cuja prestação não poderá ser recusada quando solicitada, pois será conforme minhas necessidades, ao meu critério, assim como agora prestarei uma ajuda a critério de vocês. No momento oportuno cobrarei a dívida e vocês prestarão os seus serviços para a minha causa. Sua recusa e deslealdade resultará em perseguição e não descansarei até que possa puni-los com a escravidão ou com a segunda morte.[18]

– Se não pactuarmos não teremos como penetrar o campo de força magnético dos guardiões e nossa investida será inócua, não ocorrerá a neutralização dos trabalhos que nos enfraquecem e não haverá a vingança contra os agentes da luz que ameaçam os nossos domínios. Se não atacarmos eles continuarão invadindo nossos redutos e em breve os malditos guardiões colocarão um fim em nosso poder e sem poder não poderemos invadir e tomar outros redutos que nos possibilitarão escapar do fogo saneador. Não vamos sucumbir sem lutar, não seremos destruídos por esses vermes. Se pactuarmos com você, Nevius, poderemos ter uma chance de vitória contra os desprezíveis guardiões, teremos nossa vingança e manteremos íntegro o nosso poder para disputar um novo local para estabelecer nossos domínios, mas perderemos nossa liberdade. É uma decisão difícil – disse Adholphus, encarando Névius e depois olhando para os seus associados.

– Vamos, Adholphus, temos um acordo ou não? Decidam-se, pois não disponho de tempo para perder com fracassados e indecisos. Tenho interesses e trabalhos mais importantes me esperando.

Os associados de Adholphus acenaram sinalizando que sim.

– Sim, Nevius. Faremos o pacto – disse ele, contrafeito.

No momento seguinte todos sentiram uma estranha e sinistra vertigem, um zumbido estridente no interior de seus crânios seguido de intensa dor de cabeça crescente

---

[18] Segunda morte é o resultado de um processo de transformação perispiritual em que o espírito perde o seu veículo espiritual e adquire a conformação de um ovóide. Este processo pode resultar de culpas e negatividades ou ser induzido por hipnotismo. Ele foi descrito pela primeira vez no livro Libertação – psicografia de Francisco Cândido Xavier.

que os dominou ao ponto de deixá-los deitados no solo imundo e pegajoso daquele reduto do astral. Eles se contorceram como se estivessem tendo um ataque epiléptico, com espasmos retesantes. Inertes e gritando de dor, eles ouviram quando Nevius lhes falou mentalmente:

– Essa é apenas uma pequena demonstração de minha força e poder para dominá-los. Posso enlouquecê-los ou reduzi-los ao nada. Lembrem-se quem é o maioral nestes redutos do inferno, meus servos. A partir de agora serei o seu senhor e vocês me devem obediência irrestrita.

Nevius aliviou os sintomas que provocavam as dores, mas deixou Adholphus e os seus asseclas esgotados. Eles rastejaram como vermes ao comando mental de Nevius e se aproximaram dele.

– Preparem-se para o combate. Cumprirei minha parte no acordo. Quando estiverem em condições de luta eu abrirei a fenda magnética. Agora saiam daqui, vermes inúteis e desprezíveis – gritou Nevius.

23

Silas recebeu instruções de Azaliel para que se preparasse para enfrentar falanges associadas e apoiadas por um mago-negro. Ele obtivera importante informação de um agente infiltrado na falange de Vidor.

– O mago-negro que se associou a Adholphus é Nevius? – inquiriu Silas.

– Exatamente, meu amigo. Adholphus é quem foi pedir favores ao mago.

– Nevius é um mago muito poderoso e perigoso. O apoio do alto para permanecer em condições de combatê-lo é essencial.

– O apoio será prestado, eu lhes asseguro. Você receberá assessoramento de nossos chefes espirituais, bem como instruções sobre como se defender de algumas magias que certamente serão utilizadas por ele durante os confrontos.

– Isso é muito preocupante, mas sei que a espiritualidade superior nunca nos abandona e está atenta a tudo o que acontece ao nosso redor. Não podemos descartar a hipótese de ele ter algum ardil escondido para nos surpreender, é assim que ele age.

– Conhecemos os truques de Nevius, mas sim, você tem toda razão em se preocupar porque ele é mestre em surpresas, é astuto e tecnicamente um estrategista que não deve ser subestimado. Será necessário o máximo de cautela possível.

– Nobre Azaliel, há algum aspecto que precisaremos trabalhar de imediato?

– Sim, planeje um dispositivo defensivo de três níveis, ou seja, três perímetros de segurança no entorno da Casa Espírita e inclua uma espécie de bolsão entre eles.

Silas permaneceu pensativo e em seguida perguntou:

– Geralmente dois níveis são suficientes. O que o prezado comandante e amigo têm em mente?

– Eu irei detalhar a manobra tática em breve, mas confie que será necessária uma precaução extra; estamos lidando com Nevius. Ele já conseguiu penetrar um campo de força instalado em uma área que queríamos preservar, fez um grande estrago no seu interior e feriu muitos guardiões.

– Mas como ele fez isso? – inquiriu Silas admirado com a notícia de Azaliel.

– Utilizou tecnomagia para neutralizar uma área pequena e abrir uma brecha no campo de força, o suficiente para um especialista entrar e atacar os guardiões no interior da área que deveria ser salvaguardada. Mas, quero que saiba que o sistema estruturado de campo magnético que vocês irão operar agora é mais sofisticado que o penetrado por ele. Os engenheiros de tecnologia astral superior aplicaram evoluções técnicas de vital importância cedidas pelos dirigentes siderais, que resultaram em expressivos ganhos de eficiência e capacidade.

– Que alívio! Vamos iniciar melhorias na tática defensiva já estabelecida para nos contrapor às novas ameaças, imediatamente – finalizou Silas.

24

Os guardiões da falange dos Caveiras se reuniram no amplo salão existente na contraparte espiritual do Centro Espírita Luz e Sabedoria. Todas as instituições que trabalham para o bem possuem uma contraparte espiritual que interpenetra a parte material e muitas vezes até excede a estrutura física do local, em cujas instalações funcionam locais de reunião de espíritos voltados para o bem e em alguns locais são encontrados centros de tratamento de necessitados, enfermarias equipadas com diversos e sofisticados instrumentos, leitos, salas de estudos e de segurança dos guardiões.

O chefe dos Caveiras repassou as ordens em vigor e detalhou o planejamento dos níveis de segurança estabelecidos para cada um dos perímetros formados pelos campos de força magnéticos no entorno da casa espírita que deveria ser protegida.

– Rafael, você e seus guardiões aplicarão a mesma tática adotada em outras ocasiões – ordenou Silas. – Quando o campo de força externo, o que forma o terceiro perímetro de segurança for forçado, você irá oferecer média resistência e, no momento que julgar conveniente – e essa decisão ficará ao seu critério, pois dependerá do que estiver ocorrendo no momento –, você simulará uma instabilidade e permitirá que seja aberta uma estreita brecha por onde os atacantes deverão passar. Tendo ultrapassado o terceiro perímetro, eles tentarão imediatamente forçar o segundo perímetro e este deverá manter força total para impedi-los temporariamente. Quando isso acontecer, o terceiro perímetro será restabelecido e se fechará à retaguarda de um numeroso efetivo de marginais do astral, dividindo-os para que fiquem presos entre o terceiro e o segundo níveis de segurança. Ato contínuo o grupo que conseguiu penetrar forçará o segundo e os de fora forçarão o terceiro perímetro simultaneamente. Permitiremos que o primeiro grupo ultrapasse o segundo perímetro e fique retido entre o segundo e o primeiro e um novo grupo ultrapasse o terceiro para que possamos prendê-los. Teremos, então, dois grupos: um entre o primeiro e o segundo perímetro e outro entre o segundo e o terceiro. As equipes de Rich e Rafael com seus respectivos guardiões operacionais entrarão e com suas armas de pulsos magnéticos enfrentarão os malfeitores e os neutralizarão para, em seguida, permitir que as equipes de apreensão os retirem do local e os enviem às celas das prisões que foram temporariamente montadas no subsolo desta instituição.

– Eles já conhecem a famosa ratoeira que já foi usada contra eles em outros embates, manobra que os levou ao fracasso. Eles não conseguiram romper o campo de força e desorganizados, foram envolvidos externamente. Será que irão tentar a mesma tática fracassada? – arguiu Rafael.

– Sim, irão, porque não há outra forma de adentrar o perímetro de segurança magnético a não ser forçando-o frontalmente. A diferença estará na quantidade de pontos forçados simultaneamente e na certeira afirmação de que um mago negro muito poderoso os ajudará a abrir brechas e romper o campo de força usando o poder de sua tecnomagia – respondeu Silas, com tranquilidade e segurança nas palavras. As brechas abertas em cada um dos perímetros de segurança magnéticos, a despeito de serem ataques simultâneos, deverão ser coordenados pelos respectivos chefes de equipes para que possam fechá-las depois no momento mais oportuno.

– E que implicações nos trará no momento do embate o reforço do mago? – perguntou Rich.

– Nenhuma implicação. A ajuda dele estará concentrada na abertura da brecha. Ele não se envolverá nos problemas de Adholphus e seus associados. Assim que ele forçar a abertura da brecha nós simularemos o seu rompimento para que ele pense que ainda está lidando com o antigo equipamento no qual conseguiu estabelecer, com o emprego de energias polarizadas de tecnomagia, uma flutuação magnética capaz de abrir uma fenda no dispositivo defensivo dos guardiões. Os novos e mais sofisticados equipamentos que nos foram disponibilizados pelos engenheiros do Astral Superior, além de serem mais resistentes, permitem manobras de abertura e fechamentos parciais, em secções e controladas. Será o nosso trunfo e uma surpresa para eles, porque acreditam que uma vez abertas, as brechas não podem ser fechadas novamente devido ao rompimento de sua estrutura energética molecular. Será uma surpresa especial para o mago-negro que acredita possuir poderes para penetrar nossos dispositivos defensivos e dar a vitória a Adholphus e seus comparsas criminosos do astral inferior.

– E quanto ao primeiro perímetro, o mais interno? Qual a sua função, já que os dois mais externos serão suficientes? – indagou Rich.

– Incluímos um perímetro mais interno, o primeiro, para aumentar nossa segurança. Estamos diante de um possível enfrentamento renhido e assim como nós, o outro lado também poderá apresentar ferramentas, armas e ardis ocultos que poderão surpreender. A característica do primeiro perímetro é a impenetrabilidade, não poderá ser rompido de forma alguma. Trata-se de um poderoso escudo quântico operado por técnicos especializados cedidos pelos nossos maiorais da luz – o indispensável apoio do Alto. Admitiremos embates entre os dois intervalos mais externos, mas se houver, por algum motivo, o forçamento do primeiro perímetro, este será a nossa garantia de inviolabilidade do dispositivo defensivo, para evitar que as defesas caiam e eu possa utilizar métodos e armas não convencionais que guardo somente para os casos de emergência e cuja utilização está sob meu comando direto.

Todos aquiesceram, acenando com a cabeça, e ficaram satisfeitos com a tática defensiva que iriam adotar.

25

Adholphus passou vários dias acompanhando a movimentação da casa espírita e estava disposto a esperar um momento que pudesse lhe garantir surpresa. Os demais chefes associados estavam indóceis e o pressionavam para desfechar um ataque imediatamente, porém ele era astuto o suficiente para perceber que ainda não era o momento certo. Observava tudo, como um predador que aguarda pacientemente a oportunidade de explorar a fraqueza de sua presa e avançar contra ela, surpreendendo-a. Sim, ele esperaria.

Adholphus deu ordens para que seus homens e as falanges associadas se preparassem, ocupassem lugares estratégicos e aguardassem o seu sinal. Ele identificou uma possível falha na segurança quando equipes de socorristas retornavam dos resgates de necessitados no astral inferior, acompanhados de seus guias espirituais e alguns guardiões como seguranças. Fendas, portais, foram abertos no perímetro do campo de força magnético para que as equipes de socorro pudessem entrar carregando espíritos resgatados. Os espíritos socorridos eram carregados em macas e por se encontrarem em estado vibracional baixo, com corpos astrais densos, eram retidos no campo de força magnético seletivo. Somente a partir de um determinado nível vibracional mais alto era possível penetrar no campo de força de forma mais natural, cuja calibragem restringia o acesso dos espíritos ignorantes de baixo teor vibracional e corpos astrais (períspiritos) adensados devido à energismo negativo agregado, resultante de suas inferioridades, de seu nível de enraizamento no mal, de sua marginalidade espiritual e em decorrência de suas ações e comportamentos desvirtuados, equivocados, desregrados e afastados da moral cristã e das leis eternas e imutáveis de Deus.

Adholphus destacou Rhodeu, um membro fiel e de confiança, que ele julgava ser esperto o bastante para não ser visto ao acompanhar uma equipe socorrista. Ele sabia que naquele dia haveria reunião mediúnica e equipes de resgate certamente sairiam para realizar o trabalho de socorro no astral inferior (umbral inferior) e queria ser avisado por Rhodeu quando estivessem retornando, para preparar uma investida oportuna.

— Rhodeu, você vai acompanhar a equipe de socorristas e quero ser informado com antecedência quando eles estiverem retornando para a base.

— Entendido, chefe — respondeu o marginal do astral, um ser deformado e extremamente cruel que há séculos servia ao seu senhor Adholphus.

— Confio em você; e faça o possível para ficar oculto aos olhos e aos sentidos dos membros da equipe.

— Sim, senhor!

Rhodeu saiu para encontrar um local escondido, de onde partiria para o acompanhamento.

26

— Precisamos permanecer em constante contato mental — disse Silas ao chefe da equipe de socorristas disfarçados. — A saída de vocês possui dois propósitos: primeiro, simular a realização de uma tarefa de socorro. As atitudes, gestos e comportamentos deverão ser similares às de uma equipe socorrista e não deixar transparecer que são guardiões. Vocês receberão, efetivamente, uma missão de resgate de um necessitado que precisa ser retirado do antro de sofrimento e de dor em que se encontra no astral inferior; segundo, a equipe servirá de isca para que as hordas de malfeitores que identificamos já posicionadas fora do terceiro perímetro de segurança de nossa base possam atacar no momento em que nós estivermos preparados. Nós vamos escolher o momento, entendido?

— Entendido — responderam de imediato. — Estamos preparados, senhor.

A equipe de guardiões disfarçada de socorristas deixou o perímetro de segurança da base e mergulhou nas profundezas densas do astral inferior para cumprir a missão recebida. Estavam carregando armamentos magnéticos escondidos nas macas de socorro e um arsenal sob as vestes, para o caso de cruzarem com algum grupo de malfeitores arruaceiros, de quiumbas ou de marginais a serviço de algum senhor das trevas. Foram imediatamente informados por Silas, o comandante dos Caveiras, que havia um espião acompanhando-os, e receberam ordens expressas para ignorá-lo, a fim de que ele pudesse cumprir o seu papel de olheiro de Adholphus.

A missão transcorreu como planejada e o retorno à base iria requerer redobrada atenção dos guardiões. O chefe da equipe emitiu ordens de alerta e, em seguida, avisou Silas sobre o seu retorno.

– Ok! Tudo sob controle. Vamos prosseguir conforme o combinado – responde Silas.

27

Adholphus recebeu de Rhodeu a informação que aguardava impacientemente. Fez contato mental com Nevius, o mago-negro e ele imediatamente surgiu à sua frente para colocar o plano sinistro em funcionamento.

– Lembre-se que eu aproveitarei a pequena abertura do campo magnético e a alargarei, mantendo a fenda aberta por apenas alguns minutos. A quantidade de energia mental que terei que despender e aplicar para mantê-lo aberto é muito grande e não poderei sustentá-lo nesta condição por muito tempo. Aproveite sem demora a oportunidade – falou Nevius, severo.

O mago negro se concentrou, revirou seus negros olhos e começou a dizer antigas palavras evocativas de magia negra. Estranhas figuras de ocultismo se formaram no seu entorno e começaram a circular ao redor de sua cabeça. Nevius puxou o capuz de seu manto negro e cobriu a cabeça. Seus olhos ficaram vermelhos e a cor foi se intensificando para um escarlate escuro.

– *Mirius etmor narke abcum!* – repetia ele em um dialeto há muito tempo desaparecido. Ele concentrava as energias negativas no seu entorno e em suas mãos. Pequenas faíscas podiam ser vistas no turbilhão que se formara no interior da massa energética que estava sendo manipulada e moldada mentalmente pelo mago.

Adholphus se afastou e deu ordens para que todos se preparassem.

A equipe de socorristas retornou e se aproximou do campo magnético. Uma fenda foi aberta e os guardiões da simulada equipe de resgate que estavam muito próximos do campo foram sugados para dentro do perímetro de segurança. Antes que a fenda se fechasse, Nevius direcionou a energia acumulada para a pequena fenda e um estrondo muito alto, como se tivesse havido uma explosão, foi ouvido. A energia de Nevius se concentrou nas paredes ao redor da fenda, circundando-a, e se espalhou do centro para o exterior. As faíscas foram alargando-a paulatinamente até permitir a passagem dos primeiros e mais cruéis guerreiros de Adholphus, espíritos violentos que há séculos atrás tinham sido guerreiros de exércitos de conquistadores, moldados na ferocidade, na violência e na animalidade.

– Entrem depressa, seus inúteis! – gritou Adholphus.
– Combatam esses cretinos e destruam tudo o que puderem!

Adholphus olhou para Nevius, mas não conseguiu conversar com ele. O mago-negro estava em transe e cercado por energias circulantes; dos seus olhos escarlates saiam feixes de energia de baixíssimo teor vibracional para sustentar a fenda aberta no poderoso campo magnético dos guardiões. Muitos espíritos guerreiros já tinham conseguido passar pela fenda quando Adholphus tentou passar por ela, mas foi impedido porque ela começou a se fechar muito rapidamente deixando-o do lado de fora. Eles viram as bordas da fenda entrarem em um movimento circular, como um turbilhão, e se fechou completamente. Nevius interrompeu o fluxo energético que dirigia para o campo magnético e aguardou.

28

Dentro da base dos guardiões, Silas viu quando os primeiros guerreiros de Adholphus começaram a entrar. Empunhavam armas grosseiras e semelhantes àquelas utilizadas em guerras durante a idade média, no entanto, vinham recobertas com uma pegajosa substância negra parecida com fuligem, extremamente tóxica e artificialmente viva. O contato de algum espírito com aquele material lhe acarretaria substancial depleção energética, devido ao fato de a substância ser muito corrosiva e possuir grande capacidade de absorção energética espiritual. A horda de malfeitores penetrou o campo de força magnético e invadiu a área astral correspondente à rua, em frente à instituição protegida, mas ficaram encurralados no bolsão energético formado entre os dois primeiros perímetros circulares de segurança.

Silas havia encarregado Rich e sua equipe de guardiões de realizar o primeiro combate aos invasores. A equipe de Rich era composta por soldados disciplinados, altamente capacitados e treinados para lidar com aquele tipo de marginais espirituais.

Rich se preparou e aguardou. Ocorreu em seguida a simulação de falha no sistema e uma pequena brecha foi aberta no terceiro nível de segurança, o mais externo e, ato contínuo, a oportunidade não foi desperdiçada por Névius, que disparou novo ataque para sustentar a fenda aberta. O segundo nível foi desligado propositalmente para que os guerreiros das sombras avançassem, e fechado à sua retaguarda, isolando-os entre o primeiro e o segundo perímetro de segurança. Muitos outros guerreiros de Adholphus que estavam do lado de fora entraram e ficaram isolados entre o segundo e o terceiro nível. As equipes de guardiões de Rich e Rafael avançaram pelos átrios formados pelos dois anéis de segurança circular, da retaguarda para a frente, e abordaram os atacantes pelos flancos. Estavam equipados com uniformes especiais revestidos por um tecido de matéria astral desenvolvido para resistir às energias negativas deletérias e tóxicas atiradas pelos malfeitores. Seus capacetes eram semelhantes aos utilizados por pilotos de aeronaves militares terrestres, mas fabricados com materiais de alta resistência a impactos e equipados com visores internos capazes de apresentar imagens tridimensionais dos locais de ação, em realidade aumentada. Portavam armamento similar a um fuzil capaz de disparar três tipos de energias contra seus oponentes: atordoante – para provocar uma espécie de choque dolorido seguido por um lapso de consciência e desorientação; neutralizante – choque energético mais intenso que o atordoante para, efetivamente, interromper os fluxos de energias entre os centros de força perispirituais e apagar o receptor do disparo, deixando-o inconsciente por tempo indeterminado, e o restabelecimento dependeria de uma novo influxo movimentador das energias estagnadas no organismo espiritual; por fim, a função OMS – do equipamento de ondas eletromagnéticas singulares –, utilizado contra grandes grupos de opositores, grandes turbas, para controle de distúrbios e neutralização de grandes efetivos que geralmente investiam em massa contra os guardiões. Era a função que usariam naquele momento, a ideal para conter aqueles grupos de guerreiros experientes, cruéis e violentos que se encontravam retidos nos bolsões e certamente investiriam em massa contra os guardiões, no instante em que fossem abordados pelos flancos.

29

 Na contraparte física da instituição benemérita protegida, os trabalhos mediúnicos daquela noite encontravam dificuldades para o seu prosseguimento. Dois médiuns conseguiram desdobramento com muito esforço e ajuda espiritual para se desligar. Eles foram conduzidos por um mentor até o local onde se reunia um grupo de socorristas acompanhados por uma numerosa guarnição de guardiões encarregada da defesa do grupo. Enquanto Adholphus encontrava-se envolvido no ataque, a equipe de socorristas adentrou sua fortaleza, o castelo medieval das trevas.

 Encontraram pequena resistência à porta dele e não tiveram dificuldades para neutralizar os guardas, prendê-los e transportá-los para um VP (veículo prisional). Os guardiões sabiam que encontrariam espíritos marginais a serem aprisionados e deslocaram para as proximidades da fortaleza o VP, devido à sua capacidade de permanecer incógnito. Estava equipado com um dispositivo que o mantinha em uma faixa vibracional mais elevada para deixá-lo invisível aos olhos dos espíritos que habitavam aquele ambiente do umbral inferior. O VP possuía um compartimento para os guardiões, uma sala de armas e dois compartimentos com três grandes celas cada um. As celas se assemelhavam a um cubo sem uma das faces. Na face aparentemente aberta havia quatro irradiadores de ondas magnéticas que se entrecruzavam, formando uma parede eletromagnética, cujo campo fechava a abertura com uma malha de energia para impedir a fuga do espírito preso nela. Qualquer tentativa de evasão acarretaria uma descarga energética tão poderosa que o espírito seria arremessado ao fundo da cela e permaneceria atordoado ou desacordado por longo tempo. As celas eram numeradas e quanto mais alto o número de identificação, maior a periculosidade dos indivíduos ali confinados e maiores eram os aparatos de segurança envolvidos na sua contenção. Os guardas da fortaleza de Adholphus foram presos na cela número dois e o chefe da guarda foi para a cela número quatro. A prisão dos guardas da fortaleza de Adholphus necessitou da intervenção armada dos guardiões e somente depois de um renhido combate travado no seu interior eles foram neutralizados, rendidos e a ação pôde, enfim, ser considerada um sucesso. O conflito armado resultou em dois guardiões feridos em seus corpos perispirituais, diversos marginais do astral levemente machucados, outros temporariamente desacordados e poucos com ferimentos graves, sendo que estes últimos, por misericórdia dos socorristas, foram prontamente atendidos antes de serem confinados nas celas do VP.

O VP flutuava nos fluidos densos daquela região trevosa e insalubre. Todos os seus sistemas operacionais eram alimentos por baterias de tecnologia astral superior, capazes de ser carregadas com energia solar, que lhes emprestava autonomia de cerca de 240 horas de trabalho, e eram capazes de impulsionar o potente motor iônico utilizado para se deslocar naquelas regiões a altas velocidades.

Dentro da fortaleza a equipe encontrou centenas de espíritos escravizados e aprisionados nos calabouços subterrâneos. Eles eram mantidos em precário estado de lucidez, amontoados e, invariavelmente, apresentavam grande depleção energética, feridas purulentas e diversos tipos de deformações perispirituais, dada a plasticidade do corpo astral, que assimila as cargas energéticas negativas e se deforma, segundo os pensamentos desregrados e desajustados de cada um. Os sofrimentos acerbos a que eram submetidos comumente, a título de punição pelos supostos pecados cometidos em suas vidas, exauriam suas forças energéticas vitais, gerando pensamentos desordenados de ódio, rancor, mágoas, desejos de vingança e medo, emoções amplamente aproveitadas pelos senhores da escuridão como energias negativas deletérias, direcionadas para a manutenção de seus domínios trevosos e para alimentar seu sistema de poder das sombras.

Os recém-libertos eram encaminhados para os VT (veículo de transporte), uma espécie de ônibus, de características técnicas e operacionais semelhantes aos VP, com a diferença que, ao invés de celas, havia compartimentos com poltronas, bancos e macas para o transporte de feridos e dos dementados que precisavam ser carregados, dada a sua ampla e profunda debilidade mental.

A fortaleza foi esvaziada completamente e logo seria destruída pelo fogo saneador purificador que a desmantelaria, dissolvendo toda a matéria astral negativa que a sustentava.

Os demais médiuns da equipe de Fábio Antunes relataram não estar conseguindo concentração e se sentiam pesados, como se uma egrégora negativa muito intensa tivesse baixado o nível vibracional da instituição. Fábio fora alertado por seu mentor espiritual para que se mantivesse em profundo estado de oração afim de apoiar energeticamente as ações que se desenvolveriam no plano astral.

– Solicito aos médiuns que interrompam a concentração e as tentativas de desdobramento mediúnico, mantendo-se em vigilância e oração – pediu Fábio.

Em seguida, ele pronunciou emocionante e sentida oração, pedindo forças a Jesus e à Espiritualidade superior para que os trabalhos realizados nos dois planos da vida fossem coroados de sucesso. Os médiuns videntes viram flocos de energias coloridas descer do Alto para amenizar a egrégora pesada que tinha se formado naqueles ambientes de lutas.

30

As duas equipes comandadas por Rich e Rafael se aproximaram pelos flancos dos invasores. As hordas se dividiram em pequenos grupos e atacaram as equipes de guardiões com tamanha ferocidade e violência que as ondas de choque se propagaram para o interior da contraparte astral da instituição protegida, provocando um abalo nas energias, que precisou ser suportada pelos irmãos espirituais de elevada estirpe que haviam aportado naquela bendita casa de trabalho assistencial no Bem para acompanhar o desenrolar das ações e auxiliar na sustentação energética.

Os espíritos trevosos, em sua maioria guerreiros cruéis e amorais de antigos exércitos de conquistadores, que há séculos servem aos senhores da escuridão e se dedicam ao ofício da guerra astral, da destruição, da disputa de poder e da escravização de seus semelhantes sem piedade, tinham se reunido, juntado forças para combater os guardiões por ódio e vingança.

Duplas de espíritos de aparência brutalizada, rostos deformados, corpos astrais cobertos de chagas, músculos e veias saltadas, vestindo pesadas roupas e cintos, cravejados de pontas metálicas cruzando seus peitorais, correram urrando e avançaram sobre os guardiões, empunhando machados metálicos e bastões energizados, na proporção de dois guerreiros das trevas para cada guardião. Atacando como um imenso enxame de vespas, eles tentaram desarticular a formação adotada pelos grupos de guardiões, mas o treinamento e o adestramento dos soldados da Luz impediram que isso ocorresse. Eles mantiveram o dispositivo defensivo coeso e forte. Apesar de os guardiões portarem armamentos eficientes e capazes de neutralizar os oponentes, a postura que lhes é imposta nos treinamentos é a de defesa em primeiro lugar e utilização de táticas de ataque apenas para se contrapor às forças que pretendem a sua destruição. Eles são impedidos, por rígidos códigos de ética, de promover um ataque deliberado e arrasador. As táticas e estratégias modernas dos guardiões são aplicadas em missões específicas, cujo objetivo precípuo é a neutralização das ações maléficas das sombras, desarticulação de planejamentos que possam interferir no progresso da humanidade ou serem prejudiciais às pessoas, grupos ou comunidades. Há um respeito limitado ao livre-arbítrio dos seres espirituais e eles somente atuam, agem ou interferem quando os limites de tolerância da Espiritualidade Superior dirigente dos destinos da humanidade terrestre foram transpostos ou estão em vias de serem ultrapassados. O combate ao mal não pode adquirir um teor vingativo ou assumir uma postura de revanche, de revide e de contraposição implacável, pois, apesar de serem seres desvirtuados dos caminhos do bem e enraizados nas práticas do mal, continuarão, ainda assim, sendo os nossos irmãos mergulhados, ainda, na ignorância espiritual. Mesmo diante de sua ignorância, de sua revolta e das condutas reprováveis e equivocadas que adotam, continuarão a ser filhos do mesmo pai, do Criador do Universo, e sempre serão merecedores de tratamento adequado por parte dos leais e éticos guardiões.

– Protejam o flanco! – ordenou Rich. – Utilizem os escudos magnéticos para repelir os golpes dos cajados elétricos deles e direcionem os golpes de energia neutralizante contra suas cabeças. Um guardião que se estabelecera inicialmente à retaguarda do grupamento empunhou sua arma, se infiltrou entre os grupos localizados à frente, ajoelhou-se e gritou:

– OMS!

Os guardiões que estavam à sua frente e compunham a primeira linha de defesa recuaram em um movimento coreografado e se abaixaram imediatamente após o recuo tático. O atirador se levantou e atirou. Os pulsos disparados pelo equipamento de ondas eletromagnética singulares – EOMS –, se projetaram em forma de anéis que se expandiam formando um cone desde a boca do armamento, com os anéis pequenos próximos à ponta da arma e, sucessivamente se alargando até atingir os alvos à frente em grandes anéis. Dezenas de guerreiros eram derrubados de uma só vez. Alguns caíam e permaneciam imóveis, apagados, outros ficavam apenas atordoados, mas com intensos espasmos corporais semelhantes a ataques epilépticos. A linha de defesa de vanguarda dos guardiões avançou por sobre os espíritos tombados, ultrapassando-os. Eles eram recolhidos por equipes da retaguarda e levados para as celas temporárias erguidas no interior de um edifício anexo, que fora plasmado na contraparte astral para esse fim. Novos embates ocorreram no interior dos dois anéis de segurança e mais guerreiros foram neutralizados e evacuados da área de conflito.

Adholphus havia entrado na segunda onda de ataques e pôde, então, entender que caíra em uma armadilha e dificilmente conseguiria escapar dali. Em um movimento desesperado e eivado de muito ódio, ele saltou por cima dos guerreiros e se localizou atrás das linhas defensivas dos guardiões, surpreendendo-os. Em seguida, investiu furiosamente contra Rich. O guardião inicialmente se defendeu como pôde, sendo atingido no braço direito. Três guardiões se posicionaram entre os dois contendores com escudos circulares de matéria astral transparente semelhante ao acrílico, extremamente resistente, capaz de suportar e dispersar a energia dos ataques desferidos por Adholphus, dando tempo para que Rich se recompusesse dos golpes sofridos.

Vendo a dificuldade do subordinado, Silas, o comandante dos Caveiras, saltou à frente de Rich e permaneceu atrás dos guardiões que portavam os escudos à frente de Adholphus. Concentrando no opositor sua mente poderosa, começou a acumular uma enorme quantidade de energia entre suas mãos. Ele a manipulava com destreza, adensando-a para que aumentasse o volume. Raios azuis de energia faiscavam de suas mãos e uma esfera de energia que parecia ter vida própria e se movimentava com pequenos turbilhões internos ganhava força e velocidade de giro. Silas mentalmente dirigiu uma ordem para os guardiões de defesa e eles recolheram os escudos, que se fecharam como um leque até se tornarem um simples bastão. O chefe dos Caveiras direcionou a esfera energética para Adholphus e, instantaneamente, ela se imantou a ele. Parcela de sua energia se deformou plasticamente como uma goma elástica e saltou sobre o peito dele, aderindo ao corpo astral daquele espírito rebelde. Sua coloração inicialmente azulada transformou-se em escarlate com tons de cinza no momento em que entrou em contato com as energias negativas acumuladas no corpo astral de Adholphus. O restante da esfera, que fora esticada e permanecia ligada às mãos de Silas, repentinamente se soltou e cobriu Adholphus, envolvendo-o em um potente campo magnético de contenção que o imobilizou e blindou-o energeticamente, para impedir que sua mente perversa e disciplinada no mal pudesse esboçar qualquer reação negativa que afetasse os guardiões e, ao mesmo tempo impossibilitando-o de emitir novas ordens de combate aos demais guerreiros das trevas, que ainda precisavam ser neutralizados.

Adholphus se debatia enfurecido, como um animal preso pelo laço do caçador e prestes a ser capturado. Seus urros de revolta e ódio ecoavam alto e surpreenderam até mesmo os seus guerreiros e comparsas de crimes, que tentaram em vão ajudá-lo. Quanto mais se debatia, mais apertado se tornava o campo de força, que o envolveu totalmente.

Nevius, que se mantivera distante, observando, aproximou-se do círculo mais externo do campo de forças e iniciou manobra mental e energética para forçá-lo e novamente abrir uma fenda para tentar libertar os guerreiros presos dentro do perímetro de segurança. Conseguiu esboçar um pequeno rasgo que foi paulatinamente se alargando até que ele pudesse colocar uma das mãos no interior do campo e emitir pulsos descontínuos de raios energéticos negativos que sucessivamente se fundiam ao aglomerado energético que envolvia e aprisionava Adholphus. Houve pequenas explosões provocadas pelo encontro de energias de polos opostos, que se fundiam e se anulavam. O envoltório de contenção de Adholphus começou a se desmantelar, como um metal derretendo ao ser submetido a intenso calor, e mudou de cor, passando a ser branco leitoso. Quando a cabeça de Adholphus foi liberada, ele começou a insultar Silas e os demais guardiões. Ria sarcasticamente, demonstrando acreditar que a balança da vitória penderia para o seu lado e logo estaria livre.

Silas se aproximou do anel externo do campo de força e com uma espada de luz coagulada desferiu um golpe contra o fluxo energético do mago negro e manteve a espada no local para interromper sua aplicação. Agindo como um espelho refletor, a espada desviou o fluxo energético disparado pelo mago. Silas a movimentou cuidadosamente para redirecionar o fluxo e acumular as energias negativas, enrolando-as no entorno da espada como se fosse um rolo de fios negros energizados. A retenção foi então jogada de volta contra o punho de Nevius, queimando a sua mão, braço e ombro. O envoltório energético de contenção de Adholphus se estabilizou.

Nevius, derrotado, evadiu-se do local e desapareceu para se proteger, mas seu rastro energético foi seguido por um grupo de guardiões equipados com aparelhos de detecção e encarregados de descobrir a exata localização do seu reduto de terror e trevas, que certamente seria visitado em outra ocasião, no momento oportuno, por uma equipe especializada. Por ser muito astuto e possuir vasto conhecimento de magia negra que lhe possibilitava poderes muitas vezes surpreendentes e inusitados, ele já estava sendo acompanhado por equipes de capacitados operadores especialistas em lidar com aquele tipo de entidade do mal.

Silas realizou nova aglomeração de energias azulíneas em suas mãos e a adicionou ao envoltório de contenção de Adholphus, recompondo as áreas comprometidas e derretidas.

– Não vai ser tão fácil assim como você pensa, Adholphus – disse Silas, olhando-o nos olhos. – Seu destino já foi traçado pelos nossos mentores espirituais. Ficará preso aqui, por enquanto e, em seguida, será transferido para uma prisão onde se reunirá a outros que agem como você, espíritos rebeldes, desajustados e infelizes marcados na testa e nas palmas das mãos com a marca da besta.

Naquele momento surgiu na testa de Adholphus, avermelhada e flamejante como fogo, a marca daqueles que irão compor os comboios migratórios do exílio e do expatriamento da Terra para outros orbes mais compatíveis com o seu nível vibracional e evolutivo inferiorizado.

– Você se juntará ao grupo de irmãos revoltados e todos, sem exceção, serão encaminhados para outras benditas escolas da vida existentes no imensurável Universo do Criador, para reiniciar suas jornadas evolutivas estagnadas, vivenciar novas e edificantes lições de vida e reaprender, muitas vezes com as dolorosas experiências, os valores inestimáveis do coração: o amor, a compaixão, a compreensão e a fraternidade – completou Silas, antes de dar ordem para que ele fosse carregado para a cela blindada que o aguardava.

31

No interior da casa de assistência espiritual, aparentemente, não eram identificadas alterações significativas. Cada trabalhador da casa se esforçava para realizar suas tarefas com desvelo e responsabilidade, no entanto, sentiam no imo de suas almas as repercussões energéticas dos acontecimentos da contraparte astral. Uma apatia inexplicável surgira no íntimo de cada um e era, erroneamente, atribuída ao cansaço físico pertinente à correria diária da vida cotidiana. Além da apatia, sentiram também os efeitos angustiosos da egrégora negativa do ambiente astral que insistia em penetrar e contaminar os ambientes, apesar dos esforços incessantes da espiritualidade em manter um nível vibracional elevado que se contrapusesse aos efeitos danosos dos eventos de combate entre as forças das trevas e os guardiões, servidores da Luz. Técnicos utilizaram aparelhos capazes de ionizar e higienizar os ambientes, promovendo uma movimentação energética helicoidal que diluía e desintegrava as formas-pensamento e criações mentais inferiores adensadas e aderidas às paredes e as que se encontravam dispersas por terem sido espargidas no ambiente.

A insistente angústia nos corações dos trabalhadores da Casa espírita também era, equivocadamente, relacionada às preocupações que cercam os inevitáveis problemas inerentes às vivências e experiências terrenas. Os passes magnéticos reforçados por eflúvios espirituais balsamizantes eram recursos aplicados pela espiritualidade que a todo custo laborava para minimizar os efeitos funestos dos eventos negativos sobre os encarnados frequentadores da parte física do Centro Espírita Luz e Sabedoria e sobre os enfermos desencarnados que permaneciam sob os cuidados dos irmãos espirituais do hospital existente em sua contraparte astral.

Dentro da sala de trabalhos mediúnicos Fábio Antunes sentiu as emanações vibracionais do mentor espiritual que, mentalmente, o induziu ao transe para que ele pudesse se utilizar do aparelho mediúnico, a fim de transmitir orientações e esclarecimentos aos componentes do grupo ali reunidos. Ele suspirou fundo e, em seguida, seus sentidos foram ampliados pela sintonia vibracional e energética com o comunicante. Fábio sentiu um leve formigamento no corpo e as sensações foram se diluindo nos membros, se concentrando na nuca e se estendendo pela coluna cervical. Estava imerso em uma onda de paz e serenidade íntima indescritíveis quando escutou, dentro de sua cabeça, as primeiras palavras daquele ser que se ligara fluidicamente ao seu corpo. Foi tomado por um impulso irresistível de reproduzir pelo aparelho fonador de seu corpo cada frase, carregada de intenso magnetismo, que que lhe vinha à mente.

— Meus queridos e amados irmãos, que a paz e a força espiritual de Jesus Cristo inundem os nossos corações aflitos e nos infunda esperanças de renovação e fé nos desígnios do Criador — falou o mentor espiritual comunicante.

Houve alguns instantes de silêncio e logo em seguida o espírito prosseguiu:

— Todos os trabalhadores da seara do Cristo enfrentam com coragem e determinação os desafios inerentes à luta pela prevalência do bem na Terra. O planeta passa por períodos de intensas convulsões decorrentes da necessidade inadiável de mudança, de renovação. É chegado o momento da aragem da terra para o plantio da sementeira que irá, em breve, germinar, florescer e entregar os frutos morais que sustentarão a humanidade em seu progresso evolutivo. A terra sulcada pela charrua expõe as pedras que precisam ser extraídas, a fim de deixá-la suavizada e revolvida para que a semente a encontre descompactada e com os substratos necessários á germinação. A humanidade terrestre, como a terra, está sendo revolvida para que as pedras possam ser removidas e possam germinar no fértil terreno do processo evolutivo a compaixão, a solidariedade e a fraternidade, frutos doces do amor.

Ninguém duvida que os embates contra as forças antagônicas ao Bem, capitaneadas por irmãos ignorantes, atrasados e repletos de sentimentos inferiorizados, estão em curso. O ambiente astral está sendo sulcado, revolvido, para que as pedras que prejudicam o trabalho do arado sejam removidas, permitindo que a sementeira do bem possa germinar.

O trabalho desenvolvido por esta instituição de assistência benemérita reveste-se de grande importância, principalmente neste grave momento, porque permite que esforços sejam potencializados para desmantelar domínios e redutos há muito tempo servindo às causas do mal e das trevas. O trabalho conjunto tem permitido que irmãos em fragilidade emocional e espiritual sejam libertados da escravidão e devolvidos à vida, que antros de sofrimento e dores acerbas sejam fechados, que impérios de desmandos e iniquidades encontrem a sua derrocada, demonstrando o quanto são efêmeros, pois verdadeiramente eternas são somente as governanças fundamentadas nas leis imutáveis do Bem estipuladas por Deus, o Altíssimo e Senhor do Universo.

Tenham em mente, meus irmãos, que aqueles que promovem a discórdia, a violência, as guerras e tantos outros males que assolam a humanidade serão neutralizados e terão seus reinos, domínios, redutos e hostes das sombras desmantelados. Com os ânimos renovados e muita esperança no coração estamos encerrando mais uma etapa de revolvimento dos terrenos trevosos, cujos maiorais sustentavam o infame objetivo de escravizar seus semelhantes e alimentar sofrimentos para se nutrirem das energias negativas geradas pelo medo e pela dor. Maiorais do submundo, criminosos espirituais, que operavam em desacordo com as leis de justiça, amor e fraternidade, com a finalidade de manipular as energias negativas obtidas dos escravos, roubar fluidos vitais de recém-desencarnados nos cemitérios para vendê-los aos magos-negros possuidores de propósitos de dominação, realizar trocas em favor de benefícios escusos e, principalmente, contribuir com o esforço das sombras de manter a ignorância espiritual latente para atrapalhar o progresso evolutivo da humanidade, se opondo à política de desenvolvimento espiritual do Cristo planetário, estão sendo destronados.

Se por um lado podemos nos regozijar com a vitória das forças do Bem e do progresso, por outro lamentamos que irmãos nossos estejam mergulhados na falência moral. A luta do progresso coletivo continua e não podemos nos omitir diante de situações que requerem esforços imensuráveis no sentido de promover o recomeço da caminhada dos nossos irmãos revoltados e desviados das leis de Deus. Eles carecem do nosso apoio irrestrito e incondicional. Carecem de misericórdia. Muitos são considerados réprobos por negligenciarem as lições necessárias ao engrandecimento espiritual; por se manterem enraizados na prática do mal; por não darem ouvidos aos incessantes apelos à imprescindível mudança de comportamento, de atitudes, de pensamentos e, por isso, se candidataram a uma vaga no contingente de exilados, se posicionaram junto àqueles que serão afastados do orbe terrestre e irão compor a humanidade de expatriados a ser inserida em novas moradas da Casa do Pai. Esperamos continuar contando com o valoroso trabalho dessa equipe que tantos bons serviços têm prestado em favor daqueles que sofrem nos antros de maldade e trevas, na certeza de que estamos fazendo o melhor que está ao nosso alcance. Fiquem na paz e que Deus nos abençoe hoje e sempre!

Fábio Antunes abriu os olhos e sentiu-se revigorado. As energias do mentor espiritual haviam lhe infundido um bem-estar indescritível. Ele suspirou fundo e agradeceu não somente as palavras de incentivo, mas também as oportunidades aprendizado, de trabalho e a confiança depositada na equipe. Em seguida, antes de encerrar a sessão ele comentou com os demais integrantes do grupo de trabalho:

– Durante o lapso de tempo que o mentor espiritual se comunicava por meio do meu corpo físico eu recebi em minha tela mental imagens dos desdobramentos do grandioso trabalho que foi realizado pelos guardiões e pelas equipes de especialistas do astral. Muitos espíritos trevosos envolvidos na contenda foram aprisionados e aqueles que lograram fugir antes do seu término, foram encontrados em seguida e aprisionados pelas patrulhas externas de guardiões. Um grande contingente de prisioneiros espirituais foi formado e, posteriormente, foram encaminhados para locais mais apropriados, onde aguardarão as deliberações dos dirigentes espirituais acerca de seus destinos. Vi também o que parecia ser um grande incêndio, mas fui informado pelos mentores que se tratava do fogo saneador purificador que avança sobre áreas que necessitam ser esterilizadas.

32

Nos redutos de Adholphus e seus associados, no astral inferior, uma nuvem avermelhada surgiu naquele horizonte triste, turvo e fumacento. Não era possível ver a luz do sol e no céu havia uma espécie de fuligem densa que dificultava a respiração dos espíritos não adaptados ou preparados para transitar naquelas paisagens astrais. Em alguns recantos reinavam somente a escuridão e as trevas. O solo do ambiente era lodoso e pegajoso, com rochas escuras e pontiagudas, árvores raquíticas e retorcidas, com galhos que mais pareciam espinhos, envoltos em uma casca densa, rugosa e de cores cinza e negro como a de madeira queimada. As edificações tinham sido erguidas com matéria astral inferior e eram impregnadas de formas-pensamento negativas.

A claridade luminescente de cor vermelho-alaranjado continuava crescendo e no horizonte astral já eram visíveis os redemoinhos, de formato cônico, que giravam vigorosamente, alternando o sentido de giro, e sugavam para o seu interior tudo o que encontravam pela frente. Rente ao solo vinham, junto aos redemoinhos, sucessivas ondas de fogo à semelhança das ondas marinhas, que se elevavam e depois quebravam sobre o solo. Aquelas ondas de fogo eram capazes de revolver o solo retirando uma profunda camada daquele material lodoso deteriorado e ácido, queimando-o e desintegrando suas partículas componentes para realizar a esterilização da área contaminada, transformando-a em um campo de solo limpo, semelhante à terra argilosa dos campos terrenos quando arada e preparada para o plantio. Um espetáculo grandioso e ao mesmo tempo assustador, de poderosas forças ígneas chamejantes que cobriam o solo e se estendiam até altitudes descomunais, formando um enorme paredão de fogo que avançava com velocidade, e progredia consumindo, calcinando, transformando e transmutando tudo o que encontrava em seu caminho, para deixar um amplo rastro de esterilidade e limpeza. A ação do Fogo Saneador Purificador era uma junção de forças, uma composição de *elementais*[19] do fogo a serviço da manutenção do equilíbrio da psicosfera astral e da natureza do planeta. Os elementais do fogo vivem ligados ao Fluido Cósmico Universal e são capazes de desencadear e transmutar as energias negativas, absorvendo-as, neutralizando-as ou bloqueando os substratos das emoções desequilibradas. Possuem o poder de transformar ou queimar as criações mentais inferiores, os parasitas astrais e limpar os ambientes infectados pela densa camada de lodo e visgo pegajoso oriundos das nocivas emanações mentais negativas. Um evento grandioso e estupendo aplicado e coordenado pelas entidades Crísticas.

33

Em um outro local do astral inferior, também chamado de umbral grosso, Roche, o líder dos Vanguardeiros do Astral, cumpria a missão que havia recebido da seus su-

---

[19] Elementais são seres ou entidades espirituais pertencentes às forças da natureza fogo, água, terra e ar, entre muitos outros fenômenos. Dotados de uma espécie de inteligência intuitiva e consciência em elaboração, desempenham importante tarefa junto às energias da natureza e do planeta, purificando e equilibrando-as.

periores, diretores e coordenadores das tarefas inerentes à manutenção da ordem e da justiça nos domínios do orbe terrestre. Ele parou próximo de uma instalação sinistra e grandiosa edificada em substância astral semelhante ao concreto armado, cuja arquitetura mesclava partes modernas com outras em estilo gótico, que lhe emprestavam um aspecto desconcertante, exótico, de cor cinza, com evidente rigidez de formas. Algumas paredes eram oblíquas e construídas com uma espécie de vidro opaco irreflexo, que parecia estar vivo, dada a movimentação ondulante, incessante e irrequieta que podia ser observada em sua estrutura. As altas torres de pedras longilíneas possuíam gárgulas grotescas e telhado negro pontiagudo e desafiador. Ao longe, observando as construções por meio de poderosos instrumentos óticos que lhe forneciam imagens ampliadas e nítidas, Roche apontou a grande porta metálica de entrada da construção e indicou a Krebs, seu imediato no comando, o painel metálico que nomeava a edificação: *Laboratório 12*.

Krebs, guardião cientista componente do grupo de Vanguardeiros, se aproximou de Roche e, enquanto observava a instalação, disse:

— Se este é o laboratório número 12, significa que estamos diante de um grande complexo de instalações laboratoriais. Agora precisamos descobrir o laboratório de um certo cientista que tem escapado da justiça.

— Acalme-se. Vamos achá-lo, é apenas uma questão de tempo — respondeu o comandante, olhando para seu subordinado e dando-lhe tapinhas no ombro direito.

— Estou ansioso porque o senhor da escuridão que chefia esse laboratório é muito esperto e não deixa rastro. Quando descobrimos e inutilizamos seu antigo laboratório, local onde ele fazia pesquisas com duplos etéricos sequestrados de pessoas encarnadas, no astral inferior correspondente à Espanha, ele simplesmente desapareceu, lembra-se, comandante?

— Sim, chegamos perto, mas perdemos o seu rastro energético e isso nos deixou frustrados porque ele era o responsável direto pelas cruéis pesquisas e queríamos aprisioná-lo para descobrir os planos diabólicos das sombras.

— Comandante, acredito que tenhamos sido enganados naquela ocasião.

— Sim, foi a hipótese que formulamos na ocasião. Meu instinto me diz que o procurado cientista das sombras pode ter contado com a inestimável ajuda de um mago

muito astuto para escapar e desaparecer daquele jeito; ele simplesmente desapareceu sem deixar o rastro magnético, ou melhor, apagando-o, não acha?
— É o que penso, comandante Roche.
— E agora recebemos informações de nossos maiorais do Alto de que um sagaz cientista do mal está trabalhando em pesquisas de manipulação e controle mental para um poderoso mago negro — disse Roche. — Simultaneamente, um de nossos aliados nos informou que esse mago negro pode ser Aqtvos, e o principal cientista da equipe de Aqtvos suspeitamos que seja ninguém menos que...
— O famoso Dr. Giorgio Stellman — complementou Krebs, antes que Roche o fizesse.

O doutor Giorgio, físico e químico, tinha sido um proeminente cientista alemão durante a primeira guerra mundial. Fora membro da equipe do doutor Haber, o cientista que desenvolveu as armas químicas alemãs que mataram milhares de soldados nos campos de batalha. Depois da guerra foi lecionar na Universidade de Berlim e em 1935 foi acusado de ser judeu, perseguido e assassinado durante uma marcha de limpeza racial. Desencarnado e em péssimo estado de perturbação mental, foi capturado pelo mago negro Aqtvos, que era o mentor das experiências antiéticas do doutor Fritz Haber, chefe da seção química do Ministério da Guerra alemão. Eles o estabilizaram mentalmente e o instruíram para que se dedicasse exclusivamente ao estudo da manipulação mental. Desde então serve com lealdade ao seu senhor devido à subjugação mental a que foi submetido pelo cruel mago negro.

— Grande parte dessas informações foram repassadas por um espião infiltrado, e ele já confirmou nossas suspeitas iniciais informando que, atualmente, o Dr. Giorgio realiza pesquisas mentais e energéticas aqui, neste local. São informações valiosíssimas para nós e temos que admitir que o nosso agente em campo é muito corajoso e se arrisca muito pela causa do Cristo e só não conseguiu se aprofundar mais devido ao rígido controle de segurança exercido pelo mental do vigilante Aqtvos. Ele não conseguiu repassar tudo o que sabe, deixando-nos com algumas lacunas que precisam ser esclarecidas antes que elaboremos as ações operativas. Penso que ainda não estamos devidamente preparados para enfrentar Aqtvos — afirmou Roche, deixando Krebs pensativo.

A equipe de guardiões permanecia observando a área

externa do laboratório, escondida e protegida por um potente campo de força que lhes fornecia camuflagem. Em um dado momento, sem que esperassem, e diante dos olhos de todos, as instalações desapareceram.

– Ah! eu sabia que Aqtvos tinha um truque para nos ludibriar, e foi por isso que demoramos tanto tempo para descobri-lo. O que presenciamos aqui neste bendito momento é uma manobra interessante. O laboratório todo possui um sistema de troca de posição. É uma inovação preocupante, porque já tínhamos visto uma construção menor desaparecer, mas...

Krebs fez ligeira pausa.

– Uma construção deste tamanho!

Roche e Krebs estavam estupefatos e muitas indagações surgiram imediatamente em suas mentes prodigiosas.

– Como será que ele está gerando tanta energia para tal? – perguntou Roche.

– Também quero muito saber. O dispêndio energético para esse tipo de ação é muito grande e, neste caso, penso que Aqtvos deva ter desenvolvido um potente gerador energético oscilatório, para permitir que todo o complexo de laboratórios fosse envolvido em um campo magnético, e estamos falando de doze grandes instalações – comentou Krebs.

– Como isso funciona? – perguntou Roche, com visível interesse em compreender o que estava acontecendo, a fim de elaborar planejamentos operacionais mais precisos.

– Trata-se de um sistema que permite a alteração do campo vibracional por intermédio de uma oscilação frequencial induzida – explicou o especialista. Essa oscilação é capaz de camuflar as instalações vibratoriamente, colocando-as em níveis vibracionais distintos, acima e abaixo do seu nível originário.

– Você está convicto dessa teoria? – perguntou Roche, inquieto e incomodado com a tecnologia utilizada pelo mago negro.

– Não se trata de simples teoria, comandante. Eu realizei alguns estudos com cientistas de esferas espirituais mais elevadas e eles me prepararam para identificar tais oscilações vibracionais. O laboratório possui um dispositivo capaz de controlar a vibração de suas estruturas dentro de uma pequena faixa, oscilando ora acima, ora abaixo, e se posicionando em uma dimensão acima ou em outra abaixo. E tem mais: quando cessa a oscilação vibratória ele pode retornar ao mesmo local ocupado anteriormente ou estacionar, temporariamente, em área dimensional acima ou abaixo, empregando para isso potente energia estabilizadora que o sustenta na faixa vibracional escolhida, para dificultar a sua localização.

– Muito engenhoso e tecnológico! – admitiu Roche.

– Vamos aguardar porque ele poderá reaparecer aqui mesmo, se dermos sorte. Caso contrário teremos que iniciar nova busca para descobrir o local e a faixa onde se estabeleceu – concluiu Krebs.

– Temos a nosso favor a atuação persistente do nosso contato, que foi muito esperto e estabeleceu a matriz vibracional do laboratório. Ela nos possibilitará o seu rastreamento por meio deste aparelho – falou Krebs, mostrando um pequeno aparelho que retirara de um estojo metálico.

Krebs estregou o aparelho das mãos de um técnico.

– Ele foi desenvolvido no Astral Superior e colocado à disposição dos técnicos de nossa equipe de Vanguardeiros um dia antes do início da missão e nossos técnicos precisaram se adestrar com rapidez. Como o comandante poderá constatar, eles aprenderam direitinho.

– Para onde foram então?

– Já identificamos seu posicionamento. A oscilação foi pequena e as instalações reaparecerão em breve bem diante de nossos olhos, um pouco mais próximas de nossas atuais posições – respondeu o técnico.

Eles permaneceram aguardando pacientemente um tempo que lhes pareceu longo, mas, como Krebs e o técnico haviam previsto, os laboratórios tornaram-se visíveis novamente, bem à frente deles.

– Aí estão! Agora nos resta descobrir o que fazem lá dentro – disse Roche, satisfeito com o resultado.

– Que segredos tentam esconder com tamanha artimanha? – indagou Krebs, curioso.

– De acordo com as informações repassadas por nossos superiores no momento das instruções da missão, o Dr. Giorgio desenvolve aqui experiências que objetivam a criação e o aperfeiçoamento de instrumentos de controle e subjugação mental. Sabemos que ele treinou diversos *hipnos*[20] para formar um exército de especialistas e muitos deles já foram enviados em missões espalhadas por todo o globo. Ele também desenvolveu aparelhos que, implantados no cérebro ou no córtex cerebral do corpo astral (perispírito),

---

[20] Hipno – denominação dada aos hipnotizadores do astral, encarregados da subjugação mental por meio de técnicas de hipnose.

se inserem no tecido neural para parasitá-lo e desencadear uma perda gradativa e substancial da lucidez mental, causando na vítima graves enfermidades mentais e provocando induções persistentes à prática do suicídio. Além disso, Aqtvos estruturou laboratórios para monitorar e mapear a internet e as redes sociais dos encarnados. O que acontece no mundo virtual é regido por magos negros draconianos através da transcomunicação instrumental – informou Roche. – O mal não dorme e não descansa. Sempre aparece com ideias diabólicas novas e cada vez mais funestas, destruidoras e escravizantes. Precisamos impedi-los de continuar com essa devastadora medicina negra.

No momento em que se preparavam para deixar o local, um alarme grave e estridente soou dentro do laboratório. Todos foram surpreendidos, ficaram alertas, mas permaneceram em seus postos, observando, e se prepararam para enfrentar qualquer imprevisto. Destravaram as armas magnéticas de fluxo plasmático que empunhavam e aguardaram os desdobramentos daquele alarme inusitado, cujo som de trombetas graves tocadas em pulsos intermitentes, era semelhante ao rugido de um navio.

– Será que fomos descobertos? – perguntou Krebs, receoso.

– Não creio. Está me parecendo que algo está acontecendo internamente. Vamos permanecer atentos e aguardar – ordenou Roche, o comandante dos Vanguardeiros do Astral.

Nada aconteceu nos momentos seguintes e os técnicos dos Vanguardeiros ficaram intrigados com as oscilações de posicionamento que indicavam um possível e estranho erro de localização. Nos aparelhos rastreadores aparecera uma estranha leitura que indicava um posicionamento virtual, uma espécie de sombra na assinatura magnética dos registros.

– Aqtvos pode estar ciente de nossa presença. Ele deve ter preparado algum truque ou até mesmo montado uma armadilha para nos deter e ganhar tempo para se evadir. Não vou correr o risco de perdê-lo novamente. Atenção, todos os chefes de equipes! Preparem-se, vamos entrar – ordenou Roche.

Seguindo os protocolos estabelecidos, dois vanguardeiros se aproximaram dos portões e dispararam suas armas de fluxo plasmático. Ondas multicolores formaram uma poderosa nuvem elétrica que envolveu o portão, emitindo faíscas que o derreteram de imediato. Diversas equipes adentraram a área externa que circundava cada uma das edificações e se posicionaram formando perímetros de segurança. Simultaneamente as portas dos laboratórios mais próximos foram submetidas ao mesmo intenso calor do plasma em fluxo e, em segundos, quase instantaneamente, elas derreteram por completo, liberando a passagem das equipes de guardiões Vanguardeiros de combate e segurança, acompanhados de perto pelos especialistas.

No momento em que as equipes de segurança entraram nas instalações dos laboratórios, grande parcela das instalações desapareceu. Os Vanguardeiros já esperavam por alguma intercorrência, mas se surpreenderam quando diversas estruturas desabaram sobre eles, deixando-os no vazio e cobrindo-os de fuligem negra. No total seis edificações haviam desaparecido.

– O que está acontecendo aqui? – perguntou Samir, chefe da equipe de ponta dos Vanguardeiros do astral. – Avancem até os outros pavilhões, ordenou.

Krebs olhou para o aparelho de rastreamento magnético e verificou que oito edificações apareciam com sinal fraco e entendeu o que estava ocorrendo naquele local.

– Comandante Roche! – chamou ele mentalmente.

– Prossiga – respondeu Roche de imediato.

– Temos leitura de oito edificações com sinal mais fraco, do tipo virtual, e acredito que sejam uma espécie de projeção holográfica ou simulacros feitos com matéria astral. Não são edificações reais.

– Uma ilusão?

– Não se trata de simples ilusão provocada por projeção semelhante a uma miragem, mas sim de uma edificação estruturada e montada com matéria astral. As edificações em forma de grandes pavilhões são como uma casca, um envoltório oco. Quando sua estrutura molecular é abalada, inicia-se um processo de desagregação que as faz desmoronar. Ao desintegrar os portões com as armas de fluxo plasmático, os Vanguardeiros abalaram essas estruturas moleculares internas e toda a edificação ruiu, deixando sobre eles apenas o substrato constitutivo de matéria astral, que é essa fuligem tóxica. Eles necessitarão passar por câmaras de descontaminação antes de retornar aos veículos de transporte.

– Entendido – confirmou Roche.

Dos doze pavilhões identificados, oito falsos já se encontravam em ruínas. Os quatro que restaram receberam disparos dos vanguardeiros e mais dois desapareceram. Apenas os pavilhões de número 7 e o de número 12 permaneceram intactos. As equipes entraram e começaram a abrir as portas internas das salas. Verificaram que não havia mais ninguém no número 12, no entanto, havia vestígios de que tinha sido amplamente utilizado.

    Roche encontrava-se do lado de fora recebendo uma mensagem do coordenador da missão, que acompanhava tudo o que acontecia naquele lúgubre local do astral inferior, em tempo real. Era um alerta em relação a alguma armadilha. Naquele instante de conversa mental com Aalão, todos ouviram uma grande e intensa explosão. Dois Vanguardeiros que vasculhavam o pavilhão 12, ao abrirem a porta dupla que dava acesso a um laboratório repleto de máquinas esquisitas, foram surpreendidos pela explosão de um artefato desconhecido. Roche dirigiu-se imediatamente para o interior dele e constatou que os dois guardiões atingidos estavam gravemente feridos. O socorro chegou em seguida, com Samir comandando uma experiente equipe de resgate. Os feridos foram imediatamente retirados do local pelos companheiros e levados para os veículos de transporte – VP, onde seriam atendidos por especialistas médicos. Em seguida todo o laboratório começou a desmoronar e alguns equipamentos se dissolviam como se estivessem sendo derretidos.

    – Tudo aqui foi plasmado pela mente diabólica de Aqtvos que certamente soube que havia sido descoberto, e iniciou a transferência dos laboratórios das trevas para outro local– disse Roche a Krebs.

    – Apesar do evento danoso, conseguimos entrar no laboratório e ver os inúmeros equipamentos eletroencefalográficos acoplados às cabeceiras de leitos hospitalares – relatou Krebs.

    – Confirma o que já sabemos sobre as experiências mentais do Dr. Giorgio Stellman. Encontraram algo no outro pavilhão?

    – Foi tudo muito rápido e as equipes não conseguiram entrar e explorar todos os ambientes – respondeu Samir, que tinha retornado, se aproximado de Roche e ouvido a pergunta que ele fez a Krebs. – Fomos enganados, mas temos novidades, comandante.

    – Então me diga logo para que eu possa me animar.

    – Na frente do pavilhão 7 havia um sinal de reconhecimento desenhado na parede. Reconheci de imediato o sinal de um dos nossos infiltrados. Pedi ajuda para uma equipe de vanguardeiros e começamos a vasculhar a edificação em busca de algo que pudesse justificar aquele sinal. Todas as salas estavam vazias, mas encontramos um pacote dentro de um armário com o mesmo sinal e o comandante com certeza irá se animar – falou Krebs, eufórico.

– Onde está o tal pacote?

– Aqui, senhor – disse Krebs apontando para o soldado que havia se aproximado deles.

Um vanguardeiro colocou o pacote à frente de Roche e ele o olhou com atenção e um sorriso nos lábios.

– O nosso homem nos deixou uma amostra dos chips e dispositivos parasitas mentais que eles estão produzindo no laboratório?

– Sim, comandante, é isso mesmo. Poderemos estudá-los realizando uma engenharia reversa para conhecermos o que estão produzindo e aprendermos a neutralizá-los.

– Agora estamos falando de ação com algum sucesso. Se por um lado perdemos temporariamente o rastro magnético do laboratório e sofremos duas baixas, por outro vamos poder começar a investigar o que estão tramando – concluiu Roche.

– Por um instante cheguei a perder as esperanças e pensei que o mago Aqtvos poderia estar zombando de todos nós, do nosso fracasso, mas no final das contas saímos lucrando graças a um valioso e corajoso companheiro que está se arriscando pela causa da luz – arrematou Krebs, satisfeito.

– Sim, esse é um trunfo que nos garantirá uma ponta para podermos prosseguir investigando e continuar no encalço desses criminosos que atuam contra a humanidade.

– Já verificamos tudo o que restou e a equipe de higienização aguarda suas ordens para iniciar o trabalho de limpeza da área – disse Samir.

– Vamos nos retirar para que os especialistas possam iniciar as etapas de limpeza. Em seguida nos reuniremos na sala de operações do nosso VT; recebi informações importantes de Aalão que certamente facilitarão nossa tarefa de encontrar Aqtvos e seus cientistas das trevas – falou Roche para os chefes de grupos dos Vanguardeiros do Astral.

34

Roche entrou na sala de comando instalada no interior do VT e se comunicou mentalmente com Azaliel.

– Agradeço o seu apoio às nossas ações, nobre comandante.

– Não precisa me agradecer, pois os méritos do trabalho são da valorosa equipe de guardiões sob seu comando. Agradeçamos, sim, ao irrestrito apoio da espiritualidade superior que chancelou nossas investidas, em especial a Aalão.

– Irei me reunir com os chefes de grupos e especialistas em seguida, mas antes queria conversar com o nobre companheiro e irmão sobre o que tenho em mente para a próxima tarefa, baseado nas informações que me foram antecipadas – disse Roche.

– Tenho certeza de que a conversa será de grande valia para todos. As informações que lhe antecipamos serviram para que você pudesse refletir sobre a etapa vindoura e entendo que surtiram o efeito desejado pelos nossos maiorais; mas diga-me o que você tem em mente.

– Sim, Azaliel, assim que encerramos a tarefa de desmantelamento das instalações dos laboratórios, embora não tenhamos obtido o sucesso que esperávamos, iniciei, fundamentado nas informações repassadas, planejamento para desenvolver as operações com maior eficiência e atingir os alvos de forma mais precisa e eficaz.

Roche fez ligeira pausa e em seguida continuou.

– Aqtvos encontra-se homiziado em cavernas profundas na região subcrostal da Terra e nosso acesso àquele reduto de sombras vai necessitar de uma adaptação muito específica das equipes que atuarão naquele ambiente pestilento e denso. Para que eu possa realizar uma investida certeira deverei contar com o fator surpresa. Escondido naqueles redutos Aqtvos acredita estar inacessível e está, por enquanto. Com os equipamentos que possuímos atualmente, realizar uma descida dimensional até as proximidades da região onde foram erguidos os laboratórios verdadeiros e depois realizar uma penosa progressão em ambientes desfavoráveis nos denunciaria e eliminaria o elemento surpresa. Diante deste quadro, solicito ao nobre comandante que interceda em nosso favor para que possamos ser dotados de equipamentos de transporte tecnologicamente superiores que possam progredir silentes até as imediações do local da ação.

— Roche, a espiritualidade superior nos atribuiu a missão e colocou à nossa disposição todos os meios necessários. Os Vanguardeiros do Astral poderão contar com o apoio de transporte pretendido. Alfrey e Aalão, nossos dirigentes espirituais e Coordenadores das ações, irão disponibilizar VTIDs (veículo de transporte interdimensional), equipados com tecnologia de camuflagem vibracional, que os torna invisíveis e, também, geradores de campo de força que resistem às ondas de choque ocasionadas pela passagem rápida pelas camadas dimensionais cada vez mais densas, durante a descida até os baixos redutos dos opositores do bem. Com esse apoio garantido poderão dar prosseguimento aos planejamentos e preparativos prévios.

— Agradeço o apoio de todos.

— Roche, a neutralização dos laboratórios de Aqtvos reveste-se de extrema relevância devido ao fato de estarmos agindo para neutralizar uma tecnologia trevosa capaz de subjugar considerável parcela da humanidade que ainda não acordou para a realidade cruel da tecnomagia negra e dos processos de manipulação energética negativa. Atualmente presenciamos a união de magos-negros e cientistas, como no caso em questão entre Aqtvos e o Dr. Giorgio Stellman, que decidiram firmar um pacto inescrupuloso contra a humanidade para, juntos, desenvolverem aparelhos parasitas, acumuladores energéticos e mentais, chips e outros aparatos em nanotecnologia, que são implantados diretamente no sistema nervoso de suas vítimas, para subjugá-las por intermédio de comandos mentais obsessivos escravizantes ou para drenar as energias do duplo etérico, onde induzem cargas mentais tóxicas que despejam fluidos mórbidos capazes de colapsar as energias vitais do hospedeiro.

— Entendo que os processos obsessivos se tornaram o mal-do-século e atingem extensa parcela da humanidade encarnada e desencarnada, e é por isso que nos esforçamos para neutralizar os avanços das chamadas obsessões complexas, praticadas por esses seres espirituais das sombras, e romper essa união espúria que insiste em contrariar as leis do Criador.

— Os produtos da tecnologia astralina inferior proporcionam aos seus detentores um certo grau de diferenciação que lhes confere vantagem estratégica, devido ao desconhecimento de sua existência por parte significativa de encarnados e desencarnados, que sequer desconfiam que tais instrumentos possam existir e os envolver em um processo de desagregação mental, de indução doentia, que deprecia a saúde e os lança em um destrutivo, cruel e diabólico ciclo de enfermidades de toda ordem – completou Azaliel.

– Entendo e devo me reunir dentro de breves instantes com meus comandados e assim que terminar o planejamento da operação eu a apresentarei – finalizou Roche.

– Que Deus os abençoe e os ilumine, meu irmão; um abraço fraterno – encerrou Azaliel. A ligação afetiva entre ambos vinha de longa data, desde os tempos da pujante civilização da antiga Grécia, período em que viveram como irmãos e filhos de Aalão, que vivera como Eurípedes de Argos, um respeitado filósofo, homem culto e proeminente na sociedade da cidade-estado Atenas. Roche era Heitor, o filho caçula rebelde de Eurípedes que se recusou a seguir os passos do pai e migrou para Esparta, a cidade-estado grega militarista, para se tornar um guerreiro. Depois de muitas batalhas e um extenso ferimento na perna que o debilitou e o incapacitou para o exército, ele retornou à casa do pai, onde foi acolhido com muito amor e desvelo, ocasião em que tiveram a oportunidade de reatar os laços espirituais e fortalecer a fraternidade que se perpetuaria em uma sólida e sincera amizade.

35

Após exaustivas preparações, Roche apresentou os planos de ação a Aalão e Azaliel. Havia algumas lacunas a serem completadas, mas os ajustes das ações operacionais dependeriam de um minucioso reconhecimento do local. Ele recebeu autorização para passar à fase operativa, cujas ações seriam desenvolvidas em regiões muito densas da subcrosta terrestre, nos redutos localizados nos limites entre o astral inferior, também chamado de umbral grosso, e as zonas abissais.

– Roche, acompanharemos o desenvolvimento dessa delicada missão de neutralização das atividades laboratoriais das sombras, e não perca de vista a difícil tarefa de resgate do nosso aliado infiltrado. Prepare uma equipe de resgate com guardiões especialmente treinados para tal, pois, se a sombria guarda pretoriana de Aqtvos descobrir o que pretendem, enfrentarão forte resistência para desenvolver as ações operativas. Em momento algum eles pode-

rão desconfiar que Justiniano é um agente da luz infiltrado naqueles redutos, para evitar que ele seja justiçado antes de abandonar seu posto, que foi duramente mantido em sigilo até agora – disse Azaliel.
– Estarei a postos com um efetivo de reserva caso seja necessária uma intervenção.
– Assim procederei, nobre comandante Azaliel. Bem sei que a etapa de resgate é tão importante quanto a de neutralizar dos laboratórios das trevas – respondeu Roche.
– Justiniano arriscou-se muito para nos manter informados e permitir que chegássemos até aqui. Sem a sua efetiva coragem e providencial astúcia não teríamos encontrado os redutos de Aqtvos. Durante todo o tempo em que permaneceu infiltrado, correu toda sorte de risco, inclusive o de violenta, cruel e destruidora segunda morte. Somente um espírito abnegado como ele poderia se submeter a tal risco na luta de proteção à humanidade e salvaguarda da fraternidade.
– Desejamos que a sabedoria do Criador e a paz do Cristo estejam com você e sua valorosa falange de Vanguardeiros do astral – falou Azaliel.
– Que assim seja, grande amigo e valoroso comandante.

36

Os dois imensos VTID, com capacidade para quinhentos guardiões cada um, levavam seiscentos homens e mulheres, guardiões componentes da falange Vanguardeiros do Astral, e mais cerca de duzentos técnicos e especialistas em segurança, armamentos, operação de equipamentos diversos, defesa energética e medicina astral, acionaram os motores e iniciaram o deslocamento de descida. Os acumuladores energéticos dos motores tinham recebido energia solar suficiente para operar durante 800 horas ininterruptas – carga plena. Inicialmente, ao passar pelas camadas menos densas da atmosfera astral, o veículo trafegou de maneira dócil e rápida, mas à medida que desciam e penetravam nas camadas mais profundas e densas do astral inferior, a luminosidade que entrava pelas janelas foi diminuindo até que o ambiente dentro do veículo fosse tomado pela escuridão e necessitasse o acendimento das luzes internas azuis, pois em breve, seria imprescindível a utilização do sistema de camuflagem vibracional, que deixaria o veículo invisível e imperceptível, fator essencial para a aplicação do elemento surpresa. Aqtvos contava com extensa vigilância de aliados e diversos sistemas de alerta, desde as camadas menos profundas do astral inferior, para que houvesse tempo hábil para uma reação, caso fossem atacados por outros oponentes, dada a acirrada disputa de poder travada entre os magos negros e draconianos, que somente pactuavam, temporariamente, quando se sentiam ameaçados por um inimigo comum a ambos – as forças do Bem e da Luz dedicadas ao serviço do Cristo.

O VTID começou a receber pancadas secas ocasionadas pelas ondas de matéria astralina densa que se chocavam contra seu casco externo. Forte turbulência sacudia o veículo, fazendo-o deslizar lateralmente, e sucessivos solavancos eram sentidos pelos ocupantes, que podiam observar pelas janelas e escotilhas as inúmeras faíscas ocasionadas pelo atrito do revestimento do VTID com as camadas energéticas densas e abrasivas daquele ambiente dimensional. À medida que o veículo descia, sua velocidade de cruzeiro ia sendo gradativamente reduzida devido à densidade e a agitação do meio externo, como um barco navegando num oceano de águas turbulentas, com ondas gigantes, e sacudido por fortes ventos de tempestade.

Analisando os mapas obtidos pelo instrumental da espiritualidade superior, Roche obteve as coordenadas de um platô existente no relevo do astral inferior, não muito distante dos redutos de Aqtvos, ideal para servir de local para o pouso para o VTID. Antes de pousarem eles estabeleceram um potente campo de força magnético de acobertamento e segurança, cujas medidas protetivas possibilitariam o desembarque das equipes e equipamentos em boas condições de seguridade, sem prejudicar o fator surpresa, tão necessário ao sucesso da operação.

Cada equipe havia recebido dois valiosos equipamentos: o potente e sofisticado projetor de campo de força magnético, para estabelecer um perímetro de segurança móvel no entorno de cada equipe, separadamente, e o emulador de camuflagem acoplado a um dispersador de emanações vibracionais; os dispositivos, associados, eram capazes de simular neutralidade vibracional por meio da emissão de ondas que anulavam o rastro magnético do usuário e tinham sido calibrados para trabalhar utilizando um espectro de energia muito sutil, que dava aos guardiões ampla cobertura e ilimitado tempo de funcionamento contínuo. Eram capazes também de dispersar os sinais vibracionais, impedindo-os de serem captados pelos sistemas de vigilância das sombras e até mesmo pela sensibilidade espiritual dos magos negros, negando-lhes a mínima possibilidade de identificação da presença das equipes dos guardiões no interior de seu reduto.

As equipes se posicionaram nos locais predeterminados e aguardaram a ordem para avançar. Roche se aproximou e adentrou a área onde se localizavam os laboratórios para observar e decidir em que ponto atuar e o momento mais oportuno para a investida. Ele passou furtivamente pelo perímetro de segurança formado por altas muralhas de pedras negras, sem ser detectado pelos guardas de Aqtvos, confirmando a eficiência do emulador de camuflagem que estavam utilizando. Subiu a uma elevação artificial, cujo solo se assemelhava a areia negra e, certamente, tinha sido erguida ali para dificultar o acesso ao complexo de instalações e encobrir a visão das edificações erguidas além de sua contra encosta. Retirou do cinto um estojo com um visor eletrônico – um aparelho de observação ultrassensível, com uma tela. Em seguida, abriu a tampa de uma caixa que um auxiliar havia trazido e apanhou o nanodrone, um pequeno objeto voador equipado com potentes sensores que usaria para sobrevoar a ampla área e realizar o reconhecimento. O aparelho voador se elevou em silêncio até a altura suficiente para abranger toda a área circunscrita pela alta e retangular muralha negra. Eles observaram que dentro do perímetro havia diversas edificações baixas e alinhadas, parecendo um extenso cemitério, com suas lápides de pedra sobre o solo, aos pares e interligadas, formando grandes letras "H" deitadas e alinhadas. Nada mais era visto, e Roche entendeu que as instalações com certeza eram subterrâneas; tinham sido enterradas para não chamar a atenção. Nenhuma abertura, janelas ou portas eram visíveis. Conduzindo o nanodrone em um sobrevoo raso sobre as estruturas, ele fez uma volta em círculo e parou flutuando sobre a primeira edificação. Verificou que cada lateral do H media cerca de trinta metros de largura por oitenta metros de comprimento e a ligação transversal entre as estruturas cerca de dez metros. Virou o nanodrone e o elevou para poder visualizar toda a área e constatou que eram seis conjuntos de edificações em forma de letra H, cuja disposição ocupava um terreno de aproximadamente trezentos metros de frente por trezentos metros de profundidade e estava cercado por altos muros edificados em matéria astralina de cor cinza e pedras. Encimando os muros havia uma cerca eletrificada faiscante, para amedrontar e ferir os incautos que ousassem tentar ultrapassá-la. Em cada vértice do muro quadrado e cercado havia uma guarita com sensores nas laterais e provavelmente abrigando guardas armados ocultos no interior.

Ele movimentou o aparato voador, invisível devido ao dispositivo de camuflagem vibracional acoplado, e o direcionou para o fundo. Em meio a uma névoa baixa, avistou uma pequena construção quadrada. O nanodrone circulou no entorno dela e Roche visualizou na face dos fundos, no lado oposto à face voltada para as edificações em "H", uma entrada. Calculou que ela devia ser o acesso ao interior das construções e aproximou o nanodrone vagarosamente para mapear o local. Encontrou um espaço onde se localizava a porta de um elevador e o acesso às escadas. Enquanto analisava as imagens a torre desceu e se enterrou no solo completamente, deixando à mostra somente a placa quadrada do teto.

– Interessante! – exclamou Roche. – Espero que não tenhamos acionado qualquer dispositivo de segurança. Se isso aconteceu, nosso sigilo foi quebrado e não será nada bom para o desencadeamento de nossas ações.

Mentalmente ele se comunicou com sua equipe e com Azaliel e Aalão.

– O acesso é móvel e fica enterrado também. Estão acompanhando pelas imagens?

– Sim – eles responderam.

– Será um fator complicador para nós. Precisamos descobrir como funciona e como poderemos trazê-lo à superfície novamente para nos dar acesso aos laboratórios subterrâneos.

– O fator surpresa poderá ser comprometido se tentarmos entrar abrindo nossa própria passagem – disse Krebs.

– Podemos permanecer na espera com uma equipe de técnicos a postos e, no momento em que a abertura subir, aflorando à superfície, nós a travaremos e entraremos – sugeriu Samir.

– Não temos certeza, mas acredito que as estruturas sejam interligadas por túneis subterrâneos. Digo isso porque só identificamos uma única entrada e saída: a torre – argumentou Krebs.

– Temos a opção de abrir uma brecha na primeira estrutura e entrar por ela – disse Roche. – Quando isso acontecer, certamente eles tentarão se evadir como ratos pela torre, do outro lado. Para evitar a fuga colocarei guardiões para travar a torre, assim que ela for aberta, impedindo a fuga dos cientistas e técnicos das sombras. Teremos, então, acesso pelos dois lados, encurralando-os no interior da estrutura – planejou Roche.

– Acho uma excelente ideia, comandante – responder Samir, empolgado.

Retornando ao VTID, Roche, Krebs e Samir se reuniram por videoconferência com Azaliel e Aalão na sala de operações do veículo.

– Sim, isso pode funcionar – confirmou Azaliel.

– E quanto a Aqtvos? – indagou Roche. – Ele será um oponente difícil.

– Vamos encontrar uma maneira de isolá-lo e prendê-lo; no entanto, precisaremos ser proativos porque a magnitude de seu poder sombrio certamente ultrapassa as suas possibilidades. Eu me encarregarei de Aqtvos, pessoalmente – disse Azaliel. – Vou me deslocar para junto de vocês agora.

– Azaliel, desconhecíamos seus planos de se juntar a nós nestas zonas turbulentas e densas – disse Roche, surpreso.

– Acreditou que eu ficaria fora dessa importante missão?

– Acreditávamos que acompanharia tudo mentalmente, orientando-nos e instruindo, porque sabemos que os trabalhos nestas zonas pestilenciais são muito penosos, devido à densidade dos fluidos aqui existentes.

– Sim, a descida vibracional requer muito esforço, mas temos alguns truques para minimizar isso. Em relação às suas dúvidas sobre o trato com Aqtvos, vocês deverão se afastar dele, evitando um confronto direto. Eu estarei próximo de vocês e, no momento oportuno, me apresentarei. Fui encarregado pela espiritualidade dirigente planetária de prendê-lo e conduzi-lo a uma prisão interdimensional.

– Irá se juntar aos demais magos negros, cujas sentenças de exílio planetário serão cumpridas em breve? – indagou Roche.

– Sim, exatamente isso, meu amigo.

– Onde foi erguida essa prisão, nobre Azaliel? – perguntou Krebs, curioso.

Azaliel, com serenidade nas palavras, respondeu:

– Em um local que a imaginação mais fértil ainda não foi capaz de cogitar; em um local isolado, apropriado para conter as poderosas emanações de pensamentos de entidades tão perversas como ele. Mesmo isolados, ainda são capazes de provocar perturbações espirituais. Suas poderosas mentes disciplinadas no mal, no ódio, na violência e na subjugação são um perigo constante. A prisão foi erigida pelos nossos dirigentes siderais no lado escuro da Lua e será a partir de lá que eles serão desligados da Terra e expatriados. Nossos irmãos de corações endurecidos e mente perversa irão compor diversas populações de orbes primitivos do Universo, para reiniciarem suas jornadas evolutivas, vivenciarem novas lições educativas e repensarem suas condutas perante a vida, a fim de aprenderem sobre a pulsante força do amor, da fraternidade e render graças ao Criador pelas redentoras oportunidades que o Pai magnânimo e justo lhes oferece ininterruptamente.

Todos escutaram as explicações de Azaliel com atenção e, enquanto refletiam, ele encerrou dizendo:

– Agradeçamos a oportunidade de servir à Luz. Precisamos conservar bom ânimo e fortalecer nossas vontades para cumprir nossa missão da melhor forma possível e que o almejado sucesso seja o encerramento de tão funestas e prejudiciais atividades científicas de subjugação humana. Será uma ação libertadora para muitos...

Ao encerrarem a transmissão, os guardiões da Falange Vanguardeiros do Astral permaneceram concentrados nos preparativos para passar à fase operativa. As palavras de Azaliel repercutiam nas mentes de todos os que o tinham ouvido. Uma característica indelével do trabalho realizado pelos Guardiões é a observância do equilíbrio na execução das ações táticas, cujos princípios éticos nunca são transgredidos; um delicado esforço para cumprir as leis divinas com precisão e justa medida de força coercitiva de impacto associada. Trata-se do uso estritamente controlado da força para realizar o combate às hostes do mal. Ao lidar com entidades diabólicas e trevosas sem ética, amorais e surdas aos apelos de caráter humanitário elevado, os guardiões sempre se deparam com os limites éticos para não se igualarem aos seus opositores. Precisam aplicar uma conduta incisiva, firme, forte e precisa quando certos limites são ultrapassados, sem deixar que as ações do bem escapem para o excesso, para o descontrole e descambem para a agressividade desmedida ou vingativa. Evidentemente, um delicado equilíbrio para fazer o que precisa ser feito respeitando os preceitos do bem e da ética do Cristo, caso contrário, estariam se nivelando aos contendores na inferioridade, com ações e condutas apartadas da moral, à semelhança das utilizadas pelos opositores da Luz.

37

As diferentes equipes de guardiões se posicionaram para realizar um assalto às instalações e aguardaram o sinal verde do comandante Roche para agir. O ambiente era insalubre e muitas manifestações energéticas negativas assolavam os guardiões naquelas paisagens desprovidas de humanidade. Dois cientistas das sombras acompanhados por soldados da guarda negra de Aqtvos passaram próximos às posições dos guardiões, mas não os perceberam devido à ação do emulador de camuflagem vibracional. Assim que foram admitidos dentro do complexo, quatro canhões de fluxo magnético entraram em ação simultaneamente contra os vértices da muralha negra, abrindo quatro amplas passagens para o interior da área, surpreendendo os guardas de Aqtvos que ocupavam as guaritas de vigilância e proteção. Sem saberem de onde provinham os ataques, os guardas retardaram as ações defensivas, mas fizeram soar um estridente alarme. Atrapalhados por não conseguirem identificar o local e a origem dos disparos devido à camuflagem dos armamentos, atiraram a esmo. Os cientistas que haviam chegado correram para se abrigar no interior do laboratório, chamaram o elevador, mas ficaram retidos do lado de fora porque a torre de acesso ao subterrâneo iniciara o fechamento no momento em que o alarme soou. Roche, antecipando-se aos eventos, havia infiltrado uma equipe de guardiões e técnicos no local. Eles penetraram na área de laboratórios utilizando os emuladores vibracionais de camuflagem para realizar o trabalho de bloqueio do sistema de fechamento do acesso existente na torre. Os dois cientistas foram presos e conduzidos à presença de Roche para serem submetidos a um interrogatório[21], cujas informações poderiam prevenir alguma armadilha ou artefato das sombras colocado no interior das instalações laboratoriais.

Uma equipe especializada em demolições rapidamente instalou um sofisticado aparelho nas lajes superiores do primeiro conjunto de instalações laboratoriais. O artefato,

---

[21] Os interrogatórios realizados pelos guardiões são procedimentos pautados na ética cristã e em nada se assemelham às atividades agressivas, violentas e até letais dos encarnados e dos maiorais desencarnados das sombras que habitam o astral inferior.

de tecnologia astral superior, era usado excepcionalmente naquelas condições por necessitar ser operado por técnicos, em missões específicas, por tratar-se de tecnologia ainda não disponível em alguns níveis dimensionais, necessitando ser, por enquanto, resguardada.

Um especialista posicionou o aparelho a cerca de dez metros do ponto em que pretendiam abrir um acesso sobre a laje de matéria astral, estendeu um braço telescópico robótico e direcionou a ponta articulada do mesmo para baixo, na direção da laje. Instalou ainda mais afastado o console de controle com um painel retangular e um display luminoso operado mentalmente e com pequenos gestos das mãos sobre o display magnético.

O acionamento do mesmo provocou o aparecimento de um ponto de luz diminuto e intenso, inicialmente vermelho e, em seguida, com as cores laranja e azul. O azul ficou mais intenso e finalmente passou para o branco. O ponto luminoso semelhante à luz de uma solda se expandiu, transformando-se em uma pequena nuvem luminosa que distorceu a matéria astral da laje do laboratório. A matéria estava sendo liquefeita para ser sugada, aspirada para o interior de um reservatório estanque. O fluxo luminoso se expandia e se comprimia ocasionando um ruído semelhante ao de metal sendo retorcido, seguido de pequenas explosões. À medida que a matéria era retirada, o espaço vazio circular onde anteriormente existia uma laje astral se ampliava, expondo as estruturas interiores do laboratório.

Samir se aproximou de Krebs e perguntou:

– Você e o Comandante Roche já conheciam o funcionamento desse equipamento que os técnicos estão utilizando?

– Sim, meu amigo. Enquanto nossas equipes se preparavam para esta missão eu e o Comandante Roche fomos conduzidos a um laboratório localizado em esfera superior e sob a supervisão de Azaliel e Aalão, os técnicos simularam o emprego destes sofisticados equipamentos em um local apropriado para os testes.

– E por que o equipamento foi utilizado aqui? Nossas bombas de plasma não seriam suficientes para abrir um acesso nestas estruturas? – indagou Samir, curioso.

– Fomos informados de que necessitaríamos de ajuda para penetrar e adentrar os laboratórios. Eles foram erguidos e edificados pela força mental de Aqtvos, um mago negro antiquíssimo, que possui vastos conhecimentos de magia, manipulação energética e detém amplo cabedal de experiência em condensação estrutural das moléculas de matéria astral inferior. A malha estrutural arquitetada para erigir as instalações à sua frente surpreenderam até mesmo nossos maiorais, que precisaram nos disponibilizar tecnologia mais avançada, a fim de nos proporcionar condições de superar as dificuldades técnicas que encontraríamos. O artefato operado pelos especialistas é um CAM – canhão de antimatéria.

Samir arregalou os olhos, arqueou as sobrancelhas e exclamou:

– Uau! Eu já tinha ouvido notícias do uso deste aparelho por outras equipes, em outras ocasiões, e confesso que fiquei um pouco cético em relação à sua existência e emprego, e eis que o vejo em funcionamento, à minha frente. Você pode me falar a respeito dele?

– Desconheço detalhes do funcionamento. É bastante complexo, mas durante o teste demonstrativo soube que se trata de antimatéria, ou seja, o inverso da matéria. A antimatéria é composta de antipartículas que possuem os mesmos elementos estruturais da matéria, mesmas características atômicas de massa, peso específico, *spin* (rotação), porém, com carga elétrica oposta. Na matéria os elétrons são negativos, os prótons positivos e os nêutrons não possuem carga. Na antimatéria os elétrons são positivos, os prótons negativos e os nêutrons continuam não possuindo carga. O aparelho capta a matéria, analisa-a para definir sua estrutura molecular e mapear as partículas existentes. Em seguida ele replica uma pequena quantidade da matéria, inverte sua polaridade para transformá-la em antimatéria e as combina. O resultado você viu. Ocorrem explosões de aniquilamento mútuo e emissão de luz e ruído. O encontro de matéria e antimatéria resulta em anulação do composto resultante, que é denominado de massa primordial. Essa aniquilação a transforma em energia pura, sendo que uma parcela significativa dessa energia foi captada e canalizada para os condensadores do aparelho e uma pequena porção se dispersou no ambiente, e foi essa que você pôde ver. O referido aniquilamento mútuo da matéria resultou no espaço vazio que nos servirá de acesso ao interior dos laboratórios.

– Isso é simplesmente incrível! – disse Samir maravilhado. – Agora poderei esclarecer meus companheiros, que também querem saber a respeito da misteriosa engenhoca.

O acionamento das cargas de antimatéria abriu um buraco de cerca de seis metros de diâmetro no teto da edificação, por onde as equipes de assalto entraram.

A primeira instalação era uma espécie de depósito, com prateleiras de uma liga metálica do chão até o teto, repletas de tubos e recipientes herméticos contendo uma substância esbranquiçada e em constante movimentação, parecendo estar viva. Os técnicos constataram que se tratava de estoques de ectoplasma e fluido vital, certamente valiosos insumos para realizarem as experiências das trevas.

– A entrada pelos fundos nos revelou um depósito de material que vale mais que o ouro para esses magos – disse Krebs.

– Material adquirido no comércio clandestino e oriundo do furto de energias vitais residuais retiradas dos corpos de recém-desencarnados alojados em cemitérios que não possuem a devida proteção dos guardiões encarregados de sua segurança? – perguntou Samir.

– Certamente. As energias vitais remanescentes nos corpos são furtadas e entregues aos magos negros, que recompensam seus traficantes escravos de diversas formas ou os punem, sem piedade, quando falham na coleta e entrega das cotas obrigatórias estabelecidas pelos maiorais do submundo – respondeu Krebs enquanto caminhava pelo lugar, entre as prateleiras de matéria semelhante ao aço inoxidável.

A equipe 1 progrediu e se deparou com uma porta parecida com a de um cofre. Entenderam então que haviam penetrado no interior de um depósito trancado pelo outro lado e que estavam presos lá dentro. O Comandante Roche que havia entrado no interior da instalação ordenou que os técnicos especialistas do CAM realizassem trabalho de desintegração da espessa porta, à semelhança do que haviam feito com a laje, para romper o bloqueio. Emitiu ordens para que as equipes de assalto que se encontravam a postos na outra extremidade do conjunto de laboratórios, junto à torre do elevador e escadas, sob o comando de Pérsio, outro valoroso chefe de equipe dos Vanguardeiros do Astral, avançassem para dominar e ocupar as instalações. Queria cercar os cientistas e técnicos das sombras, impedindo-os de fugir pela outra extremidade do laboratório. Eles encontraram uma barreira magnética como controle de entrada e acesso às demais áreas internas da instalação e precisaram utilizar o EOM – Equipamento de ondas Magnéticas para neutralizá-la e prosseguir.

Assim que a porta-cofre foi aniquilada pelo CAM, Roche e as equipes de assalto sob seu comando entraram em um amplo laboratório, cujos espaços eram muito maiores do que o previsto. Estavam repletos de equipamentos, tubos, mesas e bancadas metálicas, recipientes de vidro com líquidos efervescentes e diversos computadores e grandes painéis eletrônicos de comando e controle. Dezenas de cientistas foram encurralados e precisaram ser imobilizados para não darem continuidade à destruição de dados e equipamentos, que iniciaram quando ouviram os alarmes soar. O cenário que os guardiões encontraram lá dentro era bizarro, sinistro e deixou-os estarrecidos, estupefatos. Roche percorreu rapidamente toda a instalação à procura do doutor Giorgio Stellman, pois sabia que o mago negro Aqtvos não se encontrava no local naquele momento, mas não o encontrou.

Um amplo salão reunia dezenas de leitos e macas alinhados em três colunas, com uma área de circulação ao centro. Deitados nelas encontravam-se espíritos desencarnados em evidente estado de confusão mental e encarnados sem consciência de onde estavam – todos identificados como encarnados devido ao fato de ainda estarem ligados pelo cordão de prata aos seus corpos em repouso na crosta terrestre –, todos com os olhos abertos e sem movimento, indicando estarem mergulhados em um estado vegetativo característico de indução hipnótica. Seus cérebros estavam expostos, as calotas cranianas haviam sido removidas e do interior de cada um deles emergia um feixe de eletrodos ligados a painéis nas cabeceiras dos leitos e macas. Fios saíam da parte de trás dos painéis e eram ligados a grandes tomadas conectoras no solo. Verificações posteriores no espaço existente entre a base do laboratório e o piso elevado cerca de cinquenta centímetros mostraram uma rede de fios com conexões que ligavam cada leito ao imenso painel com agulhas de monitoramento de ondas mentais da sala de comando e controle.

– Estão produzindo um exército de zumbis? – perguntou Samir, espantado.

– É o que está nos parecendo – respondeu o Comandante Roche. – O objetivo é mantê-los sob controle mental hipnótico. Os cientistas inserem chips e outros artefatos da tecnomagia das trevas em seus cérebros espirituais para subjugá-los e formarem um exército de seres obedientes aos comandos elétricos e mentais dos maiorais.

– Estamos diante da ciência das sombras. Cientistas e técnicos de diversas especialidades que utilizam seus conhecimentos para a produção de artefatos eletrônicos e chips mentais de subjugação; nanochips produtores de ruídos mentais negativos; de ondas sonoras inaudíveis, mensagens subliminares e comandos pré-programados de comportamento desvirtuado e desregrado, cujos efeitos são causadores de distúrbios do sistema nervoso central, perturbações psicológicas, confusão mental e destruição neural – completou Krebs.

– Mapeie todas as áreas do laboratório e encontrem o Dr. Giorgio Stellman – ordenou Roche. – Ele tem que estar em algum lugar dentro deste laboratório.

Os guardiões, equipados com um *scanner* tridimensional, produziram imagens precisas da torre do elevador, da escada, da área de controle de entrada e das diversas salas herméticas, que no seu interior reuniam dezenas de bancadas destinadas à produção de circuitos eletrônicos neurais.

Os tais dispositivos de tecnomagia eram desenvolvidos para estabelecer intrincados processos obsessivos emocionais e de subjugação mental. Um complexo sistema eletrônico (chip) emite impulsos eletromagnéticos para que filamentos neurais possam se enraizar no cérebro do hospedeiro, se entrelaçando para, posteriormente, se fundir ao seu sistema nervoso central. Tais chips nanotecnológicos em formato de teia recobrem o cérebro para dominá-lo e exercer um afinado controle capaz de produzir reações comportamentais de vão desde a passividade inócua e paralisante por esgotamento energético ou convulsional até a violência desmedida e atitudes desregradas.

A montagem de artefatos de tecnomagia realizada naquele laboratório das trevas utilizava a eletrônica aliada à magia energética, cujos artefatos respondiam aos comandos: hipnótico mental, para controle total; de outros chips controlados por computadores para controlar comportamentos; com impulsos de efeitos sonoros enervantes e irritadiços para provocar debilidades mentais; de pulsos de indução magnética destrutiva, cujo objetivo é aniquilar a capacidade de pensar, tornando a vítima um autômato bestializado.

Os guardiões mapearam a segunda área de segurança e descobriram diversos ambientes interligados: um posto armado que guardava e isolava o amplo salão dos leitos e macas, cujo acesso somente era autorizado aos cientistas e técnicos diretamente envolvidos nos implantes dos artefatos; uma sala de comando e controle, com seus equipamentos de subjugação e escravização mental e, nos fundos, um grande depósito fechado por uma grande porta, semelhante à do cofre de banco. As placas de fechamento do teto, visíveis do lado de fora do laboratório subterrâneo, eram portas herméticas, aberturas para entrada de grandes equipamentos e materiais de maior porte como tubos, consoles, painéis e displays que não poderiam ser levados para o interior das instalações utilizando o elevador ou a escada.

– A desativação de um laboratório como este não é uma tarefa fácil e rápida, disse Roche, se dirigindo a Krebs. – As dezenas de espíritos cobaias dos experimentos das trevas aqui aprisionados irão demandar muitas horas-trabalho; será uma exaustiva tarefa para os cientistas que foram enviados por Aalão. Eles deverão realizar a desmobilização orgânica de cada um deles, com especial atenção e cuidado aos ainda encarnados.

– Vejo com pesar que alguns espíritos encarnados foram transformados em cobaias e outros já desencarnados parecem ser hospedeiros definitivos. Podemos observar diferenças entre os diversos tipos de equipamentos existentes aqui, sendo que os utilizados nos encarnados são visivelmente muito mais sofisticados, o que me induz a pensar que um trabalho apressado e descuidado com espíritos ainda imersos na carne poderia provocar desencarnes prematuros, deixar sequelas de difícil reversão e isso não interessa aos cientistas, que querem suas criações prontas para cumprir suas finalidades – acrescentou Krebs.

Ao escanearem a sala de comando e controle os guardiões encontraram, ao fundo, uma sala contígua, cujo acesso era secreto. Tiveram muita dificuldade para abri-la, mas conseguiram e fizeram uma descoberta: do lado de fora a parede era disfarçada por um painel de comando eletrônico, mas, na realidade, tratava-se de uma janela de material desconhecido, semelhante a um polímero inquebrável, que permitia ampla visão de tudo o que ocorria do lado de fora da sala e, dentro da mesma, encontraram o Dr. Georgio Stellman.

– A condição espiritual do Dr. Stellman não nos permitirá obter as respostas para todas as indagações que pretendíamos realizar – disse Roche, desapontado. – Esperava que ele pudesse nos esclarecer acerca dos planos diabólicos de Aqtvos.

— O mago negro deve ter estabelecido comandos hipnóticos destrutivos na mente dele. O cientista sempre foi seu escravo mental e Aqtvos podia absorver tudo o que ele produzia, tudo o que ele podia extrair da mente do Dr. Stellman e, no momento em que ele se tornou descartável, foi neutralizado, eliminado, para não revelar o que sabe — falou Krebs.

Roche convocou mentalmente uma equipe de médicos para que pudessem socorrer o cientista, que se encontrava em franco processo convulsivo.

— Ele está péssimo! — exclamou Samir. Aqtvos o transformou em um débil mental e a reversão deste triste e lamentável quadro de indução hipnótica poderá demorar e exigirá um esforço hercúleo de ambas as partes: dele mesmo e daqueles encarregados da recuperação de sua sanidade mental e espiritual.

— Infelizmente prevejo que o Dr. Stellman vai precisar de muitas encarnações dolorosas para se recompor e resgatar os malefícios de suas experiências mentais apartadas da ética, da fraternidade, do bem e das leis divinas — afirmou o comandante Roche.

— A Espiritualidade Superior conhece o paradeiro de Aqtvos? — indagou Krebs.

— Sim, Aqtvos se refugiou nas profundezas das regiões abissais, no umbral grosso, mas recebi mensagem mental de Aalão nos alertando que ele está a caminho, voltando para nos enfrentar. Seu inconformismo com a intromissão e investida dos guardiões a serviço da Luz o deixou insano, louco de tanto ódio e desejoso de vingança e retaliação — respondeu Roche. — Precisamos nos preparar.

Roche emitiu sinal de alerta para todas as equipes e determinou a suspensão temporária dos trabalhos. Os prisioneiros foram imediatamente conduzidos a locais previamente preparados para recebê-los e os guardiões adotaram postura defensiva de emergência.

Não tardou para que uma nuvem negra de fuligem cobrisse a área externa do laboratório. Alguns guardiões sentiram a opressão e uma angústia asfixiante invadiu o seu íntimo. A presença nociva e negativa de Aqtvos era evidente, mas os guardiões ainda não conseguiam localizá-lo. Uma sombra densa e quase invisível adentrou as instalações do laboratório, que fora desocupado às pressas pelas equipes de guardiões, técnicos e especialistas dos Vanguardeiros do Astral. Era como se olhos furtivos e invisíveis sondassem cada sala, cada espírito ali presente. A poderosa mente de Aqtvos sorrateiramente avaliava a situação, sondava a força de seus oponentes, analisava os equipamentos levados até o local para identificar os pontos fracos e a melhor oportunidade de revidar. Aqtvos era astuto e ardiloso. Sua intenção era destruir tudo e todos. Evocando os poderes ocultos das treva,s ele reuniu as energias negativas disponíveis para contra-atacar, ativando e imantando dispositivos de tecnomagia de grande potencial destrutivo inseridos no solo do laboratório. Surpreendentemente, o mago negro provocou uma grande explosão que espalhou fluidos tóxicos e deletérios pelos diversos ambientes do laboratório.

Roche sabia que não poderia resistir às forças e ao poder de Aqtvos, um mago negro com milenar conhecimento de magia negra, amplo cabedal de informações tecnológicas astralinas, dotado da sagacidade inerente a um exímio articulador estratégico, cujas artimanhas sombrias adquiriram complexas elaborações durante sua longa jornada de imersão no submundo astral inferior e no contato e intercâmbio com outras inteligências das trevas. Um ser inumano e extremamente perigoso. No entanto, como Comandante dos Vanguardeiros do Astral, era seu dever funcional arrostar os perigos e enfrentar Aqtvos com os meios disponíveis. Formou uma equipe com os melhores integrantes de sua falange, se dirigiu até a entrada do laboratório e permaneceu do lado de fora aguardando.

Aqtvos se aproximou flutuando sobre os fluidos astralinos densos, deixando à sua retaguarda uma camada de fuligem negra. Vestia um manto negro com uma capa escarlate. Um capuz cobria o seu rosto e Roche pôde ver apenas dois olhos vermelhos em um semblante magro, envelhecido e coberto por pele enrugada. Os cachos dos longos cabelos negros que saiam do capuz e desciam sobre seu peito tinham um movimento errático, pareciam estar vivos e se assemelhavam a finas cobras trançadas, em constante movimento.

– Sei que és apenas um cumpridor de tarefas, guardião. Quem é o responsável por essa afronta aos meus domínios? – perguntou Aqtvos, com voz rouca e estertorada.

– Sim, sou apenas um soldado e cumpro ordens superiores. Temos vários responsáveis, Aqtvos, mas o grande artífice estratégico é o Mestre Jesus e as determinações Dele possuem força de lei e devem ser acatadas sem rodeios – respondeu Roche.

— Não tente tergiversar, guardião. Dê-me uma resposta direta ou vou descarregar minha ira sobre você. Convoque o seu superior e responsável por essa intromissão agora – determinou agressivamente.

— Os responsáveis me enviaram para esclarecer que os projetos sombrios desenvolvidos aqui neste laboratório ultrapassaram todos os limites e eram uma ameaça à sanidade mental da humanidade terrestre como um todo. A utilização de artefatos eletrônicos de subjugação mental e psíquica afronta os princípios basilares das Leis Divinas, e isso foi classificado como insano, antiético e anticristão. Nestes casos as atividades e ações recebem a declaração "falido" e, em seguida, é expedido o respectivo decreto de neutralização – argumentou Roche, sob os olhares atentos dos demais integrantes de sua equipe de segurança.

Aqtvos, insatisfeito com as respostas de Roche, envolveu toda a equipe em um campo magnético negativo e os arrastou para o interior do laboratório.

— Serão meus escravos e reféns até que eu consiga descobrir o responsável por tudo isso e puni-lo. Eu quero vingança! – bradou Aqtvos, enlouquecido de ódio.

Roche e os demais guardiões foram envolvidos e aprisionados em uma espécie de teia de aranha que sugava as energias de seus corpos perispirituais, causando intensa dor e fraqueza. Aqtvos usou sua potente mente diabólica para realizar uma descida dimensional e arrastou os prisioneiros para os seus redutos nas profundezas do astral inferior, pretendendo iniciar induções hipnóticas zoantrópicas, para transformar os prisioneiros em animais.

Um poderoso facho de luz branca desceu do alto como um relâmpago, acompanhado de estrondo. No interior do facho luminoso Aqtvos pôde vislumbrar a figura imponente de um guerreiro, vestido com uma armadura dourada muito brilhante, elmo dourado com filetes laterais prateados e reluzentes pedras vermelhas incrustadas. De seu peito irradiava intensa luz safirinea e, em sua mão direita, ele empunhava uma longa espada de luz coagulada, com pomo de cristal e guarda reta, que lhe dava conformação crucífera, o símbolo da justiça celestial.

— Azaliel! O iluminado! Se você veio até mim, é porque se responsabiliza pelo que estes miseráveis e infelizes guardiões subalternos fizeram em meu laboratório – disse Aqtvos, ironicamente.

— Salve, Aqtvos. Que a paz e a luz do Cristo possam um

dia penetrar em seu coração.

— Não comece com essas bobagens, Azaliel. Você conhece a minha luta, os meus propósitos e sabe que sempre serei um ferrenho opositor da política "Daquele" que quer salvar a podre humanidade deste mísero planeta. Sua estatura e sua posição dentro do sistema "Dele" o colocam em uma situação delicada. Nos conhecemos há muitos milênios, nos respeitamos mutuamente, mas as suas interferências em meus negócios têm me prejudicado significativamente e é chegada a hora de acertarmos as contas.

— Essa humanidade à qual se refere são nossos irmãos e irmãos do coração do Cristo, assim como você também é, pois somos todos filhos do mesmo Pai celestial. No entanto, você os trata como inferiores e deseja subjugá-los, escravizá-los, transformá-los em seres autômatos, em seres humanos que agem como máquinas controladas à distância, por meio de controles eletrônicos frios, para que ajam e se comportem como robôs, como dementados, serviçais cegos e inconscientes, submetidos a um poder temporário clandestino usurpador, e essa atitude de sua parte é inconcebível — falou Azaliel mentalmente, com veemência, mas demonstrando serenidade e clareza de pensamento.

— Então o pacto que firmamos há milênios foi rompido unilateralmente? — indagou Aqtvos, de forma sagaz e com mordacidade nas palavras.

— Nunca firmamos tal pacto, Aqtvos. A liberdade de que você usufruiu até agora é resultante do respeito ao seu livre-arbítrio, à sua vontade de permanecer como um rebelado, mas essa liberdade também possui limites. Ela será sempre submetida às restrições e limites impostos pelas Leis Divinas. Você ultrapassou esses limites e sabe disso, tem consciência de que foi além e que seria cobrado por isso a qualquer momento.

Aqtvos disse palavras de magia e ativou mentalmente o acúmulo de energias negativas em suas mãos. Elas tinham um tom avermelhado e roxo, demonstrando serem extremamente tóxicas e carregadas de fluidos adensados por meio de magia negra.

— Eu não faria isso se fosse você. Estamos dialogando e podemos resolver esse problema de forma civilizada — retrucou Azaliel calmamente.

— Aqtvos, então, deixou extravasar toda a sua fúria e, carregado de ódio, atirou as energias contra Azaliel. O escudo magnético de Azaliel dispersou a carga energética inicial de Aqtvos, mas, em seguida, o mago negro mudou de posição e tornou-se uma espécie de vertigem, um fantasma; sua imagem estava desfocada e se movimentava de forma rápida de um lugar para outro, para confundir Azaliel. Aqtvos em seguida desferiu intensa descarga elétrica sobre as costas do representante da luz e sugou, como um vampiro, parcela de sua energia. Azaliel agiu rapidamente, girou sua espada de luz coagulada acima da cabeça, formando um intenso redemoinho que foi se alargando paulatinamente até se transformar em um rasgo dimensional, por onde passaram fachos de luzes violeta que envolveram o ambiente e desaceleraram os movimentos de Aqtvos. Os movimentos do mago foram ficando cada vez mais lentos, como se ele estivesse se movimentando em câmera lenta. O esforço do mago negro para vencer a resistência energética oferecida pela luz violeta foi esgotando suas reservas de energia, deixando-o exausto e sem recursos suficientes para continuar sustentando aquela reação inócua. Finalmente o mago se ajoelhou, ofegante, começou a tossir muito e com a voz cansada disse:

– Nunca cederei. Esse embate é apenas o começo de minha vingança. Perdi esta batalha, mas a guerra continua e os malditos representantes do Cordeiro conhecerão o poder das trevas. Não somos simples soldados, somos uma legião, e o nosso exército é imenso, nossas forças estão concentradas na persistência, na continuidade, na diversidade de nossos projetos diabólicos e na expansão das sombras interiores de cada ser dessa humanidade desprezível, que acolhe e assimila todas as intuições, energias, sentimentos e emoções negativas e desprovidas de luz, que lhes enviamos. São nossos hospedeiros úteis.

Azaliel ouviu o que Aqtvos dizia com muito pesar.

– Sinto muito perceber que as derrotas não lhe serviram de lições redentoras. Você insiste em continuar com a mesma rebeldia de sempre.

– A essência do ser não muda, Azaliel! – urrou Aqtvos, tomado de intensa revolta.

– Qualquer um pode mudar, basta entender e se conscientizar que o caminho que está sendo trilhado não o conduzirá a um destino luminoso e, a partir dessa constatação, ter coragem para parar, refletir e mudar de estrada para corrigir a rota, mesmo que ela seja mais longa, íngreme e pedregosa.

Azaliel brandiu sua espada, um potente instrumento de condensação energética, para formar um vórtice de energia azulada que ele direcionou para envolver o mago, aprisionando-o em um potente campo de força. Em seguida, gesticulando circularmente com a mão esquerda, Azaliel abriu um portal para permitir que o mago transpassasse os diversos níveis vibracionais dimensionais, conduzindo-o a uma prisão especial localizada no lado escuro da Lua, preparada para receber os magos negros e outros espíritos perversos detentores de grandes conhecimentos de magia e tecnologia das sombras, local onde aguardarão o momento oportuno para serem transmigrados para outros orbes do Universo, no processo de exílio ou expatriamento planetário.

Enquanto Azaliel se ocupava em neutralizar as ações de Aqtvos, uma outra equipe de guardiões se dirigiu aos redutos do mago negro, nas regiões abissais, para libertar Roche e os demais guardiões dos Vanguardeiros do Astral, que haviam sido aprisionados, e encaminhá-los aos postos médicos de refazimento e revitalização energética.

A remoção de todos os espíritos desencarnados que serviam de cobaias para os experimentos sinistros de Aqtvos exigiu amplo trabalho, e eles foram encaminhados para postos de triagem, a fim de serem alocados nas câmaras de retificação edificadas na crosta terrestre, para se reestabelecerem. Após a liberação dos laços fluídicos que aprisionavam os espíritos encarnados, eles foram reconduzidos aos seus corpos físicos em segurança, mas para que isso fosse possível, equipes técnicas especializadas prestaram atendimento energético imediato. Seus perispíritos (corpos astrais) estavam ligados a aparelhos que sugavam as energias vitais de seus duplos etéricos (corpos energéticos), deixando seus corpos físicos em estado de coma, em leitos de UTI dos hospitais ou em suas residências, sob os cuidados de aflitos familiares.

Depois de se apoderarem dos registros, copiar os dados contidos nos inúmeros equipamentos laboratoriais e colher informações dos técnicos e cientistas das sombras por meio de interrogatórios, o laboratório foi totalmente desmantelado e destruído. Tudo foi desintegrado, nada restando naquele lugar para lembrar as terríveis experiências antiéticas desenvolvidas ali. Todas as informações apreendidas foram inseridas no repositório de dados dos guardiões para servirem de subsídios a futuras ações e operações contra os opositores da Luz. Para destruir as instalações daquele sinistro laboratório, os guardiões utilizaram mais uma vez o CAM – canhão de antimatéria.

38

A estratégia arquitetada pela Espiritualidade Superior visando ao desenvolvimento de operações de combate às ações das Trevas fora dividida em diversas etapas, todas igualmente importantes e associadas entre si. Para cumprir uma das etapas previstas, duas falanges de guardiões se juntaram para formar uma grande equipe coesa e especialmente capacitada.

Macberius e a falange dos Obreiros da noite se associou à Equipe D'Arc, força-tarefa feminina do astral, comandada por Waniah, para juntos combaterem os Sombras, uma falange do mal a serviço do temível mago negro Zirov.

Os Sombras formavam uma organização numerosa de draconianos[22] atuantes nas regiões trevosas do astral inferior (umbral grosso), na subcrosta e na crosta terrestre, junto aos encarnados. Suas práticas eram diversificadas, como obsessões, vampirizações, assédios psíquicos personalizados, ferozes ataques contra instituições de auxílio e misericórdia, campanhas de desmoralização de atores atuantes nas práticas no bem, punições espirituais executadas por meio da subjugação, da escravização e da tortura de desencarnados, dentre outras tantas atividades hediondas e antiéticas. Os Sombras normalmente não atuam em grupos, hostes ou falanges; são individualistas e agem sobre objetivos específicos. Obedecem à chefia de inteligências extrafísicas elevadas na hierarquia das trevas, geralmente um mago negro, mas alguns recebem ordens e se reportam diretamente a um draconiano, elo com os dragões do mal[23], seres diabólicos presos magneticamente nas regiões abissais do umbral grosso.

Os Sombras angariaram relativo respeito de outras in-

---

[22] Draconianos – Espíritos exilados de planetas pertencentes à constelação Draco (dragão).
[23] Dragões do mal – Seres milenares detentores de vastos conhecimentos científicos, porém apartados de qualquer valor moral e ético. São ferrenhos opositores da política de amor, justiça e caridade do Cristo Sideral. Foram banidos de seu orbe de origem – exilados por obstacularizarem o desenvolvimento e o progresso de sistema estelar em que viviam. O local de exílio anterior fora o planeta Erg, e eles o transformaram no cinturão de asteroides que existe entre as órbitas de Marte e Júpiter durante a guerra termonuclear em que foram os principais artífices e por isso foram deportados para a Terra primitiva, há muitos milênios atrás. São inteligências diabólicas e profundamente enraizadas no mal. Seres inumanos, cujo objetivo é destruir o planeta Terra que os aprisiona magneticamente, sem possibilidades de fuga.

teligências do mal devido a sua atuação em bem sucedidas ações e eventos desencadeados em âmbito mundial, em especial as guerras, cujas repercussões se tornaram fatos de extrema gravidade, com prejuízos enormes para o progresso e a evolução física e espiritual da humanidade terrestre. São reconhecidos no astral inferior como representantes de uma casta superior de artífices do mal, portadores de intenso poder de influenciação maléfica e magnetismo negativo. São predadores espirituais e, como hienas, observam cada atitude, identificam as fraquezas e atacam suas vítimas na primeira oportunidade, sem piedade.

Seu sistema de influenciação aproveita oportunidades e aberturas concedidas por governos de países totalitários, onde um ditador governa com mão de ferro e utiliza preponderantemente a violência, a crueldade e o uso da força em práticas violadoras dos direitos humanos, que objetivem eliminar opositores e neutralizar compatriotas dissidentes para se perpetuar nos poderes transitórios da Terra. O incessante abuso de poder permite que os Sombras possam induzir seus fantoches encarnados ao cometimento de crimes hediondos contra a humanidade, influenciando massacres que envolvam ódio racial, político ou religioso. Eles se alimentam das emanações decorrentes da crueldade, da violência e das energias negativas geradas pelo medo, que servem de estopim para o desencadeamento de revoltas e guerras fratricidas mais longas e duradouras. Promovem perseguições implacáveis aos inimigos potenciais e declarados de sua causa.

Macberius e sua equipe de Obreiros da Noite se dirigiram a um país asiático, cujo governante – um ditador há muitos anos no exercício do poder —, está sendo influenciado a provocar os seus opositores para gerar uma crise humanitária. Desafiando nações inimigas, ele objetiva criar um clima de tensão e incertezas propício à conturbação mundial. O ditador em questão vem de uma linhagem de tiranos, todos influenciados mentalmente pelos Sombras, que os controlam por meio de artefatos eletrônicos, os famigerados "chips mentais" de subjugação psíquica, produzidos nos laboratórios científicos das trevas e inseridos em seu cérebro astral. A tecnologia diabólica foi capaz de criar ramificações que penetraram e se fundiram aos elementos constituintes do sistema nervoso central do ditador, criando uma espécie de parasitismo que se nutre das energias vitais do encarnado e, paulatinamente, foi assumindo uma coparticipação nas funções cerebrais da vítima, cujas ações e comportamentos são induzidos e controlados pelas inteligências invisíveis que os guiam para os desatinos escabrosos e as decisões transloucadas que podem provocar confusão, caos e guerras.

Nas proximidades de um palácio governamental de um determinado país asiático havia um extenso bosque de ciprestes centenários, com suas folhas orvalhadas pelo sereno da noite e, foi naquele local que Macberius se encontrou com Waniah, a comandante da Equipe D'Arc, a força-tarefa feminina do astral.

– Salve, companheira de luta! Mais uma vez nos reunimos para cumprir uma importante missão.

– Salve, Macberius! Está feliz ou descontente com a associação? – perguntou Waniah, sorridente como sempre.

– Trago informações sobre a atuação dos Sombras que agem sob o comando nefasto de Zirov – disse Waniah.

– Zirov e os Sombras trabalhando juntos? – arguiu Macberius, incrédulo.

– Sim, aquele mago negro não cansa de nos surpreender. Agora conseguiu realizar uma proeza, na verdade uma aberração escusa: pactuou com seres draconianos que sabidamente agem em nome dos dragões do mal e, juntos, pretendem formar uma egrégora energética negativa específica para envolver os atores oportunistas de algumas nações do mundo em um manto de hipocrisias e mentiras políticas, com o nítido objetivo de criar tensão, crise e quiçá um conflito bélico. Estão utilizando técnicas de obstrução mental e contínua inserção de pensamentos desajustados cíclicos de empoderamento, para os conduzir a ações desagregadoras. Os líderes envolvidos camuflam suas reais intenções alegando fins pacíficos para suas decisões escusas, mas, na realidade, seus propósitos execráveis estão escondidos sob o manto da paz. Eles objetivam, inicialmente, a nuclearização das nações, alegando necessidade de produção energética, mas irão logo promover um desdobramento para atingir o estágio seguinte: a construção de artefatos bélicos de potencial extermínio em massa, para criar um caos generalizado e o cenário propício à implantação do império da escuridão na crosta terrestre.

– E o que sua equipe descobriu?

– Apesar de normalmente atuarem sozinhos, encontramos vários Sombras no interior do gabinete de governo do país asiático, trabalhando em sintonia com os governantes e exercendo uma forte influenciação coletiva em todos os integrantes do gabinete e do conselho de guerra, principalmente sobre os militares de alta patente. Identificamos no local o rastro magnético de Zirov, conhecido mago negro draconiano que se encarregou, pessoalmente, da tutela do velho ditador da infeliz nação. Ele vampirizou suas energias vitais para debilitá-lo, depois transferiu intensa carga energética tóxica e pestilenta para induzir o aparecimento das inúmeras enfermidades que o acometiam e o levaram ao desencarne prematuro. Com o afastamento do velho pelas portas da morte, Zirov promoveu a ascensão do seu primogênito ao poder, um espírito perverso que fora desde tenra idade obrigado a presenciar as atrocidades do pai e gestar uma personalidade enferma. O mago Zirov realizou manobras políticas para afastar e aniquilar os rivais e pretendentes ao cargo máximo da nação e, em seguida, permitiu que os Sombras assumissem suas posições de manipulação vigorosa e impetuosa nas questões políticas, sociais e humanitárias de diversos setores governamentais, mas tudo sob a orientação do mago – relatou Waniah, cuja equipe havia sido encarregada de acompanhar os desdobramentos da situação, sem interferências, por enquanto.

– E qual é a situação atual? – indagou Macberius.

– O sucessor já se encontra em franco processo obsessivo, mas sua preparação iniciou-se ainda na infância e percorreu toda a sua juventude com o propósito já definido de ele assumir o poder. As trevas estão apenas colocando em prática os seus planos nefastos elaborados com antecedência. Agora, com o serviçal no poder, Zirov poderá dar prosseguimento às suas ações, cuja articulação insidiosa encontra-se em vigor e está próxima de obter êxito, motivo pelo qual precisa ser desarticulada para evitar que um colapso do atual sistema político mundial possa comprometer os planos da Espiritualidade Superior e causar uma crise humanitária e espiritual sem precedentes – relatou Waniah.

– Entendo que é urgente interferirmos para impedir que os planos se concretizem. Os dirigentes siderais encaram o problema como uma possível e potencial crise espiritual humanitária mundial. Recebemos ordens expressas para intervir e neutralizar as ações geradoras de caos, no entanto, precisaremos sincronizar nossas ações. Temos outra frente para acompanhar simultaneamente.

– Duas frentes? – perguntou Waniah, surpresa. – Se

nos dividirmos perderemos força.

– Sim, mas as duas frentes caminham juntas, estão interligadas. A mesma articulação maléfica está sendo desencadeada em países do Oriente Médio. Lá se encontram os redutos de antigos magos iniciados nas hostes do mal. Eles se tornaram líderes religiosos e passaram a exercer o poder por meio do controle hipnótico religioso das massas e do próprio governo teocrático instituído. Parcela significativa dos povos daquelas nações se submeteram, integralmente, às ordens ditatoriais de seus líderes, que estão mancomunados com inteligências extrafísicas do mal, comprometidos com as trevas.

– Vejo que não será uma tarefa fácil – desabafou Waniah. – Atuar em duas frentes tão amplas e perigosas.

– Nunca foi fácil e nunca será, minha cara companheira de destino. Muitas jornadas de pesados trabalhos e incessantes desafios nos aguardam.

– Suas palavras são dignas de uma profecia – retrucou Waniah em tom de brincadeira.

Eles riram e, em seguida, Waniah o encarou e disse:

– A análise detalhada dos elementos episódicos já ocorridos, dos que estão na iminência de ocorrer e das informações que têm chegado ao nosso conhecimento a todo instante, nos mostra um cenário perturbador e delicado. Estou surpresa com a rápida evolução dos acontecimentos.

– Sim, eu também. Precisamos agir com cautela, mas o tempo conspira contra nós.

– Que Deus nos abençoe fortalecendo nosso espírito e nossa vontade – finalizou Waniah.

– Que assim seja, minha amiga. Você receberá as informações que possuo em um minucioso relatório e me enviará o seu. Nossos maiorais superiores decidiram que a sua valorosa equipe assumirá a frente de trabalho da Ásia e eu a frente Oriente Médio.

Eles se olharam e trocaram votos de confiança mútua e fé nas forças superiores dirigentes dos destinos da humanidade. Seriam dias difíceis...

39

Waniah tentou entrar no palácio governamental acompanhada por uma numerosa equipe feminina de guardiãs e foi barrada na porta por duas sentinelas vestidas com roupas ancestrais dos mongóis e armados com lanças, cujas pontas flamejavam com intenso energismo alimentado por uma pedra condensadora de energias negativadas pela magia negra.

– Quem você pensa que é, intrusa? Dê o fora daqui antes que tenhamos que tomar medidas grosseiras contra você e suas bonequinhas – gritou um ser que se posicionou na escuridão, atrás das duas sentinelas grotescas e sujas.

– Quero falar com o comandante da guarda – disse Waniah calmamente, mas com voz firme.

– Está falando com ele e eu já deixei o meu recado. Dê o fora, guardiã, vocês não são bem-vindas aqui.

– Venha para fora, saia das sombras para que eu possa vê-lo.

– Não será agradável para você me ver, mas, já que insiste...

Waniah olhou para ele e não conseguiu deixar de se espantar com o aspecto horrendo daquele ser. Ele não tinha mais conformação humana e se parecia com um enorme dragão, com escamas na pele, rabo longo e enflechado, garras com unhas enormes e negras, espinhos brotando das vértebras de suas costas e apenas o rosto se assemelhava ao de um humano. Ele abriu a boca e mostrou sua língua bífica.

– Espantada, guardiã? Aposto que suas menininhas estão tremendo de medo – disse ele desafiadoramente.

– Elas estão acostumadas a ver seres das sombras deformados e não será a sua beleza, sua aparência de bichinho que irá amedrontá-las – retrucou ela. – Como posso chamá-lo?

– Vejo que gosta de ser sarcástica. Cuidado com o que diz, pois posso me ofender.

– Faço minhas as suas palavras. Como disse que se chama?

– Não disse – retrucou. – Vou dizer agora: Comandante Letrux.

– Letrux, gostaria de deixar claro que viemos cumprir uma missão de altíssima importância, atendendo ordens expressas da espiritualidade do governo planetário que se reporta diretamente aos seres das altas esferas de luz.

– Nenhum desses que você mencionou manda aqui. Sua arrogância me deixa irritado e mais uma vez repito que você deve voltar e dizer a eles que estes redutos estão sob nossos domínios e não aceitaremos interferências.

– Entendo, Letrux, mas eu pretendo cumprir a missão que me foi destinada.

– E qual seria essa missão, prepotente guardiã? – perguntou Letrux, ironicamente.

– Devo me entender com o mago negro Zirov e tentar convencê-lo de que a postura adotada pelo tutelado dele está em franco desacordo com as diretrizes planetárias. Pretendo argumentar com ele sobre as consequências de ultrapassar os limites estabelecidos pela Lei Divina de progresso. Estar em desacordo com a Lei não será uma medida salutar para todos vocês.

Letrux soltou uma estridente gargalhada e sarcasticamente falou:

– Você é muito abusada e irá merecer uma lição por isso.

– Não creio nisso, Letrux. Acredito que seu chefe, o mago Zirov, não aprovaria sua atitude agressiva contra uma guardiã a serviço dos maiorais da Luz. Há respeito de nossa parte e esperamos que Zirov ouça o que tenho a lhe transmitir. Por isso, sugiro que você leve o meu pedido a ele sem mais demora.

Letrux bufou de ódio e mentalmente ordenou a presença de muitos soldados de sua guarda negra, armados, no local onde se encontrava, se preparando para atacar Waniah e as integrantes da falange feminina D'Arc.

Uma voz metálica e pausada, pronunciando palavras com extrema dificuldade, foi ouvida por todos, como se estivesse sendo transmitida por meio de um alto falante danificado.

– Letrux!

O chefe da guarda de Zirov parou, arregalou os olhos e permaneceu silente, como se recebesse instruções mentais do mago negro.

– Guardas, recolham-se aos seus postos novamente – ordenou gritando. – Venha comigo, guardiã da Luz, disse entredentes, demonstrando sua contrariedade e extrema insatisfação por ter recebido ordens para se conter diante daquela mulher forte e destemida.

Waniah e as guardiãs da Equipe D'Arc seguiram atrás de Letrux. Ele se locomovia como um grande lagarto, com passos pesados e oscilando a enorme cauda. O ambiente era extremamente tóxico e repugnante. Pararam diante de uma gigantesca pedreira; uma parede de pedra negra se erguia diante deles. Ao seu comando mental uma passagem foi aberta e no seu interior elas viram uma grande porta com diversos símbolos de magia marcados nela. Estranhamente entendeu que se encontravam na contraparte astral do palácio governamental do país asiático. Um corredor curto e pouco iluminado os conduziu a uma sala totalmente negra, com penumbras escarlates. Letrux parou e se virou para observá-las e elas logo descobriram por quê. Ele queria ver como reagiriam ao fétido odor putrefato que invadiu as suas narinas, causando-lhes ardência nas mucosas e enjoo. Aos seus pés notaram que o assoalho parecia possuir vida e realmente, eram espíritos escravizados reduzidos a uma massa disforme e pegajosa, formando uma camada de fluidos energéticos densos que grudavam em suas botas.

— Temos que aguardar neste ambiente insalubre, Letrux? — indagou Waniah, sem demonstrar qualquer reação em seu semblante sereno, para frustrar as intenções de se divertir com elas

— Está incomodada, guardiã?

— Sim — respondeu ela, laconicamente. — Confesso que viver em um ambiente insalubre como este é para poucos, mas se vocês gostam...

Letrux emitiu um grunhido de ódio, mas se conteve.

— É muito diferente do ambiente saneado em que estão acostumadas a transitar, não é?

Ele riu de suas palavras sarcásticas.

— Engana-se, já estivemos em lugares piores, cuja atmosfera era muito mais opressora e densa, mas não vejo necessidade de me submeter a isso e permanecer em ambientes tóxicos apenas para o deleite de alguém que quer parecer vingativo diante de seu chefe. Minhas palavras incisivas lá fora foram necessárias para que você entendesse que não estamos aqui porque gostamos, mas porque precisamos cumprir a missão que recebemos e você está tentando dificultar e nos impedir.

Letrux, colérico, se aproximou dela e encarando-a de frente, disse:

— Ainda vamos acertar as contas e vai se arrepender pela sua insolência, guardiã de m...

— Aguardarei ansiosamente o momento, Letrux. Agora, cumpra as ordens que recebeu e me leve diretamente à presença de Zirov.

Ele se virou, movimentou as mãos circularmente, na altura dos ombros e direcionou jatos energéticos de coloração verde escura, opaca, à parede a sua frente. Ela se transmutou em uma grande porta corrediça de duas folhas que se abriram ao seu toque. Entraram em uma ampla sala com decoração lúgubre, em tons de vermelho e preto, móveis adornados por entalhes de demônios e quadros de pintura abstrata extremamente carregados de tintas escuras que se movimentavam constantemente. Ao fundo, uma cortina transparente separava a sala onde elas estavam de um outro recinto. Um ser espiritual surgiu atrás da cortina e lá permaneceu, em pé e em silêncio. Waniah sabia que ele as observava atentamente. Sentiu que a poderosa mente de Zirov tentava penetrar a mente delas e acessar suas memórias, auscultando os seus pensamentos para se certificar dos propósitos que as levavam até ele. A mesma voz que ouviram na área externa do palácio se pronunciou enfaticamente:

– Vejo que é muito determinada, guardiã, mas sua coragem não a livrará de retaliações pela ousadia empregada nas palavras.

– Peço desculpas se o ofendi, grande e poderoso mago. No entanto, espero que entenda que...

– Silêncio – interrompeu ele, irado. – Fale quando eu autorizar que se dirija a mim.

Waniah concordou acenando a cabeça afirmativamente e aguardou.

– Estou farto de receber mensagens de Alfrey trazidas por soldados mensageiros. O que ele teme? Por que não vem conversar comigo pessoalmente?

Waniah esperou a ordem dele para responder. Não desejava afrontar o mago e foi intuída mentalmente por Alfrey a esclarecer o motivo de ele não ir pessoalmente, assim que o mago encerrasse os arroubos de prepotência de seu ego inflamado, acreditando que ela se submetera aos seus caprichos.

– Acredito que ele não venha até a minha presença porque é um covarde e sabe que será recebido com desprezo e, apesar de pertencer a uma elite da Luz, reconhece que terá dificuldades em lidar comigo, que encontrará forte resistência e que meus poderes não podem ser negligenciados – continuou ele, arrogante. – O que tem para me transmitir além do que já obtive vasculhando sua mente, guardiã? Responda agora – ordenou ele, para mostrar que estava no comando da situação.

– Mago Zirov, Alfrey, o coordenador sideral das ações crísticas implementadas no planeta Terra, me encarregou de alertá-lo sobre a observância do respeito aos princípios que regem o progresso da humanidade terrena estabelecidos pela Lei divina. A interferência perniciosa nas ações do governante deste país asiático poderá alterar o destino da humanidade deste planeta magnífico, acarretando perturbações e transtornos energéticos a nível mundial e provocar um desequilíbrio que poderá transformar o planeta em um ambiente hostil e danoso para os dois planos de vida existentes nele.

Zirov riu.

— O que mais o estúpido adivinho da Luz disse? — perguntou ironicamente.

— Que isso não será tolerado e que o mago precisa rever as suas ideias e planos.

— Insolente como sempre. Acha que seremos submissos às suas determinações.

— Não são determinações dele, e sim do governo planetário.

— Não imaginava que minhas ações estivessem incomodando essas entidades e autoridades que se julgam pertencer a uma elevada estirpe!

— Alfrey esclarece que suas pretensas ações e seus planos de destruição em larga escala utilizando artefatos bélicos nucleares certamente irão causar um desequilíbrio cósmico. Estamos todos interligados energética e vibratoriamente e uma ação destrutiva dessa magnitude afetará o equilíbrio de diversos sistemas de vida existentes no Universo por irradiação e indução magnética. Não pertencemos a um sistema estanque e isolado, estamos intimamente conectados e o prejuízo a um determinado sistema de vida irá impactar negativamente muitos outros.

Zirov se aproximou da cortina e Waniah percebeu a respiração estertorada do mago. A sua aproximação causou-lhe profundo mal-estar. As guardiãs sentiram vertigem e náuseas ao entrar em contato com o magnetismo negativo e tóxico dele.

— Sei que Alfrey está mentalmente ligado a você, acompanhando tudo, e a minha resposta é: tente me impedir.

Depois de dizer isso, ele se afastou e desapareceu atrás da cortina, provavelmente adentrando um outro ambiente dimensional.

Waniah se virou e saiu sem esperar que Letrux a acompanhasse.

— Até breve, princesa da Luz. Lembre-se que nosso próximo encontro poderá não ser tão cordial como o de hoje.

— Lembrarei disso, Letrux. Não se dê ao trabalho de me acompanhar, conheço a saída.

Ela se juntou às demais integrantes da Equipe feminina D'Arc e se deslocaram de volta à base estabelecida em um local seguro, em terras altas, nas proximidades do mar de Okhotsk.

40

Macberius e os Obreiros da Noite se dirigiram a uma base montada na contraparte astral da crosta terrestre, no Oriente Médio, em lugar remoto do deserto, na Península Arábica, para poderem manter um controle mais amplo sobre as energias conflitantes que reinam naquela área do globo. A base fora erguida pelos guardiões e continha salas de reuniões, painéis operacionais e situacionais, depósito de armamentos diversos, estacionamento de veículos de transporte interdimensionais e estava protegida por um potentíssimo campo de força magnético que a camuflava, confundindo sua silhueta com a paisagem do deserto.

Macberius contava com o apoio de grupos de especialistas em política internacional terrena e estudiosos das políticas e estratégias das sombras e os enviou para o Iêmen, Síria, Iraque, Irã, Egito, Afeganistão, Israel, Líbano e Turquia, acompanhados de equipes de segurança dos guardiões da falange Obreiros da Noite. Colheriam naqueles países informações importantes sobre governos terrestres, sobre o governo oculto e seus manipuladores e obsessores espirituais, para consolidar o plano de contenção de amplo espectro que se encontrava em processo de elaboração, em caráter emergencial.

Transcorrido o lapso de tempo atribuído como prazo para o cumprimento da missão, os grupos retornaram à base e se reuniram para atualizar e compilar os dados obtidos.

— Ao concluir a análise, chegamos à conclusão de que a situação no cenário internacional nos dois planos da vida é crítica e vai demandar intervenção urgente para evitar a perda de controle e impedir o estabelecimento de caos generalizado – falou Macberius, se dirigindo aos chefes de grupos e equipes que compunham a mesa de reunião. – Precisaremos agora especificar as ações para cada um dos *players* (jogadores). Elas devem inviabilizar suas iniciativas apartadas da Lei do Progresso e impedir que os representantes das trevas possam se articular e somar esforços para precipitar algum evento danoso e destruidor. A antecipação se faz necessário agora para podermos prever os passos de cada um e atuar no sentido de neutralizar as ações antes que elas possam produzir efeitos irremediáveis.

– Macberius, o meu grupo de especialistas sondou as intenções dos magos negros draconianos homiziados no governo teocrático da República Islâmica que se encontra sob nossa constante observação e constatou que conflitos bélicos estão sendo tramados e incitados pela elite dominante das trevas. O maioral quer atingir e envolver diversos países da região, com o intuito de jogar uns contra os outros, desfazer antigas alianças e promover o esgarçamento da precária estabilidade político-social do Oriente Médio como um todo – argumentou Cirolav, o chefe do grupo. – Ele pretende romper os limites e desestabilizar a área, criando um ambiente caótico para que os efeitos e reflexos possam se estender, posteriormente, por outras regiões do globo terrestre.

Cirolav era um guardião especialista em oriente médio. Trajava vestimenta árabe composto por uma touca branca (*Gahfiya*), para prender os cabelos, uma túnica branca comprida até os tornozelos, com colarinho alto e mangas longas (*Kandoora*) e sandálias simples (*Na-Aal*). Estivera sempre envolvido aos destinos dos povos árabes desde a encarnação em que lutara como guerreiro do exército de Saladino, durante as Cruzadas do século XI.

– Você está se referindo a Assuero, o mago negro? – indagou Macberius.

– Correto, ele mesmo. Na antiguidade era conhecido pelo nome de *Khsajarsha* e, atualmente, como Assuero, o sumo chefe de vastos domínios e redutos do astral inferior – informou Cirolav.

– Por que ele usa dois nomes?

– O nome *Khsajarsha* vem do persa antigo e possui o mesmo significado do nome Assuero: "Leão-rei" – respondeu o especialista.

– Fale-me mais sobre ele – pediu Macberius, para poder entender os meandros da real situação do Oriente Médio.

– Assuero vem dominando os sucessivos governantes de um influente país islâmico, provocando guerras, intrigas internacionais e disputas de poder que objetivam conquistar a hegemonia da região, para estabelecer um amplo domínio, com a insolente intenção de se expandir depois para outras áreas do globo terrestre. Acalenta propósitos de grandeza e domínio, alimentados pelo seu ego hiperinsuflado. Eu e minha equipe de especialistas fomos encarregados pela espiritualidade superior de acompanhar e obter o máximo de informações sobre aquele perverso mago negro, mas não é uma tarefa fácil se aproximar o suficiente para conhecer como ele age, tentar prever o que está sendo articulando politicamente e espionar os avanços tecnológicos bélicos alcançados. O círculo de assessores no seu entorno é formado por espíritos muito leais, extremamente inteligentes, perspicazes, muito astutos e desconfiados.

Nossa tarefa já se estende por 42 anos, mas somos apenas a equipe mais recente que acompanha esse Mago que já atua junto àqueles povos por milhares de anos. Outras valorosas equipes nos antecederam. Nossa tarefa se iniciou antes da revolução islâmica que estabeleceu um regime teocrático naquele país do Oriente Médio e se estenderá até que nossos dirigentes decidam substituir-nos por outra equipe mais capacitada ou especializada – esclareceu Cirolav. – *Khsajarsha*, ou melhor, Assuero, detém muitos conhecimentos de magia, de tecnologia astral e, para executar esse tipo de trabalho de acompanhamento, a equipe precisa ser altamente especializada para poder se imiscuir disfarçadamente, identificar e lidar com os enormes desafios de ordem mental, intelectual e energética envolvidos, sempre com muita cautela e paciência. Um pequeno erro pode se transformar em uma armadilha letal para qualquer um que espione nos domínios dele.

– Interessante tudo isso; mas o que importa no momento é: como iremos operar para neutralizar as ações desse tirano de dois mundos e com urgência, antes que seja tarde demais? – indagou Macberius, levantando as sobrancelhas, atitude que demonstrava muita preocupação com a gravidade do problema que deveriam enfrentar. – É incomum vermos magos negros como Assuero reencarnarem. O que o diferencia dos demais que não querem se submeter ao processo reencarnatório?

– Assuero desenvolveu técnicas mentais poderosas para se desdobrar e manter a consciência no plano astral do umbral grosso durante os curtos processos reencarnatórios. Apesar de o processo reencarnatório ocasionar o esquecimento temporário das memórias espirituais, ele se alimenta das memórias especialmente arquivadas todas as noites ao retornar aos redutos que permanecem sob a sua chefia e é assessorado por asseclas e seguidores fiéis que o substituem enquanto ele mergulha na vestimenta de carne – explicou Cirolav. – Assuero permaneceu milênios se esquivando de reencarnações compulsórias. Com o passar do tempo sua deformação perispiritual transformou seu corpo astral em um amontoado de moléculas em franco processo de desagregação. Quando era irresistivelmente compelido ao processo de investidura carnal, sua poderosa mente treinada e disciplinada conseguia de alguma forma formar acúmulos energéticos negativos, tóxicos e deletérios, para provocar aborto em um determinado estágio da gravidez. Essa manobra lhe garantia uma carga extra de energias vitais essenciais à sua recomposição perispiritual e o escape da reencarnação, sendo que o efeito mais importante era: possibilitar o choque anímico necessário e imprescindível para que seu corpo astral estancasse a progressão do processo de desagregação molecular, utilizando a energia vital da mãe e do corpo do feto em formação, que eram profundamente vampirizados. Ele formou uma equipe de técnicos energéticos e cientistas do astral inferior que providenciou precárias reencarnações ligando-o fluidicamente ao corpo de uma resistente hospedeira primitiva, selecionada em meio às tribos da África central, cuja morte sobrevinha em decorrência da alta carga de fluidos tóxicos que lhe era transmitida durante a formação do feto na gravidez, carga energética essa que contaminava de forma letal o seu organismo – concluiu o guardião árabe.

– Assuero é, de fato, um sujeito pernicioso e cruel. O processo espúrio implementado por ele é macabro e agride as Leis Divinas estabelecidas para o sagrado e edificante processo reencarnatório. Lamentável! – Explique como ele age – pediu Macberius, para entender o funcionamento da mente ardilosa de Assuero.

– Ele obsidia o governante, se imiscui em seus pensamentos, insere comandos hipnóticos de subserviência, domina o sistema nervoso da vítima e durante o desdobramento pelo sono conduz aquele que detêm o poder terreno, e é o seu mandatário fantoche, a laboratórios do astral inferior, para implantação de artefatos de tecnomagia que lhe permitirão acesso irrestrito aos comandos de controle pessoais do hospedeiro, transformando-o em uma marionete cujos cordões são manipulados pelo mago conforme seus planos de dominação e necessidade de indução da discórdia, da desconfiança e de provocações, cujo principal objetivo é gerar antagonismos capazes de conduzir os atores (*players*) dos países do mundo a uma guerra catastrófica, sem precedentes, e obter o almejado caos mundial tanto no plano astral como no físico. Zirov aciona os cordéis de sua marionete no país asiático e Assuero exerce influência, há séculos, nos destinos do país islâmico do Oriente Médio e, desde o século XX, envolveu o país em uma revolução religiosa que permitiu o estabelecimento do regime teocrático liderado por uma casta de religiosos chamados de *Ayah Allah* (sinais de Deus) – Aiatolás –, cujo atual representante é o sumo sacerdote islâmico e a marionete nas mãos de Assuero.

41

Em reunião emergencial convocada pelos seres superiores em um elevado plano dimensional encontravam-se presentes Alfrey, o dirigente espiritual representante da coordenação sideral; Aalão, o coordenador das missões no astral inferior; integrantes do 2° Comando dos Guardiões; Azaliel, Guardião de elevada estirpe e comandante da Legião *Lux Albis*; Macberius, comandante da Falange dos Obreiros da Noite; Waniah, comandante do Grupo D'Arc, força-tarefa feminina; o comandante da Legião dos Sentinelas dos Portais e diversos guardiões assessores diretos, especialistas e técnicos.

Depois dos cordiais cumprimentos, Alfrey se dirigiu aos participantes, dizendo:

– Recebi determinações incisivas do Alto para intervir com urgência para interromper as investidas das hostes e potestades do mal que intentam contra o equilíbrio planetário. A estabilidade do planeta poderá ser comprometida, em breve, por atos equivocados e insanos de tiranos egoístas e perversos que tudo fazem para obstacularizar a marcha do progresso humano na Terra. Como bem sabemos, perturbações de ordem energética causadas por eventos destruidores podem afetar o planeta como um todo e ocasionar repercussões de difícil contenção em diversos sistemas planetários do Cosmo. O Cristo, que trabalha incessantemente para contribuir com a manutenção da harmonia e do equilíbrio reinante na Casa do nosso Pai Celestial, a Fonte Criadora do Universo, não permitirá que tais abusos sejam cometidos.

Ele fez ligeira pausa para que todos assimilassem suas palavras e, em seguida, continuou:

– O problema que identificamos na área do Oriente Médio possui íntima ligação com o problema do país asiático. Em seu país, Assuero se empenha para que seus fantoches encarnados dirijam todos os esforços para o desenvolvimento de tecnologia termonuclear e encontrava-se prestes a obter sucesso. O programa nuclear do país teocrático foi interrompido devido a uma interferência externa nos controles das centrífugas de enriquecimento de urânio. Um vírus plantado no sistema computadorizado agiu para sobrecarregá-lo com giros excessivos, cujo resultado foi o superaquecimento dos mancais de sustentação e subsequente desgaste prematuro que inutilizou as centrífugas e paralisou a produção de material físsil U235, elemento essencial para a construção de artefatos nucleares de alto poder destrutivo. Diante do contratempo, Assuero decidiu apoiar Zirov, o influenciador do governante do país asiático, que sonha montar um poderoso arsenal nuclear e adquirir poder e *status* bélico para chantagear os países mais poderosos e o mundo. Os dois magos associados pretendem transformar o país asiático no estopim do almejado conflito nuclear devastador e para isso mantêm em vigor uma estratégia política de desafios e ameaças indutoras de reações belicosas, cujo objetivo precípuo é o de se contrapor às sanções restritivas impostas pela comunidade internacional do plano físico, sanções essas que atrasam e dificultam o desenvolvimento do artefato nuclear e das plataformas de lançamento e transporte dos mesmo até os alvos em território das nações oponentes da crosta terrestre.

Diante do olhar atento dos participantes, Alfrey fez outra pausa para reflexão, pois passaria em seguida a expor as determinações recebidas do Altos Diretores espirituais.

— Afastando Zirov definitivamente, interromperemos a influência de Assuero, que permanecerá isolado e nos possibilitará uma dilatação do tempo, o necessário para uma ação de contenção mais efetiva. Agindo assim ganharemos tempo suficiente para elaborar uma solução mais robusta para o problema principal.

Temos que ser cuidadosos e estabelecer os objetivos intermediários exequíveis que favoreçam inicialmente a separação, o afastamento dos magos negros Zirov e Assuero. As dificuldades que enfrentaremos para separá-los são evidentes, devido ao poder acumulado por eles e ao nível de enraizamento negativo que conseguiram estabelecer tanto internamente, em seus redutos, quanto externamente no plano físico.

O primeiro objetivo será desentranhá-lo das vísceras dos governos daqueles países e neutralizar o domínio que os magos negros exercem nos planos astral e físico; não será tarefa fácil. Pensando nisso decidimos que a missão junto ao país asiático seja atribuída ao Grupo D'Arc, comandado pela guardiã Waniah e à Falange Hindu, chefiada pelo guardião Kadir, especialista no trato com magos e magias. Trabalharão associados, formando uma equipe coesa, forte, determinada e técnica, com especificidades que se complementam.

A frente de batalha do Oriente Médio ficará sob a responsabilidade da numerosa Falange dos Obreiros da Noite, comandada pelo guardião Macberius, cuja estratégia será essencialmente de contenção. Intervirá no apoio que Assuero pactuou com Zirov e se encarregará de impedir a concretização desse apoio, dificultando e limitando ao máximo a comunicação entre eles. Devido ao fator coordenação e oportunidade, aguardará ordens e instruções para iniciar gestões de visem à neutralização de suas atividades.

O segundo objetivo intermediário será a inserção de especialistas do 2° Comando dos Guardiões, cuja missão será fomentar novos ideais políticos na mente do governante do país asiático, para que ele tenha conflitos internos e se afaste da ideia fixa e cristalizada de nuclearizar sua nação para fins bélicos; pensamentos capazes de desmantelar a argumentação de que o poder nuclear lhes possibilitará angariar respeito internacional; incutir a dúvida para que ele acolha a ideia de que o poder nuclear não passa de uma falácia, pois não poderá utilizá-lo, servirá apenas como retórica dissuasória, e isso irá estimulá-lo a contrapor-se à estratégia de projetar poder dissuasório pela via do armamentismo nuclear; ele deverá ser incentivado a buscar outras formas de se firmar perante a comunidade internacional para coibir as potenciais intenções de intervenção política dos inimigos que se opõem à manutenção daquele regime autoritário,

instituído e preservado à força, com crueldade, desprezo e totalmente desviado das leis fraternas – completou Alfrey. – O objetivo principal será atingido quando devolvermos o equilíbrio e promovermos a estabilidade naquelas regiões, permitindo que seus povos possam reencontrar o caminho do desenvolvimento e do crescimento espiritual, que são as bases harmônicas da Lei Universal do Progresso, conscientemente e por moto próprio, sem interferências exógenas de entidades e núcleos temporários de poder que querem somente subjugar e manter um regime escravizante que obstaculize a política do Cristo. Quanto aos magos negros envolvidos, ambos serão responsabilizados pelas suas ações e oportunamente afastados de forma definitiva do convívio com a humanidade terrestre.

Encerrada a sua participação, o dirigente espiritual se despediu para permitir que a reunião prosseguisse sob a orientação de Aalão. Eles trabalhariam incessantemente para elaborar planos operacionais estratégicos e táticos destinados ao cumprimento das missões recebidas, planos esses que exigiriam criteriosa minúcia devido ao delicado e intrincado envolvimento de seres astutos, armados com artimanhas obscuras, inteligências do mal dotadas de grande cabedal de conhecimentos de tecnomagia e mentes diabólicas capazes de tudo para conseguirem os resultados sombrios estabelecidos em antiéticos pactos das Trevas.

42

A situação política internacional se agravava à medida que os magos negros Zirov e Assuero, influenciadores dos governos terrenos, avançavam com seus planos. Os reflexos das ações ocorridas no plano astral e na subcrosta atingiam em cheio o plano físico, deteriorando sobremaneira as relações entre as nações envolvidas, intensificando o clima de animosidade e de incertezas que contribuíam para escalar a crise, ou seja, aumentar o tom, o nível das ameaças que pavimentavam os caminhos que conduzem ao esgarçamento das relações, à interrupção das gestões conciliatórias e levam ao subsequente surgimento da belicosidade e uso militar como solução dos conflitos. A interferência de magos negros e seres draconianos do governo oculto nos processos decisórios dos governos do mundo são ações que necessitam de constante acompanhamento e contenção por parte dos diversos Comandos dos Guardiões que lutam para manter a disciplina, a ordem mundial e coibir os abusos decorrentes do exercício exacerbado do livre-arbítrio, do poder e dos excessos provocados por vontades equivocadas e apartadas das Leis Universais eternas e imutáveis estabelecidas pelo Criador.

❋ ❋ ❋

Decorrido um tempo astral equivalente a dois meses

do tempo terrestre, os guardiões iniciaram as ações preliminares, com Waniah e Kadir percorrendo a atmosfera astral em direção ao reduto de Zirov. O ambiente era desértico e o relevo parecido com dunas de areia cinza e grossa impregnada de um odor característico de enxofre. Não havia qualquer tipo de vegetação e ao longo do caminho eles encontraram insetos que saíam de inúmeros buracos nas dunas e se aproximavam tentando alcançá-los. Ao se depararem com a energia dos guardiões, passavam a guardar certa distância devido ao influxo magnético da aura de seus corpos astrais, que os bloqueavam e em seguida os repeliam. Eram aranhas, escorpiões, baratas, formigas e lacraias de formatos e tamanhos diversos, todas criações mentais enfermiças.

– Veja, Kadir, como essas criações mentais são atraídas por tudo que se movimenta nessas regiões do astral inferior – disse Waniah.

– Sim, minha amiga. Duplicatas astrais artificiais dos insetos encontradas no ambiente terreno; formas-pensamento degeneradas, criadas e plasmadas pelas mentes humanas, cujo teor negativo de pensamentos e emoções os transformam em pragas destrutivas que se alimentam das energias geradas pelo hálito mental desregrado e enfermo – completou Kadir.

– Acredito que estejamos adentrando as zonas pestilenciais mais próximas do reduto de Zirov. O que você acha?

Eles pararam no cimo de uma duna para observar a região com potentes instrumentos ópticos.

– Olhe aquele ambiente ao fundo desta área, no horizonte – disse Kandir, apontando para uma imagem no visor do instrumento. – Veja como não há transição entre a triste e lúgubre paisagem e a área ao fundo, há uma modificação brusca – e apontou para o horizonte à frente deles.

– O terreno arenoso se transforma em um pântano denso e escuro que acredito ser composto de acúmulos energéticos negativos acres – sintetizou Waniah.

– E altamente tóxicos – complementou Kadir, balançando a cabeça. – Precisaremos ultrapassá-lo para alcançar a sede do reduto de Zirov, mas com muita cautela, devido as inúmeras armadilhas energéticas que podem nos surpreender no trajeto.

– Certo, então vamos seguir por esse caminho que margeia o pântano – falou Waniah, mostrando o trajeto com o dedo sobre a tela do aparelho.

❊ ❊ ❊

Enquanto progrediam pela inóspita paisagem, foram alertados pelos guardiões que se deslocavam à frente, como batedores, sobre a aproximação de efetivos da guarda pretoriana de Zirov.

– Letrux!– Disseram, simultaneamente, ao receberem as emanações mentais do magnetismo negativo do chefe da guarda de Zirov, que certamente detectara a presença dos guardiões em seus redutos e se deslocava na direção deles para impedi-los de adentrar em sua área.

– Eu tive o desprazer de conhecê-lo pessoalmente. É um ser extremamente violento, cruel e vingativo. Teremos grandes problemas pela frente – disse Waniah, olhando para Kadir. – Eu não esperava encontrá-lo tão cedo; achei que toparíamos com ele nas portas do reduto de Zirov, não aqui, neste lugar distante e ermo.

– Estamos preparados para lidar com situações como a que se apresenta e, conforme você mesma me preveniu, a resistência do mago já era dada como certa – afirmou Kadir, demonstrando grande confiança.

As duas falanges foram alertadas e os integrantes assumiram prontamente a formação de segurança defensiva, sem interromper sua progressão. Campos de forças magnéticas foram acionados para proteger guardiões, técnicos e especialistas. Armamentos de pulso elétrico e magnético foram preparados para disparo.

– Quero sair deste lamaçal o mais rápido possível – disse Waniah, preocupada com um possível embate naquele terreno pantanoso que os deixaria em desvantagem.

Kadir parou, se concentrou e mentalmente emitiu, através de suas mãos, energias de cor verde que se espalharam sob os pés de todos e se misturaram à matéria astral negra do solo pantanoso, secando a sua umidade por meio de uma reação química ígnea abaixo da superfície que transformou o solo em uma espécie de argila de cor marrom, incrustrada de pedriscos negros semelhantes ao basalto.

– Gostei da oportuna intervenção, meu amigo mago! – falou Waniah, agradecida. – Aprendeu muito durante seu estágio nas profundezas do umbral grosso e agora fico feliz em ter você lutando ao nosso lado, a serviço da Luz.

– Mudar de lado foi penoso e somente com a ajuda de entidades espirituais elevadas eu me convenci de que

estava no caminho errado – comentou Kadir sem qualquer pudor. – Eu fui companheiro de exílio de Azaliel, viemos para o planeta Terra no mesmo transporte, mas trilhamos caminhos diferentes. Veja o que ele é hoje e o que eu sou...
– Todos nós temos um passado triste e infeliz. O importante no momento é que estamos trabalhando arduamente para corrigir os erros e reverter nossa descida para a inferioridade tentando adicionar luz em nossos caminhos – comentou Waniah, emocionada com o depoimento do amigo.
– Agi adicionando um pouco de magia para nos beneficiar neste momento de preparação – retrucou Kadir, com um sorriso.
– Magia ou química energética? – indagou de forma séria um guardião que estava próximo deles.
– Um pouquinho de cada, guardião – respondeu Kadir, cortesmente. – Toda magia envolve química energética, mas nem toda química energética é magia, entendeu?
– Sim – respondeu o guardião, satisfeito.
A equipe 2 do Grupo D'Arc, a força-tarefa feminina que progredia no flanco esquerdo, foi atacada por dezenas de seres espirituais brutalizados, deformados, trajando vestimentas de antigos guerreiros janízaros, espíritos que lutaram quando encarnados em guerras de conquista, saquearam e destruíram diversos povos sob o comando do sultão do Império Otomano *Murad I Bey*, que formara um numeroso exército por volta do século XII, d.C. Eram soldados temidos devido a sua ferocidade guerreira e crueldade para com todos os que eram por eles subjugados e escravizados.

Felizmente os atacantes não detinham a tecnologia protetiva proporcionada pelos potentes campos de força magnéticos utilizados pelos guardiões e o ataque, apesar de contundente, foi inócuo. Uma bolha transparente que irradiava feixes energéticos e descargas elétricas podia ser vista cobrindo-os como um guarda-chuva e formando um espaço circular dentro do qual as equipes dos guardiões progrediam. Os guerreiros comandados por Letrux não conseguiam penetrar as barreiras magnéticas por mais que se esforçassem e, em diversos pontos do perímetro do campo de força, os guerreiros Janízaros escavavam o solo na tentativa de abrir uma brecha por baixo, mas à medida que escavavam, o campo se modificava e se adaptava ao novo contorno do solo, aumentando a superfície protetiva. Muitos não resistiram às descargas energéticas a que foram submetidos ao encostarem no campo de força. O contato com a superfície energizada do campo, que emitia feixes e fortes descargas eletromagnéticas, simplesmente ejetava os invasores desacordados para longe.

Uma ordem sonora de alta intensidade foi enviada por Letrux aos guerreiros e, em seguida, todos abandonaram o local, gritando, sibilando e uivando como lobos enlouquecidos, batendo em retirada, em direção ao reduto de Zirov.

– Acredito que entenderam que não fariam qualquer oposição aqui e Letrux decidiu defender o reduto de Zirov, se encastelando dentro do mesmo – disse Waniah.

– Concordo com você, minha amiga. Precisaremos aplicar o que planejamos com firmeza tática se quisermos adentrar aquele reduto.

Ao se aproximarem dos domínios de Zirov os guardiões penetraram em uma espessa nuvem de material astral tóxico, uma fuligem cinza, acre e abrasiva, o resultado de acúmulos energéticos produzidos por pensamentos degenerados e emanações mentais inferiorizadas e de baixíssimo teor vibratório. Somente guardiões acostumados a transitar naquelas regiões densas e mentalmente preparados conseguiam se locomover em tais condições ambientais pestilentas. Alguns, mais suscetíveis, faziam uso de roupas e máscaras protetoras, dotadas de tecnologia astral superior capaz de os isolar de formas-pensamento deletérias e altamente destrutivas.

As equipes táticas entraram no perímetro do reduto de Zirov, localizado na contraparte astral do palácio de governo do país asiático, muitos metros abaixo da crosta terrestre, em uma zona do umbral grosso. O ambiente era extremamente nocivo à saúde mental, energética e espiritual de qualquer um que por lá transitasse e as armadilhas energéticas elaboradas pela tecnomagia de Zirov eram uma constante preocupação dos líderes das equipes que avançavam para o interior do reduto. A equipe de vanguarda do Grupo D'Arc, a força-tarefa feminina, foi surpreendida pela detonação de uma bomba de resíduos magnéticos negativos e matéria escura do astral inferior, que fora recolhida das zonas mais densas do astral abissal e inserida em artefatos explosivos bélicos, produzidos pelos cientistas das trevas a serviço do mago negro Zirov. Após a explosão, o conteúdo da bomba se espargiu no ambiente, contaminando-as e aderindo magneticamente aos corpos astrais (periespíritos) das vítimas, para lhes causar distúrbios mentais diversos e, principalmente, desagregação molecular. As guardiãs atingidas tiveram partes de seus corpos astrais corroídos e grandes feridas foram abertas depois que a substância tóxica rompeu o tecido energético corporal delas. O efeito danoso se assemelhava ao produzido pelo ácido sulfúrico em tecidos vivos, causando severas queimaduras e profundas feridas. Precisaram ser evacuadas e conduzidas para o interior dos veículos de transporte (VT) posicionados em locais estratégicos à retaguarda, para serem atendidas em regime de urgência pelos médicos dos guardiões, que contavam com avançados postos de socorro, equipados com instrumentos de alta tecnologia astral superior para atendimento de diversos tipos de ferimentos. Ao restante do grupo D'Arc que não foi atingido pela explosão juntou-se um numeroso grupo de guardiões da Falange Hindu e juntos, os integrantes daquelas laboriosas equipes associadas investiram contra as forças de segurança de Zirov que haviam se apresentado à frente deles de surpresa. Para isso necessitaram sair do guarda-chuva protetivo proporcionado pelo campo de força magnético. Os guardiões precisaram se envolver em um contundente embate, preocupados e orientados para não ultrapassar os limites éticos do uso da força. Os seus oponentes, ao contrário, se utilizavam das mais mirabolantes e baixas técnicas de combate, entrando em um *tudo ou nada* que obrigou os guardiões a usar seus armamentos de pulsos eletromagnéticos para desacordar os espíritos agressores por meio de descargas eletromagnéticas que envolviam seus corpos astrais e se concentravam no sistema nervoso central, produzindo efeitos de entorpecimento dos sentidos, confusão mental e uma espécie de sobrecarga elétrica sistêmica que atingia o encéfalo, a medula espinhal, os nervos cranianos, os espinhais e até os gânglios nervosos, resultando na interrupção abrupta do fluxo neural, apagando-os instantaneamente, como se uma chave de desligamento fosse acionada. Os que receberam o pulso eletromagnético mais leve foram induzidos a um imediato estado de torpor e paralisia; no entanto, devido a gravidade dos embates, sentiram necessidade de alterar a configuração do armamento e utilizar pulsos mais fortes, em potência máxima, capazes de provocar desmaio de duração prolongada, apagamento temporário das memórias mais recentes e descoordenação motora incapacitante.

Depois de transcorridos os momentos perigosos e mais tensos da batalha, uma grande quantidade de espíritos encontrava-se caída no chão, desacordada. Eles seriam recolhidos por equipes especializadas dos guardiões e enviados para prisões especiais localizadas no lado escuro da Lua, onde aguardariam o início de seus processos reeducativos por intermédio da expatriamento do orbe terrestre, conhecido como exílio espiritual, cujo objetivo é realocá-los em outros mundos com níveis vibracionais e evolutivos mais adequados às suas condições evolutivas atuais, onde poderão revisitar as lições edificantes e redentoras não aprendidas ou negligenciadas durante o período de vivência no planeta Terra.

Letrux e um grupo seleto de guerreiros da guarda negra de Zirov desapareceu da área de embate.

– Onde está Letrux? – perguntou Kadir. – Não o estou vendo por aqui.

Waniah olhou ao redor com cuidado e disse:

– Certamente deve se encontrar no interior do reduto, sob a cobertura de Zirov. Acredito que tenha percebido que nada poderia fazer aqui fora contra os guardiões e foi se posicionar como última linha de defesa de Zirov.

– Daqui em diante teremos que ser extremamente cuidadosos. Lidar com Letrux e Zirov não será tarefa fácil – falou Kadir. – Precisamos utilizar nossos aparelhos de leitura paramétrica para determinar os parâmetros e os elementos interrelacionados deste sinistro e desconhecido local. Por meio dessas informações estaremos em condições de gerar um modelo geométrico tridimensional das instalações de Zirov, até mesmo as ocultas, bem como identificar variações estruturais que possam indicar potenciais armadilhas e surpresas desagradáveis. Assim poderemos entrar e percorrer o reduto com mais segurança e precisão.

Ao comando mental de Kadir, uma equipe formada por técnicos e especialistas se aproximou e instalou um tripé com um sofisticado aparelho circular que girava trezentos e sessenta graus em uma base semelhante a uma mesa. À medida que o aparelho colhia os dados paramétricos, imagens holográficas tridimensionais eram exibidas em diversos ângulos sobre uma mesa de projeção, em cujo entorno estavam Kadir, Waniah e diversos outros chefes de subgrupamentos dos guardiões.

– Vejam estas estruturas – disse Waniah, chamando a atenção de todos. – Letrux instalou canhões que atiram artefatos sujos como aqueles que atingiram as nossas guardiãs de vanguarda.

Ela apontou cerca de doze pontos de emboscada no interior do reduto de mago negro, cuja estrutura era uma edificação invertida – uma base plana e mais dois níveis menores abaixo dele, também planos e interligados por túneis a câmaras espalhadas lateralmente e para baixo.

– O nosso problema será avançar dentro da construção. Ela foi erguida de forma invertida para que cada nível sirva de obstáculo e proteção ao seguinte, situado abaixo – explicou Jafar, o especialista estrutural e chefe da equipe de medição paramétrica. – Abaixo dos níveis planos o reduto se estende de forma desordenada, semelhante a um formigueiro, ou seja, túneis diversos que ligam câmaras circulares edificadas de forma aleatória. A base plana mais acima está localizada exatamente na contraparte astral do palácio governamental do país asiático e essa contiguidade permite que o inter-relacionamento dos dois planos seja contínuo e intrínseco. Além disso, podemos ver nas imagens holográficas que ramificações se estendem para outras direções, atingindo diversos edifícios importantes de que desconhecemos, por enquanto, as finalidades. Zirov estabeleceu uma teia que envolveu os principais estamentos do governo.

Uma cuidadosa reunião de planejamento tático se seguiu a partir daquele momento, para que os guardiões pudessem consultar os maiorais da Luz sobre as variantes dos planos operacionais elaborados anteriormente e as alterações necessárias, em decorrência do que tinham descoberto sobre o reduto de Zirov. Precisavam decidir que medidas de contenção adotar para as etapas subsequentes da missão recebida. O modelo tridimensional montado pelos guardiões revelou a existência de um intrincado sistema de destruição em grande escala, com armas poderosas que provocariam explosões sequenciadas capazes de desestabilizar todo o complexo do reduto e enviar ondas sísmicas direcionadas para baixo, que abalariam o equilíbrio vibracional do planeta; um sistema diabólico arquitetado por mentes pervertidas e inteligências totalmente devotadas ao mal.

43

Na frente Oriente Médio a situação não era de calmaria. Assuero percebeu a manobra de isolamento que estava em curso para afastá-lo do mago Zirov e tentou de todas as maneiras estabelecer contato mental com o mago negro atuante no país asiático, seu associado, mas não obteve sucesso. Os guardiões especialistas comandados por Macberius estabeleceram potentes barreiras energéticas e magnéticas no entorno do reduto de Assuero, local onde ele se encastelara. No poderoso campo de força foram utilizados sofisticados e avançados equipamentos de tecnologia astral superior dos guardiões; no entanto, o astuto mago do Oriente Médio também tinha recursos que usaria para burlar as tentativas de contato: induzir lideranças rebeldes obsidiadas pelos seus asseclas do mal, atuantes em diversos países vizinhos, a empreender ações beligerantes para escalar os conflitos, ou seja, determinou que as lideranças subjugadas e envolvidas hipnoticamente sob seu domínio, obedientes ao seu comando trevoso, aumentassem as ações destrutivas de caráter bélico e psicossocial para: causar tragédias humanitárias sem precedentes; aumentar a incidência de atos cruéis perpetrados por grupos terroristas; promover matanças indiscriminadas de indefesos (homens, mulheres, crianças, idosos e doentes), para causar comoção mundial; executar ações genocidas; execuções públicas para gerar medo, tensão, horror e sofrimento psíquico, capazes de gerar acúmulo de energias negativas que seriam utilizadas para fortalecer suas investidas contra as forças da Luz e, principalmente, criar um caos generalizado no Oriente Médio para desviar o foco de atenção dos guardiões.

  Macberius, comandante da Falange Obreiros da Noite, se encontrou com os guardiões Asher, Omar e Sara, do comando tripartite das Sentinelas dos Portais, cuja base encontrava-se entranhada em uma área extremamente conturbada: a cidade de Jerusalém, sede dos templos judeu, árabe e cristão. O comando tripartite era responsável por cumprir a difícil tarefa de manutenção do equilíbrio entre encarnados e desencarnados das três religiões mais proeminentes do planeta e com os maiores efetivos de seguidores que não se respeitam e lutavam para impor aos outros a sua visão de mundo, de Deus e de justiça. Irmãos envolvidos em uma luta fanática com o objetivo de se sobrepor uns aos outros, esquecendo-se de que somos todos filhos do Criador e Grande Arquiteto do Universo – Deus –, Pai bondoso, Justo e misericordioso. Enfrentam-se há séculos, semeando desavenças, regurgitando ódio e alimentando uma guerra fratricida destrutiva e sem vencedores.

– Saudações, meus prezados companheiros – cumprimentou Macberius, com satisfação.

Ele sentia grande apreço por aqueles três guardiões com os quais já havia trabalhado em outras ocasiões e que tão bem o tinham acolhido e lhe prestaram grande ajuda em momentos difíceis.

– *Shalom!* Que bom rever o amigo – disse Asher, o judeu, dando lhe um beijo na face.

– *Salaam Aleikum!* – falou Omar, o árabe, estendendo-lhe os braços abertos para um abraço afetuoso.

– Olá! Seja bem-vindo, Macberius! – disse Sara, a cristã, por sua vez, abraçando-o de forma gentil.

– Estou me sentindo o filho pródigo que retorna à casa do pai, depois de se perder nos descaminhos do mundo – brincou Macberius, sorrindo. Vocês sempre são muito afetuosos comigo. Não estou acostumado a receber esses efusivos abraços no meu dia-a-dia; ao contrário, ao lidar com entidades inferiorizadas, me preocupo em não apanhar ou ser abatido por elas.

Eles riram de maneira descontraída, como em uma reunião de velhos amigos e camaradas.

– Não seja tão dramático senão daqui a pouco estará vertendo lágrimas – disse Sara em tom jocoso.

Eles riram novamente e se abraçaram mais uma vez, em uma confraternização sincera de antigos amigos. Depois do reencontro eles se dirigiram para a base das Sentinelas dos Portais.

✣ ✣ ✣

As ações das sombras na contraparte astral produzem significativos reflexos no mundo físico. As conturbações sociais, as guerras, os conflitos localizados, as disputas de poder, as crises humanitárias, quando eclodem no ambiente físico, são efeitos subsequentes de uma grave perturbação proveniente do submundo astral. Sabemos que o mundo das formas – o físico –, está intimamente relacionado ao astral (umbral grosso e médio), havendo um contínuo intercâmbio, com repercussões tanto na crosta como na subcrosta, provocados por entidades espirituais ignorantes que utilizam a crueldade e a violência para alcançar seus objetivos escusos. Eles se mantêm afastados de princípios morais elevados, são negligentes no acatamento dos ditames das Leis Universais imutáveis e eternas e influenciam sobremaneira os acontecimentos no mundo dos encarnados. As atividades de falanges de malfeitores, de marginais do Além, de inteligências das sombras, são invisíveis aos encarnados e muitas vezes escondidas dos desencarnados e dos guardiões. Os efeitos nefastos de seres das trevas são extremamente preocupantes porque possuem o condão de se expandir e interpenetrar os tecidos sociais e políticos da humanidade terrestre, afim de provocar uma espécie de contágio antiético capaz de alterar a estrutura intrínseca dos estamentos mais harmoniosos e estáveis, implodindo suas bases evangélicas e corroendo os seus alicerces morais, para que desmoronem estruturalmente de dentro para fora. São notórios e evidentes os locais onde existem focos de interferência das sombras: países onde impera a corrupção associada à política antiética que devasta a moralidade das sociedades; em regiões onde imperam os criminosos de toda ordem, cujos antros são responsáveis por disseminar o ódio, o vício, a violência e a escravização de mentes e corações; nas quadrilhas influenciadas por entidades diabólicas desatinadas encarregadas de estabelecer novas frentes de perturbações político-ideológicas, de fomento às guerras civis e em conflitos fratricidas; em grupos de malfeitores que se aproveitam dos momentos de crise para promover o estabelecimento de bolsões de miséria, de sofrimento e de exploração humana; nas hordas de criminosos que trabalham para criar eventos que demandam a aquisição de armamentos a serem canalizados para um numeroso contingente de usuários subjugados e obsidiados despreparados, cujo objetivo é perpetrar todo tipo de atrocidade com os equipamentos mortais que detêm em suas mãos. As sombras são insidiosas e nunca descansam, precisando ser combatidas continuamente pelos guardiões do exército da Luz para que o equilíbrio psicoenergético e magnético do planeta não seja rompido, enquanto o livre-arbítrio de entidades ignorantes e inferiorizadas pelo enraizamento no mal ainda é respeitado pelos dirigentes siderais e planetário. Nas palavras evangélicas: "Os tempos são chegados e todas as oportunidades estão sendo concedidas, mas o dia do juízo está próximo e tudo será cobrado até o último ceitil."

44

Macberius, acompanhado por Asher, Omar e Sara, foi conduzido à base do Comando tripartite das Sentinelas dos Portais. No interior da sala de operações Omar o informou de que planejara uma incursão aos redutos islâmicos para contatar os guardiões infiltrados, encarregados de observar o ambiente astral para descobrir potenciais ameaças que poderiam desestabilizar o delicado equilíbrio de forças da região do Oriente Médio. O Comando tripartite acompanhava de perto as ações e intenções do mago Assuero e tinham recebido sinais de alerta em relação a uma possível e iminente participação dele na questão nuclear do país asiático. As informações os direcionavam para uma associação de intenções entre os governantes do país asiático e do país persa, cujo objetivo era desviar a atenção internacional e dos guardiões do astral para as ações que ele realizaria no Oriente Médio: fomento de guerras, crises humanitárias e atentados terroristas.

– Assuero pretende incitar o governo teocrático a criar um caos no Oriente Médio para que o governante do país asiático possa sair do foco e dar continuidade ao desenvolvimento de um artefato nuclear – afirmou Asher.

– Sabemos tratar-se de nítida ação diversionista, ou seja, um ou mais eventos para desviar a atenção ou iludir o opositor quanto às suas reais intenções – completou Sara.

– Assuero manipula os cordões de suas marionetes tanto no plano físico como no astral para criar um ambiente propício ao recrudescimento da discórdia milenar já existente entre cristãos, judeus e muçulmanos – explicou Omar, visivelmente preocupado. – Estamos nos esforçando diuturnamente para que o ódio ostensivo entre nossos irmãos que professam religiões diferentes, mas todos filhos do mesmo Pai magnânimo e misericordioso, seja substituído pelo respeito às diversidades e pela concórdia que gera amizade e fraternidade cooperativa.

– Podemos realizar o reconhecimento de algumas áreas para que você se ambiente melhor; o que acha? – perguntou Asher ao comandante dos Obreiros da Noite.

O grupo deixou a sala de operações, mas continuaram a expor detalhes a Macberius, que ouvia cada um de seus interlocutores com especial atenção. Eles adentraram regiões sombrias e extremamente quentes. O ar era denso e pairava no ambiente do astral inferior uma nuvem de fuligem cinza que encobria o horizonte. Asher recebeu o pensamento de Macberius que indagava sobre o local em que transitavam.

— Estamos na região do astral inferior relativa ao espaço geográfico do norte da Síria e do Iraque, bem próximos às fronteiras com o Irã e com a Turquia. A faixa que percorreremos abrangerá as cidades de Alepo e Mosul, atualmente um terreno extremamente poluído por emanações de ódio e altamente irrigada com energias negativas de medo e terror, resultantes da violência exacerbada e da crueldade sem limites praticada pelos nossos irmãos encarnados que se encontram mentalmente dominados e hipnotizados pelos asseclas desencarnados chefiados por Assuero – disse o judeu Asher.

— É aqui que ele pretende implantar um império demoníaco, contundente, e estender os tentáculos destrutivos para outros lugares, como uma hidra? – perguntou Macberius.

— Sim, meu amigo. Aqui ele tentará criar embaraços e caos a nível mundial para que os esforços de contenção dos guardiões sejam redirecionados para esta região e o governante do país asiático possa completar sua tarefa nefasta, cujos produtos nucleares serão compartilhados com os governantes islâmicos subjugados por Assuero. Observe que há uma ardilosa concertação para que ambos se beneficiem e possam, em um futuro bem próximo, colocar em prática o plano de destruição em massa que julgam ser capaz de obstaculizar o progresso da humanidade e estancar a evolução espiritual do planeta como um todo. São esforços de oposição à política de perdão, amor, caridade e crescimento espiritual do Cristo. Objetivam transformar o planeta em um reduto sombrio onde eles possam exercer seus desmandos ilimitadamente, estabelecer o reino das trevas, estagnar o progresso e burlar a lei evolutiva que prevê o expurgo de todos os que se opõem a ela. Lutam para permanecer no planeta e escapar do exílio que os enviará para orbes primitivos e compatíveis com seus níveis evolutivos e vibracionais, onde deverão recomeçar sua jornada repassando dolorosas e pungentes lições de vida ainda não aprendidas, até descobrirem o verdadeiro valor do amor e da fraternidade.

O grupo percorreu exaustivos trajetos de reconhecimento e coleta de informações para que pudessem, ao retornar à base do Comando tripartite das Sentinelas dos Portais, elaborar planos de atuação conjunta para cumprir a missão de contenção e isolamento de Assuero.

Waniah e Kadir encontravam-se cercados por chefes de equipes de especialistas e de técnicos de suas respectivas falanges, compartilhando informações importantes e repassando as condutas a serem adotadas durante as ações que cada uma delas fora encarregada de realizar. Diante de um grande monitor de fina tela côncava, estruturado em material translúcido semelhante a um cristal líquido, com luz própria, cujas bordas eram iluminadas por uma tênue luminosidade em tom verde claro, eles observavam a sequência de atividades operacionais simuladas e exibidas de forma encadeada, como se fosse um filme. Em alguns momentos as imagens eram paralisadas para que Waniah ou Kadir pudessem detalhar aspectos importantes e orientar os executores quanto à necessidade de sincronicidade das ações.

Kadir mentalmente ordenou que os guardiões artilheiros da falange Hindu posicionassem os quatro canhões de pulso eletromagnético, conhecidos pela sigla CPEM, diante dos portais do reduto de Zirov, e disparassem com força total. Um observador externo poderia descrever a ação como um maciço ataque eletromagnético, cujas ondas, em formato de anéis intermitentes, podiam ser visualizadas devido à pequena deformação que ocasionavam nos fluidos do ambiente ao serem disparadas e direcionadas contra a edificação do reduto. As ondas se chocavam contra as largas paredes de pedra, se alargavam e, antes de se dissiparem, dissolviam a matéria astral componente, abrindo brechas circulares como se um projétil de grosso calibre houvesse penetrado nela, deixando um buraco de bordas queimadas. O disparo seguinte era direcionado à borda lateral da brecha antecedente e assim, sucessivamente, o buraco era alargado até que toda a base da parede fosse consumida e o restante ruísse por falta de sustentação.

Quando as quatro aberturas alcançaram o tamanho adequado ao progresso de soldados, Waniah ordenou que suas equipes de combate entrassem no reduto e, diferentemente da ocasião anterior em que foram surpreendidas por armadilhas ocultas, desta vez, por meio do modelo holográfico, as equipes puderam conhecer a localização das armadilhas com antecedência e conduziram junto aos grupamentos de vanguarda os técnicos encarregados de desarmar ou neutralizar os artefatos energéticos de alta toxidade armados por Letrux e sua guarda de antigos guerreiros janízaros.

No interior do reduto houve intenso combate corpo-a--corpo, que resultou no aprisionamento de grande efetivo de guerreiros das sombras. No entanto, o chefe Letrux e uma guarda pretoriana havia se encastelado no interior do reduto, que conheciam muito bem.

Letrux era um astuto e milenar guerreiro que fora forjado, enquanto encarnado, em guerras de conquista de territórios, de escravização e apropriação de espólios de povos subjugados das estepes asiáticas. Ele servira por um longo período incorporado ao exército janízaro do sultão do Império Otomano *Murad I Bey* e, depois de desencarnar, se associou a outros chefes trevosos belicosos para lutar em guerras de disputas de domínios do astral inferior (umbral grosso), e esperar o seu líder. Quando *Murad I Bey* retornou ao astral inferior pelas portas da morte do corpo físico, Letrux se aliou, por fidelidade, ao antigo, cruel e dominador líder otomano e se refugiaram em cavernas escavadas nas profundezas das montanhas asiáticas. Reiniciaram a edificação de um império das sombras naquele local, mas foram contidos pelos guardiões, cujas equipes foram encarregadas de seguir seu rastro magnético e aprisioná-lo, missão que cumpriram com êxito depois de necessitarem recorrer a métodos mais radicais e intensos para subjugá--lo. Dada a sua condição de espírito deformado perispiritualmente pela negatividade e enraizamento no mal, mas dotado de inúmeros recursos violentos e artimanhas mentais de agressividade indescritíveis, os guardiões necessitaram atingi-lo com disparos de armas de pulso eletromagnético e transportá-lo em uma espécie de cela flutuante, com trancamento estanque para impedir ataques mentais sobre os guardiões. A cela tinha sido especialmente construída para *Murad I Bey* em matéria astral superior para conter aquele ser que se tornara um monstro.

Durante as operações de captura de *Murad I Bey*, seu braço direito Letrux conseguiu fugir e permanecer sob o manto de proteção de Zirov. Ele se colocou à disposição do mago e desde então lhe presta serviços em troca de proteção, mas não vai escapar desta vez, visto que existe um mandado especial para ele.

Depois da retirada dos prisioneiros, parte da estrutura do reduto de Zirov foi desmantelada e transformada em ruínas para que os técnicos e especialistas no trato com matéria astral se encarregassem de aplicar fluxos energéticos saneadores e dissolver os resíduos que resultaram do trabalho desestruturação molecular daquelas edificações mais externas da base trevosa de Zirov.

Kadir procurou Waniah e, antes mesmo de encontrá-la, ela se antecipou à sua pergunta e disse mentalmente:

– Não encontramos Zirov. Já sabíamos que ele não se encontrava dentro destas construções. Nossos equipamentos não acusaram a presença ou o rastro magnético dele neste local. Ele possui outros redutos de homizio, já devidamente mapeados, e se movimenta continuamente entre eles para dificultar o rastreamento. Buscaremos o apoio dos nossos maiorais e da tecnologia astral superior para encontrá-lo e efetuar a sua prisão.

– É você quem quer continuar a busca ou os dirigentes siderais ordenaram sua imediata neutralização e aprisionamento? – indagou Kadir. – Pergunto isso porque eu não recebi ordens para ir atrás dele agora.

– Eu recebi ordens diretamente de Alfrey. Zirov ultrapassou os limites de tolerância admitidos pelo livre-arbítrio e necessita ser aprisionado o quanto antes para que possa ser inserido em um grupo de espíritos à espera do momento do exílio para um orbe distante e primitivo do Universo, bem distante da Terra. Em breve o localizaremos e no momento em que isso acontecer, utilizaremos todos os meios disponíveis para capturá-lo; agora é apenas uma questão de tempo e logo esse jogo de gato e rato terminará.

Kadir acenou afirmativamente com a cabeça e depois falou:

– Por hora esta etapa está encerrada. Fizemos o que estava ao nosso alcance. Tenho uma boa notícia.

Ele fez ligeira pausa e depois de instantes continuou:

– Houve um arrefecimento nas intenções do governante do país asiático. A influência de Zirov diminuiu com o corte dos laços fluídicos mais intensos, fazendo-o despertar do hipnotismo que o cegava. Além disso ele recebeu muita pressão política do grande país aliado cujo símbolo é o dragão vermelho, e de sanções econômicas da comunidade internacional, e essas pressões já surtiram efeito. Ele está revendo seus posicionamentos e está sendo obrigado a recuar e amenizar suas pretensões; está mudando sua estratégia no tabuleiro do contínuo jogo do poder mundial.

– Diante deste fato podemos constatar como o submundo astral interfere sobremaneira nos eventos que ocorrem na crosta terrena, na realidade física. Observamos também como as repercussões do mundo dos encarnados influenciam a realidade da contraparte extrafísica tão rápida e diretamente – salientou Waniah, apenas para ressaltar os fatos e as imediatas consequências.

– O mundo físico fornece grande sustentação energética ao mundo astral. As ligações fluídicas, as alterações vibracionais e a interpenetração de um mundo no outro são elementos essenciais na análise de questões que envolvem os dois planos da vida, aparentemente separados pela cortina dimensional – completou Kadir.

46

Assim que retornaram à sede do Comando tripartite, Macberius recebeu informações alarmantes: Assuero estava mobilizando um grande efetivo de subordinados, seres sórdidos, assassinos, manipuladores e obsessores cruéis, vampiros energéticos e hostes de violentos guerreiros do astral inferior para desestabilizar toda a região do Oriente Médio.

– O que podemos esperar desse ser ignóbil e inumano? – indagou Macberius a Asher.

– Sara e Omar acreditam que ele vai fomentar e reacender antigos conflitos armados. Vai soprar as brasas ainda incandescentes para que elas produzam fogo e em seguida vai tentar alastrar esse fogo por todo o Oriente Médio.

Sara olhou fixamente para Macberius e disse:

– Ele possui um instrumento maléfico em seu poder. Um grupo de fanáticos religiosos que vai aterrorizar a humanidade terrestre com suas atitudes insanas, seus atos violentos e sanguinários. Nós vamos precisar unir forças e congregar todos os meios disponíveis ao nosso alcance para combatê-lo nos dois planos da vida.

– Por um momento acreditei que minha missão aqui seria apenas impedir que Assuero interferisse nas ações que estão sendo realizadas nos planos físico e astral do país asiático, mas estou percebendo que os eventos estão crescendo, tomando outro rumo e a situação caminha para uma crise imediata, é isso? – indagou Macberius.

Por instantes ele permaneceu em silêncio encarando os amigos. Estava sentado com o cotovelo apoiado no braço da poltrona, o queixo apoiado nos dedos da mão esquerda e o indicador sobre a boca, demonstrando apreensão.

– Sua percepção está correta – respondeu Omar, de

modo cordial. – Assuero criou um monstro chamado Califado e, por meio de uma proposta religiosa islâmica distorcida, radical e severa, arregimenta seguidores encarnados e desencarnados de diversas partes do mundo para lutar por uma causa eivada de fanatismo. Ele criou inicialmente, no plano astral, um exército de malfeitores que luta, diuturnamente, para dominar os redutos rivais. Essa guerra astral oculta antiética, amoral e sem precedentes em termos de violência está sendo capaz de promover um caos generalizado que se espalha como fogo em um rastilho de pólvora por todo o astral do Oriente Médio. Por enquanto, ainda está circunscrita ao Oriente Médio, mas sua ambição é dominar o planeta como um todo. Estamos diante de uma situação crítica que exigirá muito esforço dos guardiões para debelá-la. Nossos maiorais da Espiritualidade Superior e dirigentes do planeta já mobilizam recursos para enfrentar os grandes desafios vindouros e a sua chegada está enquadrada dentro deste propósito.

– Uau! Que surpresa! – exclamou Macberius. – Somente agora percebo a dimensão do problema.

– O Califado espalha o terror ao perpetrar ações vis de assassinatos indiscriminados de homens, mulheres e até crianças em locais públicos, justiçamento de supostos traidores, invasão de edificações e expulsão de moradores, domínio de áreas rurais e subjugação de cidades inteiras. Se autoproclamou Estado Islâmico e se prepara para enfrentar outros redutos astrais mais poderosos para, posteriormente, expandir sua atuação para o plano físico, atingir países em outros continentes e elevar a prática de ações de terror ao seu grau máximo. Para isso, utiliza a internet, as mídias e as redes sociais como instrumento de propaganda de choque e ao mesmo tempo de arregimentação de novos guerreiros – pessoas desprovidas de filtro moral, rebeldes sem causa, desestabilizados emocionalmente –, e todo tipo de pessoa que se encontra psiquicamente afinizada com práticas apartadas da fraternidade e do bem – explicou Omar, enquanto mostrava imagens na tela de cristal. – Realmente estamos diante de uma crise sem precedentes, mas vamos colocá-lo a par do que já está em curso para planejarmos as ações estratégicas e táticas juntos, não se preocupe.

O grupo se dirigiu à sala operacional e cada um deles convocou seus assessores diretos e demais chefes de grupos especialistas para também participarem da importante reunião.

Falanges especializadas de guardiões do Comando tripartite das Sentinelas dos Portais foram encarregadas do combate às ações nefastas que estavam em curso na área astral dominada pelo radicalismo islâmico. Eles deram curso a diversas atividades operacionais já em pleno desenvolvimento dentro das respectivas áreas de atuação de cada um deles, nos grupos humanitários de orientação religiosa específica: muçulmanos, judeus e católicos, para evitar que confrontos desnecessários entre facções de marginais e terroristas do astral divergentes contribuíssem para aumentar a instabilidade da região do Oriente Médio. Os guardiões trabalhavam ativamente para conter as investidas de espíritos belicosos de um grupo contra o outro e impedir a destruição das conquistas alcançadas com os esforços dos guardiões na neutralização dos efeitos provocados pelos espíritos trevosos sobre os encarnados. Todas as atividades dos guardiões estavam sendo direcionadas para a necessidade urgente de diminuição das influências negativas dos desencarnados exercidas na crosta terrestre. Os encarnados, devido à invigilância e modo desregrado de vida, absorviam cada vez mais, as cargas energéticas negativas e tóxicas geradas pelas guerras do astral inferior e, por afinidade vibracional e energética, assimilavam também as correntes mento-magnéticas inferiores daqueles seres ignorantes e enraizados na prática do mal, passando a replicar os comportamentos nefastos e destruidores que assimilavam espiritualmente.

Macberius e a falange dos Obreiros da Noite se dirigiriam ao país de governo teocrático para a atuar direta e incisivamente na neutralização das estratégias e táticas adotadas pelo mago negro Assuero. Para tão complexa atividade operacional eles contavam com o trabalho de inúmeros grupos de técnicos em manipulação de energias negativas e especialistas em lidar com magia negra e seus subprodutos. Aos especialistas se juntou uma equipe robusta de guardiões oriundos da falange Hindu, cuja tarefa era desenvolver medidas de contenção do amplo e diversificado exército de *hipnos* que Assuero havia formado, com o propósito de exercer constante e persistente obsessão hipnótica sobre os chefes de hostes do mal desencarnados que lhe prestam serviço e atuar sobre membros encarnados importantes do governo do país em foco sobre o qual o mago Assuero exercia amplo domínio; e ainda sobre os governantes dos países do entorno, envolvidos na crises político-humanitárias e espirituais do Oriente Médio.

À medida que as ações eram desenvolvidas com sucesso pelos guardiões no plano astral, novas articulações políticas eram inspiradas nas mentes dos agentes governamentais e nas lideranças do mundo físico. Eles estavam sendo submetidos às emanações energéticas e vibracionais espirituais positivas que emergiam da contraparte astral da luz, para incentivá-los a se juntar aos esforços conjuntos para associar forças militares em uma coalizão de países e povos que já haviam sofrido ou estavam na iminência de sofrer ataques terroristas planejados e executados pelos radicais, com o objetivo de combater os insurgentes.

Inicialmente precisavam barrar a impulsão radical destruidora, combatendo-os para quebrar o seu poder ofensivo expansionista. A etapa seguinte deveria se concentrar em estancar a ocorrência das inúmeras atrocidades e crimes humanitários diversos que estavam dilacerando as populações subjugadas por aquelas almas tão cruéis e violentas, apartadas da misericórdia e da fraternidade humana. Concomitantemente os guardiões investiriam na redução dos efetivos de malfeitores e marginais do astral, criando instrumentos de redução dos recrutamentos e gerando dificuldades para a adesão de novos membros de recompletamento para, só então, passar à fase final, com ações que iriam dissolver os núcleos de radicais remanescentes.

❖ ❖ ❖

Assuero estava cercado por um complexo e extenso sistema de segurança. Sua guarda pretoriana era numerosa e contava com soldados muito bem treinados e disciplinados, além de um séquito fervoroso de fanáticos que formavam um círculo mais interno. Macberius havia sido informado por Asher de que todos os esforços para infiltrar um agente na cúpula de Assuero ou com acesso a ela tinham falhado devido ao fato dos membros atuarem juntos havia milênios, se conhecerem muito bem, desconfiarem de tudo e de todos e, principalmente, devido ao aguçado faro de Assuero para detectar rastros mentais divergentes e comprometedores nas mentes mais disciplinadas, cujos pensamentos eram examinados mesmo à distância ou por meio de indução hipnótica que lhe dava condições de extrair o que se esconde nos recônditos mais obscuros das mentes examinadas por ele.

– Diante deste fato eu também não arriscaria a infiltração de um agente, com receio de perdê-lo – disse Macberius.

– Foi uma medida sensata.

– Temos dois bons agentes desaparecidos. Não temos a menor ideia do local onde Assuero os aprisionou e nossos esforços para encontrá-los têm sido em vão – falou Asher, contrito e ressentido.

– Temos alguns outros recursos mais sofisticados que foram disponibilizados pela tecnologia astral superior para esta missão especificamente e poderemos utilizá-los para achar os nossos companheiros desaparecidos.

– Ah! Que boa notícia, meu amigo! Você pode se antecipar e me contar ou vai me deixar esperando até o momento de utilizá-lo?

– Sem dúvida anteciparei. Somos parceiros nesta empreitada e o atualizarei em relação aos equipamentos, armas e demais dispositivos operacionais que poderemos usar – retrucou Macberius, com cordialidade. – Primeiramente, no que se refere ao acesso, poderemos nos infiltrar por entre os soldados da guarda pretoriana de Assuero utilizando um equipamento de camuflagem vibracional que nos permitirá passar pelo cerco mais externo e nos aproximar de algum subordinado que tenha acesso direto a Assuero para ouvir, captar mensagens mentais e vasculhar os locais por onde ele transita, sem que ele perceba nossa presença.

– Que equipamento é esse? – perguntou Asher, com grande interesse.

– Trata-se de potente e sofisticado projetor de campo de força magnético, que é capaz de estabelecer um perímetro de segurança móvel no entorno de um indivíduo ou de um grupamento de até oito homens. O equipamento é um emulador de camuflagem acoplado a um difusor de emanações vibracionais.

Asher ficou surpreso e aguardou em silêncio.

– Vou explicar melhor: o emulador é um equipamento capaz de gerar um singular campo magnético neutro que absorve as energias mentais externas, não permitindo reverberações ou oscilações magnéticas que possam revelar a existência do que está sendo protegido ou escondido. Esse equipamento está associado a um sintetizador que emite ondas em uma frequência equivalente à do ambiente externo e ocorre uma equalização vibracional que vai encobrir o rastro magnético do usuário que está sob proteção. É como se alguém olhasse para algo mas não o enxergasse, como se alguém fosse coberto por um manto de invisibilidade e simplesmente desaparecesse, embora estivesse lá. Os aparelhos estão sendo calibrados para trabalhar utilizando um espectro de energia muito sutil que fornece ampla cobertura e ilimitado tempo de funcionamento contínuo.

– Quer dizer que o equipamento dispersa os sinais vibracionais, impedindo serem captados pelos sistemas de vigilância das sombras e até mesmo pela sensibilidade espiritual dos magos negros, negando-lhes a mínima possibilidade de identificação da presença das equipes dos guardiões no local – perguntou Asher.

– Exatamente isso, meu caro amigo.

– Mal posso esperar para utilizar tal equipamento, não só para obtermos informações confiáveis sobre os planos de Assuero e demais opositores da política do Cristo e da Justiça Divina, mas, também, para tentar encontrar os nossos dois agentes que estão desaparecidos. Sofro com a possibilidade de eles terem sido escravizados e submetidos a dores e sofrimentos inimagináveis.

– Faremos isso o mais breve possível – respondeu Macberius. – Nós acharemos nossos valorosos guardiões.

48

Os comandantes Macberius e Asher, acompanhados por uma equipe de guardiões armados e por técnicos, partiram para sua primeira investida conjunta nos domínios de Assuero.

O ambiente era inóspito, extremamente quente como uma fornalha e do solo escuro e arenoso emergiam colunas de vapores tóxicos carregados de formas-pensamento inferiores, que certamente seriam prejudiciais àqueles que não estivessem preparados para transitar naquele terreno hostil, cuja geografia se assemelhava a um ardente deserto, somente areia e rochas. Dada a situação caótica enfrentada pelos encarnados no mundo físico do Oriente Médio, podia-se inferir a influência nefasta e deletéria exercida pelo plano astral inferior daquela região, um lugar onde os embates espirituais sempre foram contundentes, onde ocorreram muitas guerras, criaram acirrados ódios milenares e todo tipo de comportamento cruel e violento, faceta mórbida da sordidez de uma humanidade ainda imatura espiritualmente, mas que está trabalhando para se manter nas trilhas evolutivas para encontrar o caminho que a conduz ao Criador. Ali era constante a geração de criações mentais inferiores que se transformavam ininterruptamente em larvas, parasitas energéticos, formas insetóides artificiais e elementais negativos capazes de atacar com voracidade quem com eles entrasse em contato. O cuidado precisava ser constante para evitar que tais criações mentais se aproximassem e se lançassem sobre o passante, a fim de lhe drenar as reservas fluídicas de vitalidade, cuja consequência imediata era o desarranjo dos conteúdos emocionais, psíquicos e espirituais.

Em determinado setor os guardiões encontraram buracos no solo e pararam ao redor de seu perímetro para observar o seu interior.

– Estas são apenas as pequenas aberturas de acesso a um mundo interior existente aí embaixo – disse Asher. – Assemelha-se a um intenso formigueiro com uma rede de tuneis e câmaras repletas de nichos encravados nas paredes das cavernas subterrâneas. Nos nichos se alojam criaturas que não suportam a mais baça luz astral. São redutos onde magos negros, feiticeiros e especialistas das sombras mantêm espíritos escravizados, cuja geração de medo, angústia, tristeza e as emanações resultantes dos acerbos sofrimentos serviam para gerar energias negativas que são utilizadas em diversos propósitos escusos, antiéticos e desumanos.

– Por que não realizar uma incursão para libertá-los e acabar com essas insanidades? – perguntou um dos técnicos de segurança que acompanhava a equipe.

– Não é tão simples quanto parece, meu caro – respondeu Macberius, com cordialidade. – Muitos que habitam essas cavernas encontram-se em deplorável estado mental e psíquico devido a inúmeros crimes cometidos ao longo de suas jornadas de vida, e as alterações mentais favoráveis ao resgate dependem exclusivamente das mudanças espirituais internas de cada um. Não conseguimos mudar pessoas, as pessoas precisam mudar a si próprias, e somente o amadurecimento emocional é capaz de gerar alterações espirituais profundas capazes de libertar os indivíduos de seus mundos escravizantes, de fazê-los acordar para a vida e querer, de coração e mentalmente, mudar sua condição. Enquanto isso não acontece, ele pode passar por severas crises existenciais que favorecem aqueles inescrupulosos que os exploram e subjugam. Além disso, interferir nos é vedado e penetrar nestes antros necessitaria mobilizar imensuráveis recursos de que não dispomos agora. Fique com a certeza de que nada está esquecido; Deus, o Sublime Criador, ampara todos os seus filhos e fornecerá os recursos adequados no momento oportuno.

As explicações do comandante Macberius tinham sido precisas e, ao sinal de Asher, as equipes retomaram sua progressão por aquele submundo astral.

A paisagem desolada oferecia a todos a certeza de que forças ocultas se escondiam em cada recanto daquele ambiente, fazendo crescer no íntimo de cada um, à medida que se aproximavam do objetivo, a certeza de que olhos inumanos os observavam. Sentiram que uma sinistra força auscultava a mente deles à procura de sinais que pudessem indicar as intenções e extrair informações vitais inerentes à suas missões naquele lúgubre lugar.

– É importante que mantenhamos nossa disciplina mental – disse Macberius aos guardiões, técnicos e especialistas que formavam a equipe. – Devemos permanecer com pensamentos de otimismo e fé no trabalho que realizamos, não cedendo espaço para as dúvidas, medos e incertezas. O guardião acredita no que faz e empenha no trabalho o seu coração.

– A sensação de estarem sendo bombardeados com perguntas que os induzem a pensar em respostas faz parte do processo de ausculta mental promovida por uma mente muito poderosa. Não se iludam, ela é real e irá requerer disciplina para permanecerem focados na tarefa que realizam. Não pensem no que poderá advir e tampouco nos procedimentos que adotariam para cada situação. É isso o que a mente que nos espiona quer saber – reforçou Asher. – Não sabemos, ainda, se o esforço mental dirigido para nós está sendo gerado por uma poderosa sentinela dos perímetros de segurança dos redutos de Assuero ou se é o próprio mago negro quem o direciona para conhecer as intenções de seus opositores.

– Nobre Asher, nossa chegada está sendo monitorada pelo mago negro. Nossa atitude é pacífica, não queremos de algum modo afrontá-lo, para que possamos lhe transmitir uma mensagem de nossos dirigentes espirituais superiores, mas a pergunta é: Assuero vai respeitar o momento e se predispor a dialogar conosco? – indagou Zuenir, o comandante de uma das cinco equipes operacionais dos guardiões, encarregadas de prover a segurança do grupamento.

— Zuenir, sempre correremos o risco de as coisas fugirem do controle e algo inesperado e não previsto durante nossa preparação acontecer, no entanto, recebemos a missão de transmitir um comunicado ao mago negro Assuero e ele sabe que somos apenas mensageiros do Alto e precisa demonstrar respeito aos guardiões da Luz. A nossa incursão até os seus redutos está relacionada à necessidade de deixar tudo esclarecido, de forma transparente, no que se refere a potencial intervenção dos dirigentes planetários, caso as solicitações e demandas do Comando Espiritual Sideral não sejam atendidas — respondeu Asher.

— Esse comunicado não poderia ser realizado pelos próprios Dirigentes Espirituais Superiores? — indagou Carnot, especialista e operador técnico de equipamentos de segurança energética e de formação de campos de força eletromagnéticos.

— A utilização de uma equipe multidisciplinar como a nossa, para cumprir essa missão que, aparentemente, é somente para a transmissão de uma simples mensagem, se reveste de grande importância devido ao fato de necessitarmos adentrar ambientes extremamente tóxicos e nocivos, imprimir credibilidade e respeito à transmissão pessoal da mensagem e, principalmente, porque a transmissão requereria dos emissários do Alto uma extenuante, demorada e tecnicamente difícil descida vibracional, para que a missiva pudesse ser transmitida com precisão e clareza. O decesso daqueles Espíritos superiores das dimensões que atualmente ocupam até o patamar em que nos localizamos agora, demandaria um esforço energético desnecessário e demorada preparação para se adaptarem ao ambiente pestilento em que nos encontramos agora. Considerando que possuem efetivos de guardiões especializados que atuam diuturnamente em ambientes como este, plenamente aptos ao cumprimento de tal missão, não seria necessário despender tal esforço de descida — explanou Macberius, se dirigindo a todos os integrantes da expedição, para instruí-los.

Depois de algumas horas de progressão eles visualizaram à frente uma extensa planície desértica, com esparsas árvores retorcidas repletas de espinhos e dunas. Asher indicou uma espécie de trilha que contornava uma duna baixa e terminava em um paredão rochoso com um platô alto. Olhando mais atentamente, localizaram ao longo da borda do platô, no seu cimo, um numeroso efetivo de soldados que certamente pertenciam à guarda negra de Assuero. O grupamento de guardiões se aproximou um pouco mais e parou novamente. Asher observou que os guardas de Assuero se trajavam como os guerreiros persas antigos, com elmos que cobriam grande parte da cabeça, roupas confeccionadas ao estilo de um dólmã de tiras de couro e anéis metálicos entrelaçados, grossos e largos cintos de couro do qual pendiam machados, espadas e adagas de combate. Vestiam calças de grossos tecidos e suas pernas estavam envolvidas por uma liga de couro que descia dos joelhos até os tornozelos, onde se encontravam com as botas de couro rústicas. No entorno do pescoço cachecóis de material semelhante a peles de animais e nas mãos empunhavam um grande arco com flechas pontiagudas e flamejantes.

– As chamas aparentemente são artificiais – comentou Asher, se dirigindo a Macberius, que estava ao seu lado.

– A cor escarlate alternando tons rubros mais escuros e mais claros das chamas nitidamente demonstra serem produções artificiais, fruto de criações mentais, com o propósito de intimidação – comentou Macberius.

– Não observei, até o momento, qualquer movimentação que denotasse a intenção de nos atacar, no entanto, à medida que nos aproximamos deles percebo os dardos mentais de ódio e animosidade que nos são direcionados – informou Asher, convicto de que aqueles guerreiros estavam dispostos a incomodá-los.

– Provavelmente já receberam ordens de Assuero para nos deixar entrar, mas devemos nos manter alertas e redobrar a atenção – disse Macberius, determinado e consciente de que estavam sendo acompanhados pela Espiritualidade Superior e seriam amparados, caso houvesse algum problema ou entrave no cumprimento da missão.

Os guardiões se aproximaram mais do paredão rochoso e notaram que no sopé do mesmo um numeroso exército apareceu do nada e os envolveu, mas guardaram certa distância. Em seguida, à frente deles os guerreiros de Assuero se dividiram e formaram um grande corredor com os guerreiros enfileirados ombro-a-ombro até o paredão de pedra. Sob o olhar de crueldade e insatisfação deles os guardiões da Luz progrediram e uma passagem para permitir a entrada deles na fortaleza rochosa foi aberta. Eles desceram a escada circular de pedra, na penumbra, até encontrar um pátio quadrado e circundado por colunas encimadas por arcos coloridos. No centro do pátio havia uma fonte de água, em cujas bordas podia-se ver um cuidado jardim com flores e plantas verdes. Todo o ambiente era banhado por luz semelhante a produzida pelo sol.

— Tudo neste ambiente é artificial — comentou Macberius. — Acredito que o mago Assuero se preocupou em proporcionar um lugar adequado à nossa recepção.

Asher mentalmente agradeceu ao mago a gentileza, mas recebeu como resposta o fechamento de todas as portas e a transmutação do ambiente, antes aprazível e claro, em uma masmorra horrenda e fétida. Estavam presos em uma espécie de armadilha. Zuenir determinou que Carnot ativasse o campo de força com presteza, para protegê-los de qualquer investida de surpresa a partir daquele momento. Auxiliares céleres dispuseram equipamentos circularmente no entorno da equipe e instantaneamente uma cúpula energético-magnética translúcida e multicolorida se formou, envolvendo-os. Diante dos olhos atentos dos guardiões um facho de luz cor amarelo pálido se projetou de cima para baixo. Envolto em uma névoa turbilhonante, Assuero fez sua aparição. A paisagem retornou ao estado inicial, iluminada e exibindo as colunas com os arcos coloridos, a fonte de água e o jardim verde.

— O que temem os corajosos guardiões da Luz? — perguntou Assuero, com voz pausada e calma. — Se eu quisesse teria acabado com todos vocês no momento em que adentraram meus redutos sem permissão.

Assuero se aproximou da cúpula do campo magnético e se postou imponente à frente de Asher e Macberius. Seu corpo astral exibia uma beleza incontestável e sedutora. Os cabelos negros estavam perfeitamente penteados e com um brilho produzido pela iluminação que vinha do alto e o iluminava como um astro se exibindo em apresentação solo no centro de um palco. Seu semblante não era austero como eles esperavam, mas um sorriso desafiador, malicioso e intrigante estava esboçado em sua face coberta por uma barba negra, abundante e bem delineada. O timbre de voz denotava confiança e as palavras soavam imponentes de sua boca bem delineada, pronunciadas lentamente e carregadas de um magnetismo diabólico capaz de imprimir uma sensualidade que prendia a atenção de quem o ouvia. De seus olhos partiam fachos energéticos hipnóticos que transmitiam uma aparente passividade, recurso utilizado para que ele pudesse vasculhar os pensamentos e penetrar no íntimo de cada um dos visitantes, descortinando os segredos mais recônditos entranhados em suas mentes. Assuero se apresentava alto e esguio e não usava o turbante negro de líder religioso com o qual já tinha sido visto em outras ocasiões por Asher e os demais comandantes do Comando Tripartite das Sentinelas dos Portais.

O mago negro se vestia com um traje de *Mullah* tradicional – uma *túnica* negra e comprida que cobria seu corpo do pescoço às pernas, com colarinho elevado e bordado com fios dourados no seu entorno, cujo filete se unia à frente e descia centralizado até a metade do peito. Vestia um *cirwal* – calça larga –, também negra. Sobre os ombros uma *abaia* – peça quadrada tecida em lã –, cor verde brilhante e por cima um casaco sobretudo curto com ornamentos dourados nas mangas do qual, nas costas, pendia uma capa cor escarlate por dentro e extremamente negra opaca por fora. A capa parecia dotada de vida própria, alternando movimentos entre o ondulante e o ajustamento ao corpo do mago, fechando-se à frente e depois abrindo-se vagarosamente, como se respondesse aos influxos respiratórios e energéticos dele.

– Desativem o campo de força – ordenou Assuero.

– Peço humildes desculpas, mago, não queremos ofendê-lo, mas esse procedimento faz parte de nosso protocolo de segurança – respondeu Macberius. – Espero que entenda que somos soldados e cumprimos ordens.

Assuero movimentou as mãos e das pontas de seus dedos convergiram raios brilhantes de coloração roxa e negra que foram direcionados a dois dispositivos do campo de força, um à sua direita e outro à esquerda. Uma explosão com faíscas inutilizou-os, interrompeu o circuito magnético e desarmou o campo de segurança.

– Aqui serão seguidas as minhas regras, entenderam?

Asher e Macberius sinalizaram para que os guardiões encarregados da segurança se contivessem e abaixassem as armas que detinham em punho prontas para disparar.

– Assim é melhor, guardião. Poderemos conversar sem intimidação e diretamente, face-a-face – disse Assuero, avançando para dentro do perímetro que tinha sido demarcado pelo campo de força e se aproximando de Asher e Macberius, que lutavam para deixar transparecer calma e que não se sentiam ameaçados com a atitude do mago negro.

Assuero deixara evidente que em seu reduto ele podia tudo, detinha grande poder e não se intimidaria com o que os guardiões tinham a lhe transmitir.

— Diga-me, guardião Macberius, líder dos Obreiros da Noite, falange componente do exército de Miguel, o que veio fazer aqui? — indagou imperativamente, aproximando o rosto de forma assustadora na direção do guardião.

Macberius respirou fundo, encarou o mago com destemor, mas permaneceu em silêncio. Somente depois que Assuero recuou para olhá-lo altivamente de cima para baixo, de forma arrogante, ele respondeu calmamente:

— Venho para lhe transmitir uma mensagem de nossos maiorais da Luz.

Assuero se virou, caminhou de um lado a outro à frente deles. Parou, deu as costas para Macberius e virou apenas o pescoço para encarar Asher com os olhos semicerrados.

— Asher, sua visita me deixa com sede de vingança. Você e os demais membros das Sentinelas dos Portais possuem a cabeça a prêmio devido aos inúmeros incômodos e prejuízos que causaram. Sistematicamente vêm se intrometendo em assuntos importantes e suas ações me forçaram a mudar de estratégia, alterar os planos e conceber novas formas de conseguir o que pretendia. Não me impediram, porque eu sempre consigo o que quero de um jeito ou de outro, mas dificultaram alcançar os objetivos propostos. E agora, você está aqui, diante de mim. Por que eu o pouparia de uma retaliação, o que me impede de aniquilá-lo?

— Sem dúvida alguma eu me encontro indefeso diante de ti, mago, e com certeza haverá um momento oportuno para ajustarmos nossas contas, mas não será agora. Embora aparentemente estejamos indefesos, contamos com o apoio incondicional de nossos maiorais que não hesitarão em interferir de maneira contundente para que eu possa retornar ileso — respondeu Asher, de maneira firme.

— Você é arrogante para alguém em sua posição.

— Tenho plena consciência de seus poderes e aceitei acompanhar Macberius convicto de que o mago, apesar de nossas divergências de ordem política, bélica, religiosa e sócio-humanitária, precisará refletir e concentrar seus esforços mentais para atender as demandas e desafios que estão prestes a serem apresentados.

Assuero o encarou com ódio, mas voltou a circular à frente dos guardiões da Luz e disse:

— Pois bem, Macberius, diga logo o que tem de tão importante a me transmitir que justifique uma incursão perigosa até os redutos deste grande mago negro.

Reunidos em uma ampla sala no astral superior, os dirigentes espirituais acompanhavam cada ato do encontro que estava acontecendo no reduto de Assuero, por meio de imagens holográficas que estavam sendo captadas por equipamentos de avançada tecnologia superior, nas mãos de um técnico da equipe em expedição no reduto de Assuero e transmitidas instantaneamente.

– Sabíamos que Assuero usaria sua arrogância para demonstrar poder e controle sobre a situação, a fim de delimitar e marcar o seu espaço – falou Alfrey.

– Como previsto, Asher seria o alvo preferencial dele e poderemos ter problemas para retirá-lo de lá – disse Aalão.

– Entendo que ele tenha se saído muito bem, mas Assuero, uma inteligência diabólica invulgar e assustadoramente calculista, pode estar tramando alguma vingança ou um desdobramento diferente do previsto em nossos planejamentos – retrucou Vhanet, o subcomandante da *Lux Albis*, falange de guardiões superiores liderada por Azaliel.

Vhanet fora encarregado pelo próprio Azaliel de chefiar uma equipe de guardiões especializada e muito bem equipada e armada, que deveria permanecer em local próximo do reduto do mago negro e de prontidão, preparada para agir como reserva tática.

– Por segurança, manteremos equipes aproximadas, em pontos estratégicos, prontas para agir em uma rápida intervenção tática, caso seja necessário – informou Vhanet.

– Excelente conduta, meu caro guardião. Todas as possibilidades precisam ser consideradas nestes momentos críticos – elogiou Aalão.

– Vhanet, no momento em que Assuero receber nossa mensagem através de Macberius, certamente ele reagirá. Não sabemos como, mas reagirá. Espero que possamos ser convincentes e conseguir uma mudança de postura, mas esteja preparado – advertiu Alfrey.

– Entendido, senhor – respondeu Vhanet.

– Em momentos de muita ira, ódio e frustrações decorrentes de algum insucesso ele utiliza seu conhecimento de magia para inflingir os mais cruéis danos aos seus oponentes. Além disso, Assuero é um exímio hipnotizador e capaz de submeter aqueles que ousam desafiá-lo ao torturante processo de zoantropia, sem misericórdia. Macberius e Asher conhecem essa terrível característica do mago negro e adotaram precauções, conduzindo consigo uma equipe de especialistas com equipamentos de bloqueio de emissões mentais deletérias que atuará junto com os guardiões responsáveis pela segurança do grupo. Os soldados estão portando lanças aparentemente inofensivas, disfarçadas como estandartes das falanges dos Obreiros da Noite e das Sentinelas do Portais, com as respectivas insígnias amarradas em suas hastes, mas que são, na realidade, armas capazes de disparar raios para neutralizar o oponente. Além deles há um outro grupo de guardiões com equipamentos que atiram anéis energético-magnéticos de alta intensidade para imobilizar e prender o mago, caso seja necessário contê-lo. Para neutralizar a fúria mental de Assuero, caso ele decida ser desrespeitoso e nos enfrentar, atacando a equipe à sua frente, deverá ser imediatamente imobilizado e em sua cabeça, sem demora, será colocado um elmo – uma espécie de capacete blindado –, dotado de tecnologia astral superior que irá impedir que as poderosas emissões mentais destrutivas dele sejam direcionadas para um determinado alvo ou se propaguem para atingir o grupamento como um todo. O elmo também impedirá que ele se comunique com os membros de seu exército que está do lado de fora da fortaleza e com os Sombras – seres maléficos que certamente acorreriam ao local do entrevero para socorrer o seu mestre e senhor, dificultando a saída de nossa corajosa equipe – explicou Alfrey.

– A probabilidade de isso acontecer é muito alta? – indagou Vhanet.

– Sim, saliento que se trata de um ser reativo, que guarda muitas surpresas desagradáveis – respondeu como se soubesse, antecipadamente, que o mago negro reagiria com algo inesperado. – Cautela! E não se sintam desamparados, temos recursos extras muito eficientes para resolver algum problema que tenda a sair do nosso controle e nossos valorosos guardiões dentro daquele reduto sabem disso, por isso demonstram tanta segurança e convicção.

50

Macberius sinalizou para que o técnico se aproximasse e colocasse o aparelho que empunhava – um projetor circular semelhante a um disco metálico –, no chão, entre Macberius e o mago Assuero. O técnico acionou um comando no controle e imediatamente a imagem holográfica de alta definição de Alfrey apareceu diante deles. Macberius deu um passo para trás, deixando Assuero concentrado nela. Os olhos do mago negro se tornaram vermelhos e um ruído estertorado de ódio foi emitido no momento em que ele viu Alfrey.

Assuero e Alfrey tinham um longo passado em comum desde os tempos imemoriais do antigo continente lemuriano, que desaparecera nas águas do Oceano Indico depois que convulções tectônicas e forças telúricas o afundaram. Ambos eram sacerdotes e magos iniciados no ancestral templo do deus Tong e foram cúmplices de incontáveis crimes. No entanto, Alfrey decidiu abandonar as trevas em que viviam e, arrependido dos crimes, submeteu-se a dolorosas encarnações expiatórias e retificadoras. Mesmo sendo cruelmente perseguido por Assuero, que ficara inconformado com a mudança de postura espiritual do antigo comparsa e o acusou de traição, Alfrey, com a ajuda de espíritos benfeitores, conseguiu superar os difíceis obstáculos de ordem psíquica, mental e emocional para retomar o glorioso caminho da Luz, mediante muitas acerbas lutas de superação e de renovação interior, em inúmeras encarnações dedicadas ao auxílio aos desvalidos da Terra, ao amor ao próximo e à fraternidade dos povos, cujos frutos espirituais ele colheu em forma de luz e evolução. Durante sua caminhada Alfrey jamais se esqueceu do irmão que continuava na revolta e na rebeldia contra as Leis imutáveis e eternas da Fonte Criadora do Universo e, ao longo do tempo, se tornara um ferrenho opositor da política de amor, perdão e caridade plantadas em solo terreno pelo Cristo. Em plena transição planetária, às portas do período de regeneração que há de conduzir o planeta Terra a patamares evolutivos mais elevados e desencadear um franco processo de progresso espiritual para a humanidade, tornava-se urgente envidar esforços no sentido de resgatar as ovelhas desgarradas do rebanho de Deus e despertar em seus corações empedernidos a chama viva do amor e do perdão.

– "Irmão do meu coração!" – disse Alfrey, ao iniciar sua mensagem. – Sei que irá discordar desta afirmação invocando nossas desavenças do passado, mas asseguro-lhe que é, sim, um irmão que faz vibrar as mais profundas fibras do meu coração.

– Maldito infame! – gritou Assuero, colérico.

Apesar da raiva ele silenciou, interessado em conhecer o conteúdo da mensagem.

"– Dirijo-me a você para humildemente pedir que me conceda o seu perdão e para deixar claro que em meu coração não há espaço para ressentimentos ou mágoas decorrentes de ações que ficaram no passado. As cruéis perseguições que dificultaram imensamente a minha caminhada de retorno à Luz fazem parte do nosso acervo de experiências e vivências modeladoras do caráter espiritual. Elas foram e serão, sempre, o bastião redentor a me lembrar, continuamente, que os erros do meu passado de desatinos, desregramentos e crimes precisava ser resgatado e que exigiria esforço e muita resignação diante das dores e sofrimentos expiatórios. Agora, entendo racionalmente que o processo evolutivo de cada ser depende também da evolução daqueles que o cercam, daqueles que pertencem ou pertenceram ao grupo ou família cármica, e o meu processo clama pelo resgate do irmão querido que se apartou de mim e seguiu, atendendo aos ditames de sua vontade, outros caminhos; ao irmão que fez escolhas que ficaram perdidas na poeira dos tempos, mas o conduzira até onde se encontra atualmente. Toma-me por inimigo, por traidor, no entanto, é testemunha da minha constante e persistente insistência para que você abandone a linha de conduta assumida e siga os passos do Cristo. Entristeci-me e sofri muito ao ver o amigo descer cada vez mais aos abismos das sombras interiores e não aceitar minhas rogativas de perdão. Não o julgo por isso; as escolhas realizadas foram fundamentadas no seu livre-arbítrio, na vontade guiada pelo seu psiquismo, no inegável direito a trilhar as trajetórias que entendeu serem as mais oportunas e adequadas para o seu espírito."

Alfrey fez breve pausa, respirou fundo e, em seguida, prosseguiu emocionado:

"– Assuero, ou melhor, vou chamá-lo pelo nome do irmão que marcou a minha vida há milênios atrás: Khsajarsha. É tempo de renovação, o Cristo nos alerta que são chegados os tempos da necessária progressão da humanidade do planeta Terra na hierarquia dos mundos do Universo criado por Deus e, diante deste fato irrefutável, não haverá mais espaço neste planeta para aquele que insistir em permanecer isolado na luta inócua contra o processo evolutivo dos filhos deste orbe. Outras mensagens de estímulo à renovação, à mudança de postura, à depuração dos pensamentos e à reformulação da casa mental para adoção de atitudes fraternas foram recebidas anteriormente pelo irmão, e em todas havia o alerta de que o dia da separação do joio e o do trigo chegaria. Não há equívocos e o seu momento é este. De coração rogo ao Criador que relembre, em quadros vivos, o rastro de sombras, dores e sofrimentos que têm permeado sua trajetória pela Terra para que fique demonstrada a necessidade premente de revisão das decisões e prática de novas condutas mais moralizadas e éticas. Ouça o apelo de sua própria consciência que atua como o mais inflexível cobrador a demandar resgates e os devidos ajustes de conduta."

Alfrey silenciou e sua imagem holográfica mostrou-o de cabeça baixa, contrito e reflexivo. Instantes depois ele elevou a cabeça novamente e retomou a fala, adotando um tom mais incisivo e imperativo.

"– Sua intenção e ações estratégicas de reacender antigas desavenças, de criar um caos generalizado, insuflar discórdias, promover a violência e a crueldade e, principalmente, de tentar deflagrar um conflito humano sem precedentes, cujos desdobramentos pudessem desencadear a deflagração de um artefato de energia termonuclear que aniquilaria a vida orgânica na face do planeta, em nome de um projeto de poder sabidamente efêmero e contrário aos princípios evangélicos estabelecidos pelo Cristo, foram os marcos que definiram a linha limite entre o que você poderia realizar, em respeito à sua liberdade de ação e o que seria um excesso destrutivo e perturbador da ordem vigente. A possibilidade de realizar atos e articulações que excederiam aos limites estabelecidos desencadeou uma sequência de medidas preventivas destinadas à proteção do ecossistema humano planetário. Por isso, esta mensagem possui o nítido objetivo de informá-lo de que os planos arquitetados por você e seus sequazes associados sofrerão a devida intervenção por não haver neles qualquer prestação de serviço que pudesse servir aos propósitos da luz. Diante do contexto de crise em que nos encontramos, encarecidamente peço ao irmão que reconsidere suas decisões e, pacificamente, se abstenha de agir contra o destino de seus irmãos encarnados e desencarnados deste valoroso planeta. Neste momento, quero que fique claro que os dirigentes siderais e nossos irmãos das estrelas acompanham tudo o que se relaciona ao desenvolvimento e à evolução do orbe terrestre, com especial atenção as ações das forças antagônicas e que se opõem ao progresso. Seguindo nesta linha de raciocínio, fica evidente que a liberdade não significa fazer tudo o que se quer, mas fazer o que precisa e pode ser feito, respeitadas as Leis imutáveis e eternas da Fonte Criadora que regem as vidas e os sistemas no Universo. O desrespeito a essas Leis significa uma subversão de conduta e um abuso da liberdade que precisa ser coibido, fazendo-se necessário o intercurso de uma intervenção para corrigir os rumos e estabelecer novos direcionamentos.

Khsajarsha, nos conhecemos há muito tempo e por isso afirmo que o mago possui plena consciência do sistema que represento e do meu empenho em ajudar o progresso de meus irmãos da Terra, em cujo conjunto de espíritos estamos inseridos, formando uma grande família cármica que precisa evoluir. Sua ambição desmedida, sua sede de poder e de dominação embotaram o seu juízo crítico, conduzindo-o a trilhar caminhos equivocados que afrontam, acintosamente, as Leis de Deus. Alertado sobre as consequências advindas da contínua prática de atos de revolta, você assumiu perante a Lei de causa e efeito, vigente em todos os recantos da Casa Divina e incidente sobre todos os seres da Criação, o resultado que não tardará a alcançá-lo. Você mesmo traçou o destino que lhe será imposto coercitivamente, se assim o desejar. Não haverá possibilidade de novas fugas ao destino que lhe foi reservado e aproveito o ensejo para ressaltar a certeza de que as corrigendas serão realizadas e ocorrerão em breve, mais cedo do que possa imaginar, cabendo somente a você a aceitação pacífica da posição de vulnerabilidade em que se encontra e, abstendo-se de prosseguir na sanha enlouquecida de tentar criar o caos, provocar desordem e lançar nossos irmãos em uma luta fratricida que causará inequivocamente muitos sofrimentos, dores e destruição, rever sua posição e assumir o seu destino. Esteja convicto que, a despeito de sua luta para concretizar tais eventos funestos, ele não acontecerá. Medidas de contenção já foram adotadas. Espero que a luz do Cristo possa iluminar o seu coração e balsamizar as angústias que vibram nas fibras de seu espírito. É tempo de renovação, meu irmão e, no que pese a dura realidade da sentença já decretada de expatriamento deste orbe para outro em condições vibratórias mais adequadas para recebê-lo, você pode, sim, abrandar os efeitos decorrentes do processo transmigratório renunciando às práticas abusivas da violência, da iniquidade e da crueldade que sempre permearam os momentos de desespero que teve que enfrentar e lhe descortinaram a impotência perante as forças imponderáveis e irresistíveis da luz. Reflita e pondere, meu irmão. Opte por uma transição com sabedoria, tendo em mente a lição trazida pelo doce Rabi da Galiléia e registrada no evangelho de São Mateus (5:20, 43-47):

"Aprendestes o que foi dito: Amareis vosso próximo e odiareis vossos inimigos. Eu porém vos digo: Amai os vossos inimigos; fazei o bem àqueles que vos odeiam e orai por aqueles que vos perseguem e vos caluniam, a fim de que sejais os filhos de vosso Pai que está nos céus, que faz erguer seu sol sobre os bons e sobre os maus, e faz chover sobre os justos e os injustos..."

– Haverá sempre para cada um dos filhos de Deus um caminho de retorno a ser percorrido, dependendo somente do primeiro passo do caminhante. Dê o primeiro passo, meu irmão. Ele espera por você. A equipe de mensageiros enviada até você nos transmitirá sua decisão. Fique com Deus!"

Ao término da mensagem holográfica, o técnico recolheu o equipamento e todos se afastaram do mago negro até o fundo do ambiente e aguardaram. Assuero permaneceu imóvel, silente e reflexivo. Recebia influxos harmonizantes vindos do alto que incidiam diretamente sobre sua cabeça, aliviando os tormentos que convulsionavam sua mente.

Depois de alguns minutos, inesperadamente ele recobrou sua antiga postura de arrogância e prepotência dizendo:

– Ele, o Altíssimo, nunca me quis como seu filho. Ele tem o Cordeiro como seu filho predileto. Que se amem um ao outro e me deixem seguir o caminho que planejei. Não haverá trégua e o propósito de destruir o que ele edificou sobre a Terra será mantido e executado, custe o que custar. Retornem e transmitam a Alfrey o meu repúdio a tudo o que a Luz representa. Concluiremos a instalação do reino das sombras na face deste ignóbil planeta e esta será a parte que nos caberá para sempre. As trevas prevalecerão e este mundo será nosso, só nosso.

Assuero deixou escapar uma sinistra gargalhada de deboche que deixou os integrantes da equipe de guardiões apreensivos.

– Com respeito, mago, se essa é a sua decisão, devo me reportar aos nossos dirigentes o quanto antes. Solicito permissão para que possamos nos retirar e retornar à nossa base para transmitir sua decisão ao nobre Alfrey – falou Asher.

Assuero o encarou com ódio e iniciou a polarização de energias negativas e tóxicas utilizando técnicas de magia, numa clara demonstração de que pretendia descarregar suas frustrações e ressentimentos sobre os integrantes da equipe de guardiões a serviço da Luz à sua frente. A um comando de Macberius, Marcus, o guardião especialista em campos de força protetivos acionou um equipamento diferente daquele utilizado inicialmente e formatou uma cúpula magnética, a tempo de suportar a grande descarga energética direcionada à equipe por Assuero. Muito guerreiros de guarda pretoriana do mago, atendendo ao seu comando mental, entraram e cercaram os guardiões, mas não conseguiram ultrapassar os limites do perímetro de segurança que fora estabelecido a tempo, nem infligir qualquer dano à estrutura do campo de força. Muitos ataques furiosos e enlouquecidos foram desfechados pelos guerreiros de Assuero, sem sucesso. Utilizaram diversos tipos de apetrechos das sombras e armamentos pesados, sem resultado.

Colérico e destilando intenso ódio, o mago envolvia o campo de força em energias destrutivas. Deslizando sobre os fluidos do ambiente ele pairou cerca de dois metros acima dos guardiões e desferiu intensa carga elétrica de cima para baixo, na tentativa de neutralizar o campo, como havia feito anteriormente. Não alcançando o resultado pretendido e diante da impotência em atingir os guardiões, agitou-se de forma ensandecida:

– Vocês jamais sairão daqui. Alfrey ficará sem sua resposta e pesará sobre sua consciência a perda de sua equipe de mensageiros. A energia que sustenta o campo se extinguirá em algum momento e então, quando esse momento chegar, eu poderei me vingar transformando todos vocês em animais e ovoides. Em seguida enviarei o que restar da equipe para Alfrey como prova de minha convicção de que alcançaremos os objetivos pretendidos pelas trevas e estabeleceremos, a qualquer custo, um império de sombras sobre este maldito planeta.

No momento em que Assuero terminou seu discurso de ódio, um facho luminoso vertical começou a se formar na parede da caverna que naquele momento exibia o aspecto grotesco e imundo do ambiente do astral inferior em que aqueles espíritos transitavam. A simulação de jardins, fontes e colunatas desaparecera por completo. O facho luminoso se alargou, rasgando o tecido dimensional para exibir uma fenda e esta logo se transformou em um portal dimensional por onde entraram diversos guardiões com armaduras luminosas. Os guerreiros imediatamente cercaram Assuero e à frente deles estava Vhanet, o subcomandante da falange de guardiões *Lux Albis,* um ser ereto e imponente vestido em um traje de guerra que remetia aos antigos centuriões romanos. Ele segurava uma lança e tinha pendurada ao cinto dourado em sua cintura um gládio, uma espada curta e larga com dois gumes, feito de um material astral brilhante. Vhanet o observou em silêncio, enquanto alguns de seus comandados se encarregavam de neutralizar e aprisionar com facilidade os guerreiros de Assuero, isolando-os em em uma prisão de fios magnéticos e luminosos, fruto da tecnologia astral superior. Vhanet deu um passo à frente indo ao encontro de Assuero, sem demonstrar qualquer traço de medo. O mago negro encarou-o com raiva e pressentiu o perigo para si, constatando que estava agora em desvantagem. Fez uma manobra evasiva esquivando-se lateralmente e tentou se evadir do local desferindo golpes energéticos sobre Vhanet que os rebateu e não revidou, embora estivesse portando armamentos poderosos capazes de reduzir seu oponente a uma massa disforme e molecularmente desagregada. Sua armadura reluzente o protegeu como um escudo, absorvendo as descargas energéticas tóxicas de teor inferiorizado e coloração roxa e negra desferidas pelo mago que, aderidas aos corpos astrais de espíritos despreparados, poderiam ocasionar na vítima uma devastadora contaminação fluídica deletéria. Assuero utilizou, ainda, sua poderosa mente diabólica para tentar dominar Vhanet hipnoticamente, mas o guardião também era dotado de intenso poder mental, treinado e disciplinado e, por instantes, parados um à frente do outro, eles se enfrentaram mentalmente até que Assuero, desgastado, começou a se inclinar para frente, em uma desesperada tentativa de estreitar o espaço entre eles e forçar a mente para dominar o guardião. Vhanet, sem se mover, com a lança de luz coagulada em punho, continuou firme e logo percebeu que o mago negro evidenciava depleção em suas reservas energéticas mentais e decidiu intensificar sua força mental de subjugação. Assuero teve um momento de fraqueza, de hesitação, mas foi um lapso suficiente para que Vhanet o aprisionasse em um intenso e apertado laço magnético de luz azul brilhante que o circundou em diversas voltas como uma mola no entorno de um eixo. Assuero se debateu e tentou revidar com descargas que dilatavam as voltas do laço deixando-as de coloração vermelha, como se estivessem sendo submetidas a altas temperaturas e forçadas ao seu limite. Ele tentou esboçar uma reação para deixar o local e desaparecer utilizando mais uma de suas armas: descargas eletromagnéticas. O laço impediu a movimentação de seus braços e mãos, apertando-o, e cada tentativa de evasão para se livrar do aprisionamento era seguida de um novo aperto mais intenso, cujos ajustes de contenção diminuíam as vibrações moleculares do prisioneiro. O laço magnético ficou tão apertado que fez o mago perder os sentidos e desacordar. Em seguida Assuero foi envolvido por um campo de força específico, uma espécie de casulo de plástico transparente e hermético, fabricado com tecnologia astral superior e impossível de ser rompido, que fora preparado e configurado exclusivamente para ele. As energias do dispositivo de contenção o manteriam desacordado e absorveriam suas poderosas emanações mentais negativas, inócuas contra o guardião Vhanet, mas eficiente e perigosa contra qualquer um dos demais guardiões integrantes de sua equipe.

Somente depois de receber autorização de Vhanet os guardiões Macberius e Asher ordenaram que o campo de força protetivo instalado e operado por sua equipe fosse desativado. Eles respiraram aliviados.

– Por um momento acreditei que permaneceríamos aqui e cedo ou tarde nos tornaríamos presas do mago negro – disse Marcus, o técnico operador do campo magnético.

– Faltou-lhe fé em nossos maiorais que tudo acompanhavam e certamente haviam preparado um plano de contingência ou de resgate – falou Asher, convicto.

– Confesso que me descuidei emocionalmente. Desculpe! – respondeu ele.

– Tudo é aprendizado, meu amigo – completou Macberius, enquanto lhe dava tapinhas nas costas.

Assim que terminaram de responder ao técnico, Macberius e Asher receberam de um especialista sob seu comando a notícia de que haviam identificado uma estranha e intensa instabilidade vibracional no local e que seria prudente que todos deixassem aquele reduto cavernoso. Antes que ele pudesse expedir qualquer ordem, o reduto de Assuero começou a se desmantelar. A parede do fundo e parte do teto ruíram, surpreendendo a todos. Vhanet se concentrou e mentalmente aplicou ondas energéticas estabilizadoras, mas elas eram temporárias e, sem demora, todos se retiraram apressadamente daquele ambiente. Já do lado de fora eles observaram a montanha negra se desfazer. Ela foi murchando lentamente e se transformando em uma massa negra pegajosa que exalava um odor fétido misturado com um cheiro acre de queimado, odores resultantes de uma estranha reação química que gerava labaredas em seu interior, com muita fumaça e espuma borbulhante cinza e negra, como se um caldeirão daquela substância inferior plasmada pelo mago negro estivesse em ebulição. No local, terminado o processo de desagregação, sobrou apenas uma imensa cratera fumegante semelhante à de um vulcão depois de uma grande erupção.

– Assuero edificou o reduto e erigiu seu império do mal com a matéria-prima inferior e negativa coletada nos ambientes conturbados do Oriente Médio, subprodutos resultantes de muitas dores, sofrimentos, medos e angústias de encarnados e desencarnados que permaneceram séculos sob seu jugo demoníaco e desumano – explicou Vhanet.

– O que acontecerá com ele, a partir de agora? – indagou Macberius, que permanecera calado e pensativo olhando o que acontecia ao seu redor.

– Assuero será conduzido ao lado escuro da Lua onde existe uma prisão especial capaz de reter espíritos rebeldes enraizados no mal dotados de poderes mentais muito desenvolvidos e amplos conhecimentos de magia. Ele permanecerá lá até que seu destino de expatriamento do planeta Terra seja executado.

– Executado? – indagou Asher curioso.

– Sim, a retirada dele deste reduto faz parte de um planejamento muito mais amplo que está em andamento. Ele estava marcado e sua hora chegou. Observem as marcas da besta visíveis em sua testa e no dorso das mãos. Essas marcas são exibidas como um sinal de fogo, vermelho intenso e brilhante, em todos os espíritos que receberam a sentença de exílio planetário. Agora, aprisionado, ele não consegue mais esconder a marca que lhe foi inserida quando não atendeu ao que prometera no ultimato recebido antes do início do processo de transição hierárquica da Terra de mundo de provas e expiações para mundo de regeneração. Ele foi devidamente esclarecido sobre o seu destino caso decidisse ignorar os avisos e as incontáveis oportunidades de mudança íntima que foram ofertadas. No entanto, Assuero equivocadamente insistiu em permanecer se opondo à política do Cristo focando em seus projetos de destruição da divina casa terrena. Planejou a subjugação de seus irmãos para expandir o império do mal que erigiu, trabalhou para dilatar os poderes das sombras e das trevas e agora, vai colher o que plantou – explicou Vhanet. – Hoje cortamos a influência maléfica desse mago negro sobre os ambientes físico e astral do Oriente Médio e, a partir de agora, vocês poderão desenvolver os planos de contenção dos efeitos secundários relativos à ausência ou vácuo de poder e promover o realinhamento das lideranças, para que ocorra uma acomodação das hostes e potestades do mal e as equipes de guardiões possam, enfim, adentrar determinadas áreas antes vedadas devido ao altíssimo teor de periculosidade, animalidade e violência reinantes. Poderão inserir maciças forças de segurança, reurbanizar extensas áreas do astral inferior (umbral grosso), promover o saneamento psíquico-energético de muitas regiões degradadas, aplicar elementos educativos e disciplinadores espirituais, introduzir o inequívoco respeito às Leis Divinas que se aplicam a todos, e estabelecer bases onde os guardiões poderão instalar os aparatos de segurança que objetivam a manutenção de um estado de equilíbrio de forças até que tais hostes e potestades possam ser definitivamente desmanteladas e seus integrantes esclarecidos sobre a necessidade de mudança de atitudes ou, dependendo do caso, serem enviados para outras escolas do Universo, por meio do processo de expatriamento planetário, a fim de aprenderem as lições que foram negligenciadas de outra maneira, por intermédio de outros processos sócio-educativos espirituais.

Vocês verão que os reflexos no plano físico serão imediatamente sentidos e observados pela comunidade internacional. Haverá mudanças de postura de diversos governos mundiais e em breve uma coalizão aplicará suas forças para que os braços e os tentáculos insidiosos das sombras e das trevas na crosta terrestre sejam combatidos, enfraquecidos e neutralizados. Ainda não será possível a pacificação daquela área de intensos conflitos, mas surgirá um alento para que os líderes possam refletir e encontrar meios e instrumentos políticos e humanitários para construir uma paz robusta e confiável em um futuro próximo. Despeço-me de todos os valorosos guardiões que trabalharam nesta difícil missão rogando ao Cristo, nosso mestre e líder, que os banhe de luzes e energias renovadoras. Bom regresso à base.

Quando terminou de falar, Vhanet ergueu o braço que empunhava a lança de luz coagulada e girando-a circularmente acima de sua cabeça abriu um rasgo dimensional pelo qual se elevou, como um facho de luz ascendente.

– Temos que sair deste lugar da mesma maneira que entramos e isso irá requerer um esforço extra – disse Asher.

– Então vamos dar o primeiro passo e iniciar o difícil retorno – completou Macberius. – Recolham os equipamentos e retomem suas posições dentro do dispositivo de segurança estabelecido – ordenou Macberius. – Lembrem-se das medidas protetivas. Esta missão foi encerrada com sucesso, mas nosso trajeto está repleto de armadilhas e surpresas que devemos evitar a todo custo. Outros grupos de malfeitores estão espalhados pelo astral inferior e podem querer se aproveitar de algum descuido nosso para nos infligir baixas e causar problemas. Estejam atentos!

51

Em local distante, mais uma batalha na incessante guerra astral oculta aos olhos da maioria dos encarnados seria travada para restabelecer o equilíbrio energético da psicosfera dos dois planos da vida, em suas diversas dimensões, para fazer imperar a Lei e a ordem.

Alfrey, Aalão e Azaliel haviam se reunido na base lunar dos guardiões. Os dirigentes do planeta Terra haviam expedido planos estratégicos relativos às ações a serem adotadas no combate às hostes maléficas que há muito tempo se dedicam continuamente à atemporal luta contra a política de amor, caridade, perdão e fraternidade do magnânimo Cristo, praticando uma ferrenha oposição a todas as medidas evolucionistas e de progresso da humanidade terrena.

Sentados à frente de uma grande tela cristalina translúcida, iluminada por tênue luz radiante interna que projetava mapas e estruturas em perspectiva tridimensional, eles analisaram cada detalhe relacionado ao cumprimento das inúmeras missões dos guardiões, as possíveis consequências e os desdobramentos que se seguiriam. Todas as linhas de ação a serem seguidas compunham um complexo mosaico, cujos elementos componentes eram peças essenciais de uma orquestração maior focada no objetivo principal: a neutralização das atividades nefastas que as trevas estavam desenvolvendo para subjugar encarnados e desencarnados. Os tentáculos insidiosos dos líderes da escuridão precisavam ser cortados; as facções, falanges, hostes e potestades das sombras precisavam ser isoladas, para receberem o quinhão de responsabilização merecido. Seria a colheita obrigatória do que fora plantado. O Criador do Universo havia decretado suas diretrizes para a progressão do planeta Terra na hierarquia dos mundos e cabia aos seus prepostos dar fidedigno cumprimento às Suas sábias vontades.

— Meus caros irmãos Aalão e Azaliel, a etapa subsequente do trabalho que está sendo executado no orbe terrestre exigirá de nós acurada dedicação, controle e precisão — falou Alfrey, o nobre dirigente espiritual e mensageiro da coordenação sideral.

— Como representante da vertente da misericórdia divina, lhes asseguro que estamos preparados — respondeu Aalão.

— Os guardiões, soldados componentes do exército astral comandado por Miguel – o nobre representante da justiça divina –, estão prontos. Faremos o que for determinado pelos nossos dirigentes e for permitido pelas Leis eternas e imutáveis aplicáveis a tudo e a todos indistintamente. Asseguro-lhes que objetivos propostos serão plenamente alcançados e, para isso, trabalharemos incansavelmente para cumprir com precisão e eficiência a missão recebida – disse Azaliel, o chefe supremo da Legião *Lux Albis* com firmeza e convicção.

Alfrey retomou a palavra, explicando:

– Estamos diante de uma complexa situação de conluio maléfico cujo resultado foi a criação de uma associação espúria, com ideias diabólicas e estratagemas que ameaçam atingir em cheio e de forma contundente o processo evolutivo e cármico da humanidade terrestre. Estou me referindo ao consórcio entre Névius e Draco, o temível mago draconiano remanescente de uma linhagem de seres milenares degredados de outros mundos e exilados há milhares de anos atrás no planeta Terra que, naquelas eras remotas, recebera a função temporária de planeta-prisão. A associação a qual me referi está sendo mentoriada por seres ainda mais astutos, inteligentes e cruéis: os daimons (dragões).

É chegado o momento de separação do joio e do trigo, do afastamento de todos os obstáculos existentes no caminho redentor da humanidade terrestre para a fase de regeneração e esses irmãos, os maiorais das sombras, senhores da escuridão e rebeldes espirituais são, neste momento grave, um problema que irá demandar delicada missão. A disciplina e o fiel cumprimento das ordens recebidas serão essenciais para o sucesso de tarefa tão relevante. Extremada argumentação será exigida para se evitar, a todo custo, a deflagração de um conflito sem precedentes: uma guerra astral. Abrir um canal de comunicação para um diálogo franco com essa estirpe de espíritos ardilosos, violentos e traiçoeiros não será fácil, mas precisamos tentar. As condutas irão requerer cautela e precisão, pois estaremos lidando com espíritos revoltados, possuidores de milenares e até ultraterrenos conhecimentos científicos e de manipulação energética, e que são capazes de tudo quando se sentem ameaçados. Não são suscetíveis à doutrinação e sua invulgar inteligência e ego exacerbado os tornam muito perigosos e isentos de qualquer tipo de compaixão ou misericórdia, devido ao embrutecimento de seus corações empedernidos pelas práticas de disseminação do mal. Será necessário tentar estabelecer, inicialmente, uma argumentação complexa de esclarecimento. Deixaremos a imposição de medidas coercitivas de contenção como reserva tática, que poderão ou não ser aplicadas antes do desenvolvimento da segunda etapa do plano operacional, que prevê atividades saneadoras para reverter o mal que já foi implantado por eles nas dimensões terrenas. O desencadeamento dos planos estratégicos das trevas arquitetados pelos dragões e colocados sob as lideranças de Nevius e Draco, colocam em sério risco os planejamentos luminosos destinados à evolução da humanidade terrestre que foram meticulosamente traçados pela espiritualidade superior. O perigo é iminente.

Alfrey fez uma pausa em sua preleção e depois de olhar diretamente para os dois companheiros à sua frente, prosseguiu:

– Felizmente tudo ocorre sob a orientação segura do Mestre Jesus, que comanda com amor, sabedoria e justiça os destinos de seus irmãos encarnados, desencarnados e o destino do planeta Terra, para que possa ser mantida a harmonia no Cosmo. Em breve lançaremos uma contraofensiva ética, com total observância das Leis divinas, para combater os opositores de Sua política. Reequilibraremos as forças e manteremos o controle sobre as forças do mal para que a humanidade terrestre trilhe o seu luminoso caminho evolutivo e se consolide como uma coesa família cármica em busca de luz e redenção, que fará surgir uma irmandade fraterna mutuamente engajada no progresso espiritual coletivo de lapidação de seus espíritos para que brilhe a luz interior de cada um, elemento essencial que nos aproxima um pouco mais do Criador.

No momento em que Alfrey fez uma pausa em sua preleção, Azaliel não pôde evitar de pensar na influência negativa dos dragões naquele contexto. Emergiu em sua poderosa e disciplinada mente a sinistra trajetória de vida daqueles seres rebeldes milenares, oriundos de orbes distantes da Terra e mergulhados na imensidão do Universo.

– Eu também me surpreendo questionando até quando perdurará essa rebeldia dos dragões – falou Alfrey ao captar as informações que Azaliel repassava mentalmente sobre os temíveis senhores da escuridão, cuja denominação de dragões fazia referência à sua origem: os planetas e estrelas da Constelação de Draco.

Há incontáveis milênios atrás muitas entidades espirituais rebeldes precisaram ser incluídas no processo de exílio planetário. Eram seres detentores de vastos conhecimentos científicos e tecnológicos, mas de baixa moralidade e atrasados espiritualmente. Colocaram-se a serviço de uma política contrária ao bem, assimilaram a doutrina das sombras e se tornaram opositores implacáveis e antagônicos da Luz, atuando como mentores e articuladores de grandes processos de altíssimo potencial destrutivo, cataclísmicos. Tornaram-se artífices de graves eventos bélicos que conturbaram o progresso evolutivo de comunidades e humanidades inteiras, cujas ações expressavam uma profunda e contundente revolta com seus destinos e contra as Leis imutáveis e eternas do Criador. A rebeldia os posicionou como protagonistas de incitações coletivas contra o regime moral crístico. Exerceram ferrenha oposição à doutrina de amor, perdão, caridade e fraternidade universais propagadas pelos prepostos do Cristo em todos os recantos e rincões e mundos do Universo. Praticando uma política inumana fundamentada na sombria estratégia de destruição, de estancamento da evolução da humanidade na qual estavam inseridos, na prevalência do poder dos mais fortes, e brutalizados, ergueram um império de trevas e sombras. Combateram ferozmente os resultados das redentoras lições educativas do evangelho e tentaram apagar os luminosos ensinamentos que permitem a ascensão dos seres espirituais a patamares mais elevados que os aproximam de Deus, o Senhor absoluto e Fonte Criadora do Universo.

Depois de promoverem destruições inimagináveis, em extremado abuso do livre-arbítrio, os dragões foram banidos de suas antigas moradas por incompatibilidade moral; no entanto, não admitindo sua ignorância espiritual e dando vazão aos instintos mais animalizados de soberba, de egoísmo e arrogância, repetiram os mesmos atos revoltosos, as mesmas condutas reprováveis e destruidoras em todos os locais por onde passaram, temporariamente, antes de serem inseridos no planeta Terra, que àquela época remota era primitivo, passava por intensas convulsões geológicas e era considerado um planeta-prisão devido ao potente magnetismo, que os impedia de se afastarem de sua psicosfera.

Aprisionados no planeta Terra, trabalharam incessantemente para mais uma vez reconstruir seu império de trevas e sombras. Formaram legiões de leais seguidores com o objetivo preponderante de restabelecer seu poder diabólico, dominar, escravizar e obstaculizar o progresso e a evolução da tenra e florescente humanidade terrena, causando-lhe dores e sofrimentos com o propósito de adquirir poder e para se beneficiarem das energias negativas e deletérias do medo, do terror e das angústias inenarráveis. Permanecem imersos em sua rebeldia até os dias atuais. No entanto, os mundos percorrem ciclos evolutivos ininterruptos para atender à sublime Lei do Progresso e, ao final de cada ciclo, os espíritos que não atingiram os níveis mínimos indispensáveis à continuidade de convívio junto à sua humanidade são apartados dela para permitir que o processo evolutivo avance.

Muitos foram expatriados de suas comunidades por não atenderem aos ditames das Leis divinas. Foram exilados em mundos primitivos distantes para reiniciarem suas trajetórias de vida; para recomeçarem suas buscas por conquistas dos atributos superiores do espírito e se desfazer dos vícios e da mentalidade focada na prática do mal; para experimentar as lições de vida não aprendidas e não internalizadas no cerne de seus espíritos; para burilar o diamante bruto que é cada ser espiritual criado por Deus, a fim de deixar resplandecer as suas luzes interiores; para edificar no interior de seus corações a morada do amor incondicional, da paz e da harmonia espiritual.

O exílio planetário os situou no ambiente terreno inóspito, isolando-os dos mundos estelares mais evoluídos e dos avanços tecnológicos que poderiam facilitar a continuidade de seus desatinos e permitir a implantação de novos impérios do mal como os que deixaram para trás em seus paraísos perdidos. O suor de seus rostos no trabalho árduo, as dores e os sofrimentos experimentados no recomeço, a escassez que os obrigará a partir do nada e a resignação são instrumentos eficazes para amolecer os corações duros e fazer eclodir os mais nobres sentimentos do espírito que, somados, são a sinergia da edificação de uma sociedade mais fraterna e justa.

Ao encerrar sua digressão mental sobre os dragões, Azaliel se dirigiu a Alfrey dizendo:

– O dragões continuam sendo criminosos contumazes temíveis, muito endividados com a justiça divina, provocadores de incontáveis destruições sistemáticas, causadores de sofrimentos acerbos aos seus irmãos, aniquiladores de planetas. Cada processo de exílio que sofreram serviu de pretexto para acirrar e justificar conscientemente suas próprias revoltas e eles utilizam esse pretexto para alavancar a rebeldia contra as Leis e diretrizes divinas que lhes foram impostas, coercitivamente, como destino irrecorrível. A nossa tarefa agora é combater energicamente e com firmeza esses desmandos e prepará-los para mais um expatriamento. Eles nunca aceitarão esse destino.

— Essa é uma realidade indiscutível. Eles jamais admitirão que o expatriamento para uma nova casa planetária possui caráter educativo, à semelhança do mau aluno que precisa ser transferido de sua escola para frequentar outro estabelecimento de ensino em regime de aprendizado mais rígido, por ser o mais adequado às suas necessidades educacionais — completou Alfrey. — Dentro deste contexto, gostaria de deixar evidente que, embora seja um embate com contornos de uma guerra, nossas preocupações residem em não adotar postura de guerra astral. A guerra não faz parte do repertório da Luz. Precisamos nos esforçar para cumprir as diretivas siderais adotando medidas combativas, saneadoras e educativas compulsoriamente, mas dentro da ética que norteia a Luz. É chegada a hora de desmantelarmos essa associação espúria, desonesta, antiética e sinistra com ações estrategicamente direcionadas, objetivas, assertivas e com total controle dos efeitos secundários e colaterais. As hostes e potestades de entidades espirituais do mal, que antes eram ferrenhas inimigas e lutavam entre si, agora se juntaram, somando forças para concretizar seus planos diabólicos de destruição e de subjugação da humanidade terrena, e isso é inadmissível. Os partidários das trevas se encontram em uma situação desesperadora diante dos progressos da Luz e sabem que um iminente novo exílio planetário os aguarda e se avizinha deles de forma rápida. Eles estão partindo para o tudo ou nada e nós não podemos cair nesta cilada e nos nivelar a eles em uma guerra franca, aberta e sem escrúpulos. Devemos agir com cautela, estritamente dentro dos ditames das Leis e conforme o planejado pelos nossos superiores. Assim, certamente seremos vitoriosos.

— Assim será, amigo Alfrey — afirmou Azaliel, convicto.
— Que seja feita a vontade do Pai! — completou Aalão.
Eles se cumprimentaram e a reunião foi encerrada.

52

Na base lunar dos guardiões, Azaliel se preparava para realizar a contundente e difícil descida vibracional. Ele percorreria as diversas camadas dimensionais que o separavam da localização escolhida como ponto de reunião da Legião *Lux Albis*, na subcrosta – local onde os guardiões aguardavam o seu comandante supremo. Posteriormente a falange completa desceria ainda mais, até as regiões mais densas, para estabelecer uma base avançada dos guardiões, em lugar oculto e protegido por potente campo de força, dissimulada, mas inserida nas zonas do umbral grosso, próxima dos redutos infernais dos maiorais do mal.

Azaliel fez uma pausa em sua preparação para receber a visita do grande amigo e aliado Aalão, que solicitara um momento de conversa complementar.

– A situação da psicosfera espiritual do planeta está tendendo a um agravamento substancial devido às investidas das trevas que, de seus redutos-prisão, planejavam alterar o curso dos acontecimentos tanto no plano extrafísico como na crosta terrestre. Estão intensificando ações e colocando inúmeros obstáculos às iniciativas de paz no Oriente Médio e em diversos países da África, além de insistir em expandir os projetos de poder e ideias de subjugação humana na América Latina, utilizando-se de ideologias políticas nefastas e deturpadas, que foram escandalosamente colocadas a serviço das mentes maléficas das trevas – disse Aalão, visivelmente preocupado.

– A informação repassada por Alfrey sobre a associação de Névius e Draco, dois terríveis magos negros que estão sendo mentoriados por um dragão, realmente é muito preocupante – falou Azaliel, acenando com a cabeça. – Temos algo novo?

– Eles estão ampliando sua esfera de domínio e colocaram em prática suas estratégias secretas. Induziram os representantes desencarnados – que por sua vez mantinham encarnados poderosos em postos-chave, sob seu controle –, à prática de provocações e ações agressivas, furtivas e desestabilizadoras, para moldar ambientes de confronto onde facções antagônicas se enfrentariam nos cenários político, social, religioso e militar, com o objetivo de criar atritos que possam evoluir para situações mais contundentes. Os nichos de poder subjugados aos maiorais do mal estão formando uma base consolidada de aplicação de atos desviados da ética e da moral nas regiões que foram escolhidas pela sua instabilidade para, subsequentemente, replicar tais ações diabólicas em outras áreas do globo terrestre. Estão em curso as ações estratégicas de criação do caos e da desavença; assim poderão posteriormente trabalhar para a sua expansão insidiosa, que envolverá toda a humanidade terrestre encarnada e desencarnada nas teias do ódio, da intolerância, do terror e do medo, com o objetivo de viabilizar a formação de uma egrégora psíquica negativa favorável à continuidade dos projetos das sombras de transformar a Terra em seu reduto de trevas.

– Sabemos que Névius assumiu pessoalmente o controle mental do líder religioso de um belicoso país do Oriente Médio, cujo governo teocrático assimila as influências negativas dele e se torna, paulatinamente, um grande entrave ao progresso dos esforços de paz na região. O mago negro já tinha conseguido estabelecer as bases de sua estratégia do caos no plano extrafísico daquela região sem o apoio do dragão, há décadas atrás, mas precisava expandi-lo no astral e envolver o plano físico, por isso buscou a associação com Draco, que por sua vez possui estreitas ligações com os dragões – e você sabe o que isso significa, não é mesmo, meu amigo? – indagou Azaliel.

– Sim, sem dúvida estamos diante de uma situação de grande complexidade e solução difícil – respondeu Aalão.

– Eles induziram diversos líderes – ditadores políticos e religiosos sob o seu comando hipnótico –, a eleger dedicados colaboradores e preparar fiéis encarregados de viabilizar os planos das sombras nas esferas astral e física. No Oriente Médio o homem encarnado conhecido como General, uma entidade sombria e diabólica a serviço das trevas, foi encarregado de articular a criação de novos grupos terroristas, fundindo grupos que lutam pelas mesmas causas deturpadas e promover o crescimento dos mais exaltados, mais atuantes e simpáticos às ideias apartadas da fraternidade que o General lhes apresentou. Estes novos grupos vêm realizando o seu trabalho com muito afinco e grande sagacidade, envolvendo-se, veladamente, em atentados terroristas dentro e fora do Oriente Médio, em assassinatos de opositores, no fortalecimento das forças rebeldes que lutam contra os governos estabelecidos em todo o mundo árabe e na sustentação de milícias locais para realizarem ataques generalizados que afetam combatentes e inocentes, para gerar pânico e terror, ceifando vidas indiscriminadamente. O General se aliou aos países governados por chefes de Estado inescrupulosos, ditadores interessados no estabelecimento de áreas de influência além de suas fronteiras, na expansão de sua hegemonia. Suas ações já resultaram na expulsão de mais de 10 milhões de pessoas de suas casas e mais de meio milhão de mortes desnecessárias. O General segue dando continuidade à infeliz estratégia de subjugação de almas fazendo vítimas inocentes, perpetrando ataques intimidadores e elaborando estratagemas para desestabilizar governos por intermédio do desencadeamento de ações para insuflar discórdias milenares de ordem política, territorial e religiosa, dentre outras ações alinhadas com os planos dos maiorais das trevas, seus dominadores, aos quais serve.

– Conversei com Alfrey e decidimos ampliar nossa estratégia, que deverá abranger não somente o Oriente Médio, mas também a África e a América Latina – complementou Aalão. – As investidas insidiosas das sombras lograram êxito na criação de inúmeros colaboradores em países africanos e estes estão promovendo intensa e diversificada campanha de atrocidades contra pessoas indefesas e grupos rivais, cujas ações nefastas são acobertadas ou ignoradas por chefes de Estado, ditadores corruptos encarnados, que se beneficiam política e economicamente mantendo o seu povo na ignorância e subjugado pelo medo.

– Concordo com vocês. Na América Latina uma onda ideológica dominadora e escravizante tenta estender seus tentáculos insidiosos por diversos países. O sistema político e a forma de governo que pretendem implantar já é um velho conhecido que foi repaginado e, por que não dizer, metamorfoseado para parecer algo novo, mas mantém a essência nefasta e as características perversas causadoras das mais ignóbeis misérias humanas, dos roubos descarados, dos desvios indiscriminados e do aniquilamento dos patrimônios espirituais, materiais e intelectuais dos povos que, iludidos pelo seu canto sedutor de igualdade e justiça parcial, o adotam cegamente. Enganam, se passando por geradores de riquezas e avanços substanciais na cultura, nas ciências, educação, na saúde e na segurança de todos, mas não passam de exploradores e escravizadores, que sugam as riquezas materiais e imateriais, canalizando-as para benefício da cúpula de poder e para manter o sistema indefinidamente. Estão alimentando ideologias ultrapassadas que sabidamente subvertem o racional e lançam mentiras de toda ordem para desacreditar, desinformar e fortalecer a ignorância e a alienação, fatores indispensáveis para a continuidade de seus ideários de subjugação mental que objetivam perpetuar o poder escravizante, até o esgotamento de suas energias, para então, estabelecerem definitivamente o império do mal sobre a Terra. No entanto, meu caro amigo Aalão, as forças do bem estão atentas e sempre dispostas a impedir que os planos de nossos maiorais da espiritualidade superior e do próprio Cristo fracassem. Os planos do Cristo, que cumpre as determinações e sábias vontades de Deus – a Fonte Criadora do Universo –, serão conduzidos conforme o planejado e nada, absolutamente nada será capaz de impedir que se concretizem suas diretrizes siderais. Esteja seguro de que expandiremos nossos planejamentos para abranger a África e a América Latina – finalizou Azaliel, demonstrando a intensa fé que lhe fornece a força mental, espiritual e energética para cumprir as ordens recebidas que objetivam a obtenção de um bem maior: o restabelecimento do equilíbrio energético, a paz e a fraternidade que deverão pautar as atitudes e comportamentos do planeta na fase de regeneração vindoura.

Azaliel, o comandante da Legião *Lux Albis*, fração do exército dos guardiões e subordinado direto do grande espírito Miguel – Senhor supremo da Justiça e das Leis eternas e imutáveis do Criador e representante da Justiça do Cristo na Terra, realizou a descida dimensional e chegou ao seu destino na subcrosta, onde se encontrou com Vhanet e um numeroso efetivo de guardiões que haviam sido deslocados de outras bases para aquele local, que era o ponto de partida para a expedição que realizariam em breve às regiões mais densas do umbral inferior.

– Saudações, nobre Azaliel, justiça e paz a todos! – cumprimentou Vhanet.

Azaliel se aproximou de Vhanet e o abraçou fraternalmente, dizendo:

– Saudações, amigo! É uma grande honra para este humilde servidor do Cristo contar com o seu apoio incondicional. É o meu companheiro de muitas jornadas e todos somos servidores fiéis do bem, cumpridores das ordens emitidas pelas autoridades celestiais que trabalham incessantemente para que reinem no Universo a harmonia e a paz entre os filhos de Deus.

– Que seja feita a sábia vontade do Criador! – exclamou Vhanet.

– O Cristo foi encarregado disso pessoalmente e sabe que Miguel e seus guardiões estarão sempre prontos para o trabalho na sua seara de paz, amor, misericórdia e perdão – disse Azaliel mentalmente a Vhanet e a todos os guardiões presentes naquele encontro. – Contaremos com o indispensável apoio energético e acompanhamento do Comandante Miguel, que nos fornecerá as forças e equipamentos necessários ao cumprimento da missão recebida. Seremos dotados com eficientes instrumentos de trabalho e estejamos preparados para enfrentar os desafios vindouros no que se refere ao trato com entidades espirituais tão fortalecidas no mal.

Dirigindo-se mentalmente aos guardiões, seus subordinados, expressou-se:

– Guardiões! a nossa força é resultante da união e da fé nos ideais do bem.

No momento em que terminou de pronunciar suas palavras de exortação, um luminoso facho de luz azulínea, cujo espectro luminoso era visível somente pelos guardiões, desceu até aquele lugar e atingiu o topo da cabeça de todos eles, demonstrando a presença inquestionável dos dirigentes superiores e o seu apoio incondicional, elemento indispensável para o fortalecimento da fé.

Depois dos sublimes momentos de incentivo, inspiradores de confiança, as equipes se entregaram ao trabalho preparatório para a descida vibracional subsequente e para as ações que seriam desenvolvidas visando colocar em prática os planejamentos elaborados para atender as ordens expedidas pelos dirigentes siderais.

53

Em meio às emanações vibratórias de grande magnitude, das profundezas do umbral grosso, uma espécie de abalo sísmico sacudiu o ambiente local inóspito e energeticamente tóxico, disparando ondas de choque que se espalharam por todas as regiões e levantaram uma fina névoa de poeira negra. Nenhuma importância foi atribuída ao fato devido à frequência com que eventos daquele tipo ocorriam em tais profundezas da Terra. No entanto, um abalo simultâneo havia sido provocado dissimuladamente pelos guardiões do escalão avançado, que era composto por engenheiros e técnicos. Eles aproveitaram as vibrações telúricas para preparar o local de pouso dos VT – veículos de transporte dos guardiões –, na área denominada zona vermelha. A deflagração de um sismo artificial por meio de equipamentos emissores de intensas ondas eletromagnéticas tinha como objetivo preparar o solo e ocultar a chegada dos VT, que certamente causariam alterações vibracionais perceptíveis ao perfurar as camadas dimensionais em sua descida. O sincronismo entre o abalo artificial e o estrondo resultante da penetração dos veículos naquela região inferior fora perfeita. Os VT foram estacionados em uma ampla área desértica circular, de solo escuro, úmido e pegajoso, cercada de elevações pedregosas negras e pontiagudas que se assemelhavam às laterais de uma imensa cratera vulcânica. Adotaram uma formação pentagonal de segurança, em cujo centro pousou o VT sede do comando da Legião *Lux Albis*. A disposição pentagonal era essencial para que o potente campo de força magnético exercesse sua tripla função: isolamento, segurança energética e camuflagem, impossibilitando serem detectados pelos seres espirituais brutalizados, agressivos e extremamente violentos que compõem as guardas de segurança dos senhores da escuridão.

No interior dos VT os guardiões se preparavam para saídas de reconhecimento. Suportar a tenaz pressão vibracional exercida sobre seus corpos astrais exigiria autodomínio, controle emocional e um breve e indispensável período de adaptação.

O ambiente sinistro dos abismos infernais onde se localizavam os redutos dos seres sombrios e diabólicos da Terra era de total escuridão, tão densa que chegava a ser quase palpável, e os guardiões precisaram intensificar suas percepções espirituais para enxergar o que se passava ao redor. Um tênue casulo magnético envolvia os seus corpos astrais como um traje de mergulho, para evitar que se contaminassem com as criações mentais artificiais doentias e tóxicas que infestavam aquela região insalubre, evitando que penetrassem as tênues camadas energéticas de seus corpos e produzissem rasgos e brechas em sua tessitura. Estas poderiam se tornar portas abertas à invasão de parasitas e bacilos causadores de infecções prejudiciais intoxicantes e deformantes, de difícil e complexo tratamento perispiritual, cujos efeitos seriam revertidos somente com intensas e vigorosas inserções fluídicas, para reposição das energias consumidas pelos agentes patológicos parasitas e aplicação de ondas fluídicas de alto teor de pureza para os eliminar e debelar os incômodos sintomas subsequentes.

    Apesar de os guardiões terem adotado diversas precauções para preservar o sigilo e aumentar a segurança da equipe, um Sombra, membro da famigerada guarda pretoriana dos magos, que estava caçando um membro dissidente acusado de infrações às leis do submundo e seria conduzido ao justiçamento e às punições, percebeu uma anomalia energética e decidiu investigar. O lugar era ermo, remoto, distante e o Sombra, vestindo um manto negro comprido e com capuz que escondia sua face, em um traje semelhante aos antigos monges, se locomovia pesadamente, deslizando sobre os fluidos densos daquele ambiente inóspito. Ele não conseguiu observar nada de imediato, mas sua percepção indicava que algo estranho e diferente estava ocorrendo nas imediações, e apenas atendendo à sua aguçada desconfiança, percorreu o topo das elevações em movimentos circulares. Antevendo uma extemporânea denúncia da presença dos guardiões na área, Vhanet despachou uma equipe de captura, para evitar que o Sombra desconfiado os descobrisse e repassasse as informações aos seus superiores, alertando extemporaneamente os seres demoníacos daquele submundo, fator que desencadearia uma precipitação indesejada das ações que deveriam ser realizadas com o máximo de sigilo possível.

    O destacamento de guardiões se dividiu em dois grupos. No momento em que o Sombra desceu o grupo 1, composto por três guardiões, avançou sobre aquela criatura pela frente. O acobertamento dado pelas pedras que formavam as paredes laterais das encostas da cratera permitiu que o grupo 2 se aproximasse pela lateral. O Sombra ardilosamente estancou sua movimentação, tentou se esconder entre as rochas negras e permaneceu imóvel, empunhando uma pesada arma de cano longo que carregava em um coldre preso às costas. Sem demora ele ligou a bateria de alimentação acoplada à arma e a apontou para o guardião que se deslocava à frente do grupo. Concentraria o fluxo energético de seu armamento sobre o primeiro, mas certamente atingiria os demais também. Selecionou uma chave específica na lateral da arma para que a bobina conversora da arma alcançasse a potência máxima, pois pretendia abatê-los com um único tiro para evitar que tivessem oportunidade de revide. Sentiu que estava dominando a situação e a surpresa seria o seu trunfo. Certamente sua valentia seria recompensada pelos seus superiores. No entanto, antes que pudesse disparar, o Sombra foi surpreendido pelos guardiões do grupo 2, que haviam se deslocado lateralmente aproveitando o encobrimento proporcionado pelas elevações das bordas da cratera e se projetaram diagonalmente da esquerda para a direita e de cima para baixo. Uma rede magnética de material ultraresistente confeccionada com tecnologia astral superior foi disparada de uma arma. Suas fibras se iluminaram com uma luz âmbar avermelhada, como se tivessem recebido o calor de uma fornalha e adquirissem incandescência. A malha da rede se abriu e magneticamente envolveu o Sombra, imobilizando-o com descargas elétricas de baixa intensidade para desacordá-lo. Ele tentou resistir, se contorceu, mas à medida que se debatia os sensores sofisticados do equipamento intensificavam o aperto e suas pontas se fecharam cada vez mais no seu entorno. O Sombra conseguiu efetuar um disparo débil, a esmo e sem consequências, antes de desmaiar. Ele fora neutralizado e a ameaça de alarme antecipado tinha sido contida a tempo. Em seguida os guardiões o enviaram para uma cela no interior de um VT que fora especialmente preparado como prisão.

 Vhanet se dirigiu aos membros da equipe, esclarecendo:

 – Nosso hóspede foi a primeira captura desta jornada de trabalho que está apenas começando. Muito outros serão retirados daqui e enviados para os locais onde aguardarão seu envio para outros destinos. Em algumas ocasiões a nossa tarefa irá se assemelhar à captura de um animal selvagem que não entende que é para o seu próprio benefício, para salvá-lo da situação ruim ou prejudicial que o envolve. Vocês verão que muitos estão alienados, semiconscientes, devido à hipnose a que foram submetidos, e agem por instinto, obedecendo ordens cegamente; e muitos outros, ao contrário, possuem plena consciência de sua situação e são capazes de compreender o que está se passando ao seu redor, mas o ponto comum é que todos agem, na iminência de serem aprisionados, de forma violenta, feroz e com uma energia fora do comum, comportamento típico dos animais que se encontram encurralados e por isso são sempre muito perigosos, ousados e atrevidos. Para evitarmos problemas, muitos espíritos capturados serão colocados para dormir imediatamente; serão induzidos a um sono hipnótico profundo, uma espécie de hibernação, que permitirá aos técnicos e especialistas a essencial oportunidade de os submeter à modificação do DNA, afim de lhes possibilitar ocupar novos e diferentes corpos nos planetas primitivos para os quais serão enviados em regime de exílio planetário. Começamos bem. Excelente trabalho!

Vhanet cumprimentou seus subordinados e, em seguida, dirigiu-se à sala de controle para se juntar aos seus superiores. A partir daquele momento eles dariam início à primeira fase da operação "semideuses".

54

Azaliel liderava os diversos grupos de guardiões que deixaram as instalações dos VT e iniciaram uma exaustiva progressão em meio a forças energéticas descomunais. Estavam vestidos com uma indumentária semelhante à dos antigos centuriões romanos, no entanto, os uniformes eram confeccionados com materiais de tecnologia astral diferente, mais evoluídos do que os comumente usados pelos guardiões em suas tarefas anteriores. Os uniformes eram capazes de lhes garantir uma efetiva proteção energética para facilitar os deslocamentos naquelas regiões pestilentas. Os guardiões calçavam botas de material isolante, de cano curto, e transportavam armamentos específicos a cada uma de suas especialidades e missão a ser cumprida.

Azaliel, o líder, envergava um imponente protetor peitoral de material resplandecente dourado que lhe proporcionava um destaque único. Era alto, esguio, peitorais fortes e ombros largos. Sua fisionomia era serena e tinha traços de rara beleza. Liderava com uma postura de firmeza e altivez que despertava confiança e seriedade, mas ao mesmo tempo, a simplicidade de seus gestos, a segurança expressada em suas atitudes, o seu pensamento preciso, disciplinado e a invulgar inteligência revelavam sua grande capacidade de liderança e a merecida posição ocupada na hierarquia dos altos escalões do exército astral de Miguel, o justo e poderoso soldado do Cristo. Sua autoconfiança, a afabilidade no trato com os semelhantes, seu preparo mental e intelectual e o carisma cativavam os subordinados, tornando-os seguidores fiéis de seu líder supremo.

Azaliel seguia à frente do destacamento empunhando uma espada longa de luz coagulada muito brilhante, de cor alaranjada, cujos fótons emitidos cortavam a escuridão reinante naquele lugar ermo, iluminando o caminho como farol radiante. Precisavam encontrar o pórtico de entrada da cidade das trevas, cujas coordenadas aproximadas tinham sido inseridas nos equipamentos de navegação, mas não eram precisas, pois tudo naquele ambiente era mutável e respondia ao controle das mentes poderosas dos magos negros dominantes. A espada que Azaliel empunhava com vigor era um potente instrumento energético-magnético com capacidade para rasgar a tessitura dimensional e abrir um portal de interligação entre as camadas vibratórias; possuía uma bateria de energia solar que alimentava o campo de força pessoal de seu portador, formando um envolvente escudo energético; além disso, se fosse necessário, a espada poderia ser usada como uma arma, cujos gumes funcionavam como um "laser", cortando instantaneamente ao entrar em contato com alguma superfície de maior densidade.

❊ ❊ ❊

Dois grupos dispostos lateralmente ofereciam segurança nos flancos e Vhanet, o subcomandante, comandando um destacamento, seguia atrás para proteger a retaguarda contra potenciais ataques surpresas por trás.

Azaliel seguia à frente e identificou uma superfície escura que se destacava no horizonte. Percebeu tratar-se de um imenso lago artificial de águas fétidas e densas. Suas margens eram de barro cinza e repletas de vegetação ciliar com galhos retorcidos e sem folhas. Alguns guardiões se aproximaram das margens do lago e viram diversas criaturas grotescas mergulhadas em suas águas, animais pré-históricos de extremada ferocidade que se aglomeravam irrequietos. Eles colocavam a cabeça para fora da água, abriam a boca ameaçadoramente e exibiam os dentes pontiagudos, ao mesmo tempo em que emitiam ruídos semelhantes a um sibilo fino, estridente, duradouro e aterrorizante. Alguns se arrastavam pelas margens lamacentas. Tinham o aspecto de um crocodilo, com um rabo comprido, a pele grossa, escura e escamosa. Percorriam vagarosamente a margem do lago.

– São espíritos que perderam a conformação humana devido aos enormes débitos com a justiça divina. Regrediram perispiritualmente em função de sua consciência culpada e estagnaram nessa fase animalesca – explicou Azaliel mentalmente a todos os guardiões que o circundavam curiosos.

Em silêncio, de forma tática e disciplinada, ele voltaram a progredir por longo tempo, e ao se aproximarem de um gigantesco obelisco piramidal, de pedra negra, com símbolos desconhecidos derivados de um antigo e desaparecido dialeto, os guardiões foram confrontados por centenas de guerreiros da guarda negra dos magos, que surgiram inesperadamente, vindos de diversas direções, como se tivessem saído do solo e detrás da imponente estrutura de pedra. Eles envolveram os destacamentos dos guardiões, cercando-os. Vhanet ordenou que o potente campo de força dos guardiões fosse imediatamente acionado e o especialista responsável pelo mesmo sem perda de tempo o ativou e, em segundos, um dispositivo de células hexagonais interligadas no formato de uma colmeia os protegeu magneticamente.

– Eu sou Azaliel, comandante da Legião Lux Albis, e gostaria de conversar com o comandante da guarda. Não viemos até aqui para confrontar ninguém, temos uma importante missão a cumprir e certamente os maiorais já sabem disso.

A falange fora cercada por guerreiros extremamente agressivos, vestidos com trajes de couro, de tom pardacento, sujo, barbas compridas, olhos vermelhos injetados de ódio, grunhindo sons de respiração estertorada e gutural, como se estivessem prestes a se lançar contra um inimigo igualmente feroz e travar uma guerra cruel, violenta e sem tréguas, com o objetivo primordial de trucidar e aniquilar os oponentes. Azaliel e os guardiões se mantiveram calmos, porém muito atentos a tudo o que ocorria ao seu redor. Um espírito deformado, com diversas cicatrizes na face, barbas brancas longas amarradas abaixo do queixo por tiras de couro, olhos brancos e sem vida, dentes pontiagudos com duas presas que se projetavam sobre a mandíbula inferior, se destacou dos demais. O ser de aparência horrenda se aproximou de Azaliel de forma arrogante e mirando o guardião da Luz através da película eletromagnética do campo de força que os separava, disse com voz intimidatória:

– Sabemos quem são vocês, guardiões. Não são bem-vindos aqui. Vou lhes dar uma única chance de se retirarem e não garantirei que sairão ilesos. Como viram, meus guerreiros estão ávidos para se projetar sobre os eternos inimigos deles. Há muito tempo eles querem uma luta contra os malditos representantes da Luz.

– Acalme-se, Drusos. Seus senhores sabem qual é a nossa missão e nos dedicam o devido respeito. Não queremos entrevero com sua guarda. Trazemos uma mensagem do Cristo aos semideuses...

A Guerra Astral

Azaliel foi interrompido por um grito sibilante alto e agudo:

– Não repita esse nome aqui, guardião! – os guerreiros de Drusos gritaram, formando um coro ensurdecedor enquanto brandiam as armas acima da cabeça, em um gesto coletivo de revolta e desprezo. – A simples menção desse nome poderá gerar problemas indesejáveis para vocês.

Os guerreiros da guarda negra, empunhando armas e emitindo sons animalescos tentaram avançar sobre os guardiões, fechando ainda mais o cerco, mas foram contidos pelo seu chefe e obrigados a recuar devido aos raios eletromagnéticos que foram instantaneamente emitidos pelo potente campo de força de segurança quando eles se aproximaram. Os seres trevosos que estavam mais próximos receberam descargas e foram arremessados a distância.

Demonstrando calma, Drusos falou:

– Azaliel, nunca o confrontei, mas conheço sua fama e gostaria muito de medir forças com você em um combate franco e aberto. O que me diz, guardião da Luz...

Drusos emitiu uma estridente gargalhada que foi acompanhada pelos demais guerreiros que se sentiram satisfeitos com a coragem do chefe ao desafiar um guardião da Luz.

– A fama é boa ou ruim, Drusos?

– Sua fama o precede e tenho notícias de que é um poderoso guardião. Os senhores da escuridão me informaram sobre você, como age, como se comporta. Disseram que somente missões que exigem alguém altamente capacitado, missões de grande complexidade e relevância para a Luz lhes são confiadas, mas, mesmo sabendo sobre sua qualificação e poder, eu o desafio para um combate. Quero confrontá-lo.

– Entendi, você quer me testar – retrucou Azaliel, de forma serena e confiante. – Em outro momento, talvez.

– Não! – gritou Drusos depois de uivar como um lobo. Quero um combate agora, para acabar com você e seu bando. Vou infligir-lhe uma derrota humilhante e a minha reputação será elevada às alturas perante meus senhores e os demais chefes de falanges do mal.

– Chega de conversa, Drusos; você está nos atrasando. Terá o momento de estrelato que almeja.

Drusos ficou em silêncio e a contragosto falou, com rispidez:

– Sim, aguardarei o momento oportuno, guardião.

Com os olhos injetados de tanto ódio prosseguiu:

– Recebi ordens expressas para escoltá-lo até o local onde deverão aguardar a oportunidade de encontro com os maiorais do submundo.

– Folgo em saber que você é um soldado disciplinado e sensato, Drusos. Um confronto prematuro, aqui, neste lugar, talvez me impedisse de cumprir a missão, e seus senhores não ficariam nada satisfeitos com a sua conduta – respondeu Azaliel.

Azaliel, mesmo sabendo que venceria todos eles facilmente, não quis se sobrepor à intimidação ostensiva, nem provocar o ego de Drusos que, arrogantemente, se sentia capaz de derrotá-lo, muito embora isso fosse possível apenas na imaginação dele.

– Desative o campo de força, Azaliel – ordenou Drusos.

– Isto está fora de questão, meu amigo. A segurança de minhas equipes é prioridade. Marcharemos sob a proteção dele.

– Eu não sou seu amigo e você, por enquanto, deve se considerar meu prisioneiro – ele gritou.

– Drusos, os guardiões jamais serão prisioneiros de entidades das trevas. Temos nossos próprios planos, nossa autonomia, uma missão importante a cumprir e suas ordens são para nos escoltar até o desfiladeiro dos vulcões. Já chega! Vamos em frente.

Drusos se espantou em saber que Azaliel conhecia as suas ordens.

– Como sabe disso?

– É evidente que consigo ler sua mente. Sei o que está pensando e captei as ordens que recebeu. Muitos aspectos e detalhes foram acertados anteriormente pelos nossos maiorais. Informações relevantes foram repassadas, planejamentos foram realizados. Vamos cumprir nossa tarefa e espero que você cumpra integralmente as suas ordens.

– Está me afrontando, guardião? – Perguntou Drusos, maliciosamente, tentando provocar uma reação ou criar uma situação que justificasse uma atitude de revide.

– Esses truques não funcionam comigo, Drusos, deveria saber disso. Agora, se não se importar, devemos prosseguir em paz.

– Paz? Paz é algo que não cogitamos aqui nestes redutos, guardião – retrucou Drusos de forma enfática.

Em seguida, para forçar o guerreiro das sombras a

finalizar a conversa e abrir caminho, o peitoral metálico de Azaliel exibiu uma luz dourada que ofuscou todos os guerreiros das trevas, não acostumados com aquele tipo de luminosidade. Azaliel deu ordens para que o destacamento prosseguisse e avançou determinado. Os guerreiros trevosos abriram uma larga passagem, dividindo o grupo ao meio. Enquanto o destacamento da Luz passava os guerreiros trevosos se reorganizaram e seguiram marchando nas laterais e à retaguarda, formando um "U", com os guardiões ao centro.

Sua petulância me incomoda e isso não acabou aqui, guardião – pensou Drusos, que seguia sozinho à frente, indicando o caminho.

Azaliel captou mentalmente o pensamento dele e respondeu pacientemente:

– Drusos, sei que você é poderoso aqui, que está em seu habitat, em seu território e precisa provar o seu valor. No entanto, sem desmerecê-lo, aconselho-o a se preocupar em cumprir as ordens recebidas e deixar sua confrontação para outra oportunidade. Mantenhamos o foco.

Drusos olhou para trás e urrou de ódio. Gesticulou furioso com o punho cerrado e encarou Azaliel desafiadoramente, mas absteve-se de qualquer conduta diferente que pudesse contrariar as ordens recebidas de seus senhores, pois uma atitude impensada, movida apenas pelo ódio e a vontade egóica de confrontação poderia lhe custar a chefia da guarda negra e muitas punições, com castigos inimagináveis impostos pelos maiorais das sombras.

55

"Vhanet, não descuide um segundo sequer e mantenha o campo de força ativado em potência máxima" – ordenou Azaliel, mentalmente. "– Estamos nos aproximando do desfiladeiro e não descarto uma emboscada para nos fustigar e nos impor humilhação. Temos que estar sempre prevenidos contra atitudes traiçoeiras dos seres das trevas. Aprisionar um destacamento dos guardiões da luz seria um grande e importante troféu para eles. Como Drusos não possui capacidade para tal, temos que nos prevenir contra aqueles que possuem, efetivamente, potenciais condições de nos causar algum mal."

"Entendido" – respondeu Vhanet, preocupado, mas confiante.

Eles haviam percorrido uma longa e exaustiva distância. Os grupos de seres trevosos que os acompanhavam foram se dispersando aos poucos e restaram apenas alguns que permaneceram próximos de Drusos.

– Drusos, tenho a impressão de que você está andando em círculos para ganhar tempo. O que pretende? – indagou Azaliel, contrafeito.

Drusos permaneceu calado encarando-o.

– Responda à minha pergunta, Drusos.

– Acreditaram que seria fácil alcançar os meus senhores, guardião da Luz?

No momento em que Azaliel ia responder, os batedores de vanguarda emitiram alerta para uma possível interferência de seres trevosos a serviço dos senhores da escuridão.

Azaliel parou e aguçou sua percepção sensorial para detectar as ameaças e sentiu uma frenética onda vibracional de baixo teor. As emanações de ódio e a busca de ações violentas eram a tônica naquelas paragens onde imperavam a desarmonia e a agressividade, geratrizes do medo e do terror.

– Assumam a disposição defensiva! – ordenou Vhanet, tomando a iniciativa ao perceber que Azaliel permanecia em profundo estado de concentração.

Azaliel recebia instruções dos maiorais da Luz e ao mesmo tempo comunicava-se mentalmente com Nevius, o supremo mago negro, aquele que havia firmado um pacto diabólico com o mago Draco, cujo mentor era um dragão. Um longo e preocupante lapso de tempo transcorreu até Azaliel movimentar-se novamente e lhes dirigir a palavra.

– O chefe da guarda do mago negro Nevius avançou com seu exército de guerreiros para nos enfrentar, desrespeitando a nossa missão. Um efetivo de centenas de soldados que certamente nos causarão muitos problemas. Para evitar o confronto e com a permissão de nossos superiores me comuniquei com o mago, para relembrá-lo do real propósito desta incursão em seus redutos e sobre as consequências do desrespeito que estão prestes a cometer – informou Azaliel ao seu subcomandante. – Sei que não podemos confiar nele. Honra, dignidade e respeito à palavra empenhada são atributos que desconhecem, não praticam mais, por não fazer mais parte de seu repertório. No entanto, Nevius foi forçado a aceitar, mas impôs condições restritivas. Com a permissão do Alto aceitaremos algumas e recusaremos outras.

— Estaremos realizando um extenuante jogo de poder que envolve negociações e concessões – afirmou Vhanet.

— Sim, concordo, e tratando-se de seres milenares, astutos, inteligentes, exímios estrategistas e nada confiáveis, precisamos nos precaver contra oportunas armadilhas e potenciais traições.

— Nevius e seus asseclas associados tentam ardilosamente impedir que o efetivo de segurança orgânica de nosso destacamento permaneça íntegro. O objetivo deles é nos dividir para enfraquecer as equipes. Tentaram, mas nossa recusa veementemente nos manteve unidos e a força desta unidade de guardiões reside em sua união, em seu trabalho de equipe. O que faremos a seguir, comandante?

— Prosseguiremos até o ponto de encontro determinado e aguardaremos.

— Sem a iniciativa das ações poderemos nos tornar presas fáceis e não cumpriremos nossa missão principal – argumentou Vhanet. – Não podemos confiar em Drusos para nos levar até o local de encontro; o que faremos com ele?

— Simplesmente ignorá-lo e se nos causar problemas prematuramente, teremos que neutralizá-lo. Darei a ele um pouco do que tem merecido pela sua arrogância desmedida. Estão nos evitando porque os magos, intuitivamente, conhecem os objetivos de nossa incursão – concluiu Azaliel.

Vhanet e os demais chefes de equipes se surpreenderam com as palavras de Azaliel.

— Como podem conhecer? – arguiu Carnnot, o especialista em recursos médicos de biologia astral. – Se sabem que vamos interferir na produção de seus laboratórios farão de tudo para impedir nossa aproximação.

— Carnnot, eu não lhe comuniquei uma decisão dos nossos coordenadores para não o desmotivar no cumprimento da missão. A tarefa que lhe foi atribuída como encarregado foi abortada. Não haverá oportunidade de reconhecimentos e espionagem para confirmar as informações preliminares que obtivemos sobre o que estão produzindo nos laboratórios das sombras. Novas ordens foram emitidas pela espiritualidade superior e você deverá aguardar instruções subsequentes. Eu mesmo o informarei assim que for possível. Quero deixar claro que não se trata de uma desmobilização; permaneça em condições de se adaptar às novas exigências da tarefa.

— Entendido, comandante! – respondeu Carnnot, com vigor renovado.

Os guardiões continuaram progredindo e diversas vezes foram importunados por Drusos que tentava, insistentemente, desviá-los do trajeto correto. Ao ultrapassarem um outro desfiladeiro repleto de cavernas habitadas por espíritos em adiantado estado de perturbação mental, verdadeiros zumbis, encontraram as colunas de um antigo templo incrustado na rocha. A imponente fachada de granito negro, material ígneo retirado das profundezas abismais da Terra, estava parcialmente encoberta por um halo escuro semelhante às ondas de calor que emanam de substâncias quentes. Uma escadaria ampla com muretas laterais de pedra vermelha com pedestais, sobre os quais haviam sido erigidas estátuas de seres alados, com chifres, asas de morcego abertas, garras e um rabo comprido.

– Esse pessoal possui um péssimo gosto para artes – comentou Vhanet, olhando para os subordinados que estavam ao seu lado.

As escadas conduziam os visitantes até a pérgola frontal, local onde foram instruídos a permanecer. Antes de entrar Azaliel observou o céu cinza e carregado de nuvens avermelhadas nas bordas. Elas eram formadas por emanações mentais negativas e no seu interior havia fumaça plúmbea em constante turbulência e agitação, formando redemoinhos com assustadores raios de cor escarlate. Azaliel recebeu instruções para deixar suas equipes do lado de fora do templo e entrar, mas não pretendia obedecer. As grandes portas de carvalho foram abertas em seguida, surpreendendo-os, e ele pôde ver que no átrio da construção havia um imenso salão repleto de entidades sombrias, altos representantes das forças das trevas. Estavam aglomerados nas laterais de modo a deixar um corredor central livre até uma espécie de altar com símbolos diabólicos e palavras de magia negra grafadas nas paredes de pedra e iluminadas por uma estranha e sinistra luz difusa artificial vermelha-arroxeada. Todo o ambiente se assemelhava a uma imensa catedral, com arcos góticos, colunatas de sustentação enfileiradas longitudinalmente, o amplo e comprido corredor central que conduzia ao patamar onde se postava o pregador.

Azaliel se aproximou, parou no início do corredor e falou com voz firme:

– Saudações a todos os presentes!

Naquela assembleia trevosa estavam presentes os maiorais do comando do governo oculto do mundo, o sistema de poder das trevas formado pela coalizão de espíritos exilados de outros planetas. Há milhares de anos atrás, a Terra recebeu inúmeros contingentes de exilados de outros orbes, um volumoso efetivo de rebelados que foram expatriados de seus mundos por ordem dos dirigentes siderais que objetivavam permitir que as civilizações às quais esses rebelados pertenciam continuassem a sua saga evolutiva, já que os rebelados estavam criando entraves e obstáculos ao seu progresso. Além dos exilados, a Terra recebeu, também, seres de outros planetas que aqui aportaram para saquear seus recursos naturais e para tentar colonizar o planeta, impondo-lhe um sistema novo de controle e poder, mas desprovido de ética, de moralidade e de fraternidade. Todos, sem exceção, ficaram presos ao magnetismo terrestre, devido à essência vibracional e energética do planeta-prisão.

Os seres aprisionados na Terra se uniram e formaram o governo oculto para controlar e dominar o planeta. Acreditam possuir o poder e o controle irrestrito, mas são monitorados pelos dirigentes siderais que trabalham diuturnamente para evitar que suas ações nefastas, antiéticas e desprovidas de amor e fraternidade ultrapassem a tolerância estabelecida para a sua rebeldia, desmandos e livre-arbítrio degenerado, exercendo e impondo limites sistemáticos ao exercício de suas arbitrariedades de seres tão enraizados no mal, mas ainda merecedores da compaixão do Criador, que não abandona uma ovelha sequer perdida no deserto das iniquidades.

O denominado governo oculto habita o umbral grosso, local de baixa vibração, energias negativas densas, mas exerce influência em todo o planeta. Sua associação do mal congrega magos negros, seres draconianos e de diversas outras origens planetárias, ferrenhos opositores da lei de amor. Exercem dominância, vivem de poder e possuem representantes fiéis na terceira e quarta dimensões (a física e a extrafísica).

O grupo representante mais proeminente na terceira dimensão (física) é chamado de *Iluminatis* e são eles que comandam a mídia mundial, o sistema financeiro, a indústria farmacêutica, o crime organizado (drogas, prostituição e corrupção) e a indústria bélica que promove guerras para comercializar armas e munições, subjugar e destruir nações. Os *Iluminatis* possuem tentáculos em todas as nações do mundo, sendo que em alguns locais eles são o próprio poder reinante.

O poder oculto do mundo possui duas facções beligerantes entre si: uma que exerce o poder na Terra desde os tempos da antiga e desaparecida civilização de *Poseidonis* (Atlântida) e impôs à humanidade terrestre encarnada e desencarnada uma liberdade relativa, vigiada e limitada pelas suas regras de conduta; a outra facção luta para usurpar o poder da primeira e dominar exercendo um controle mais rígido, mais disciplinador, mais severo e subjugador de toda a humanidade. São mais extremistas, mais radicais e objetivam escravizar e implantar um sistema de ampla dominação mental e energética.

Os dois grupos estão em guerra e ambos lutam contra a Luz, para evitar que a Terra possa adentrar o período de regeneração previsto em seu ciclo evolutivo, o que resultaria em seu expurgo do planeta, Se permitirem que a Terra ultrapasse o período de transição e avance para a regeneração, eles serão exilados para outros mundos onde necessitariam recomeçar tudo novamente, visto que na atual fase, que antecede o período de regeneração, estão sendo oferecidas pelos dirigentes planetários as últimas oportunidades de melhoria espiritual e essa oportunidade não lhes interessa. Sabem que quando houver a separação do joio e do trigo, os espíritos encarnados e desencarnados do planeta Terra serão classificados conforme seus méritos e deméritos espirituais, conforme sua evolução moral e, em seguida, designados para as respectivas escolas redentoras da vida universal, de acordo com as necessidades individuais de cada um, para impositivamente passarem por novas vivências e experiências educacionais evolutivas. Haverá quatro opções: permanecer na Terra de regeneração (para os que possuem características vibracionais, morais e espirituais para aqui permanecer); ascender para um planeta melhor e mais evoluído que a Terra (para aqueles que possuem méritos evolutivos elevados); ser exilado para um planeta similar à Terra (para os espíritos que ainda não alcançaram os patamares evolutivos mínimos requeridos para permanecer na Terra e necessitam rever algumas lições não aprendidas); ou serem exilados para planetas mais atrasados (primitivos), para reiniciarem longas jornadas em busca do burilamento espiritual, que certamente serão permeadas por muito trabalho, dores e sofrimentos, mas também de reflexões capazes de moldar o espírito rebelde e amolecer os corações empedernidos pelos sentimentos inferiores.

Os seres reunidos naquele local ouviram os cumprimentos de Azaliel, mas permaneceram em um silêncio sepulcral por momentos que pareceram uma eternidade. Eles o ignoraram, se viraram para o altar e executaram um gesto de reverência, permanecendo com a cabeça baixada diante daquele ser diabólico que descera do altar negro e, seguido por seu séquito, se deslocou pelo corredor vazio na direção de Azaliel deslizando lentamente sobre seus fluidos densos e tóxicos. Seu semblante era estranhamente angelical, traços leves, nariz perfeito, boca perfeitamente delineada, testa alongada até o início dos cabelos que estavam penteados para trás e desciam até os ombros. Em cima da cabeça os cabelos estavam presos por uma tiara cravejada de pedras negras e vermelhas brilhantes. O corpo esguio exibia seu peito nu e musculoso como o de um atleta em plena forma física. Colocada sobre os ombros largos e fortes havia uma capa escarlate que fora plasmada em tiras e possuía movimentação serpentina constante. No entorno daquele ser havia irradiações artificiais de uma falsa aura de luz arroxeada. Seus movimentos pareciam ser coreografados e Azaliel percebeu tratar-se de uma espécie de vestimenta artificial destinada a encobrir a realidade degradada e dissimular a horrenda visão degenerada do ser espiritual que a vestia. Quando Azaliel se concentrou nele, todos os guardiões sentiram uma espécie de vertigem e, num movimento desconcertantemente rápido, como um raio, em uma fração de milésimo de segundo, o mago se postou à sua frente, como se tivesse se materializado naquela posição e o encarou com um olhar frio, sorriso indefinido, um misto de falsa bondade e emanações de profundo ódio oriundos de olhos azuis penetrantes e hipnóticos. Eles permaneceram se olhando, imóveis, até o momento que o mago negro Nevius disse com voz pausada e calma:

– Sinto força e coragem em você, guardião da Luz, mas você está enfurnado em meus redutos e sua desobediência poderá lhe custar caro. Aqui o meu poder poderá transformá-los em meus escravos.

Azaliel permaneceu calado e abaixou a cabeça. Não fazia parte dos planos um confronto ali, naquele local, naquele momento e na presença de tantos outros seres infernais e cruéis. Azaliel entendeu que o mago negro precisava demonstrar poder perante a assembleia. Em seguida, o mago se virou, e sinalizou para que Azaliel e seus soldados o acompanhassem. Em frente ao altar negro ele elevou os braços e com suas mãos de unhas compridas e negras sinistramente perfeitas, desenhou no ar um arco que se transformou em um portal energético. Ele pronunciou algumas palavras em um idioma desconhecido e símbolos cabalísticos se projetaram naquela egrégora negativa e, à medida que ele prosseguia saturando-os de energia, os símbolos ficavam cada vez mais nítidos e iluminados de vermelho vivo. O mago manipulou alguns símbolos, em uma combinação secreta, e um portal energético de alta potência e baixa frequência vibratória se abriu à sua frente. Azaliel permaneceu imóvel ao lado de sua equipe observando-o atentamente.

– Entre! – ordenou o mago.

Azaliel pareceu refletir sobre a divisão de seu comando e o mago captou seu raciocínio.

– Sua equipe aguardará aqui e ninguém ousará contrariar minhas expressas ordens de não os molestar, por enquanto, porque me interesso em saber o que o trouxe até aqui, guardião da Luz, mas posso mudar de opinião a qualquer momento... – falou o mago, de forma desdenhosa e emitindo frases de escárnio e desdém em relação aos guardiões da Luz, com o intuito de provocação. O olhar de Azaliel encontrou o de Vhanet, que acenou discretamente com a cabeça, concordando que teriam que se separar e assegurando que tomaria todas as precauções para evitar surpresas desagradáveis.

– Vamos ficar em segurança, comandante – afirmou Vhanet, com firmeza.

Em seguida Azaliel se virou e disse para o mago:

– Se me permitir, gostaria de adentrar acompanhado por uma equipe de especialistas.

– Eu não permito, guardião – respondeu ele agressivamente. – Não se iludam, posso acabar com vocês agora se me contrariarem.

– Conhecemos o seu poder e o respeitamos, mago das sombras, no entanto, deve saber que trabalhamos sempre em equipes e aqui não será diferente; temos instruções e protocolos a cumprir, por isso peço sua permissão – disse, solícito.

– Abrirei uma exceção baseado no respeito com que me pede isso e no interesse que tenho em conhecer o teor de sua ilustre visita, guardião – redarguiu o ser infernal, com astúcia.

Dois grupos previamente selecionados avançaram e eles atravessaram juntos o portal que se fechou imediatamente atrás deles, assim que o mago manipulou os símbolos cabalísticos novamente para alterar o segredo.

56

— Aprecio sua coragem em vir até aqui — disse a entidade draconiana Névius, exibindo um leve sorriso matreiro de canto de boca. — Admiro a perseverança dos guerreiros da Luz, mas não entendo como um espírito de alto escalão possa sacrificar seus melhores guerreiros em uma missão suicida.
— Com todo o respeito, mago, não se trata de uma missão suicida — retrucou Azaliel convicto. — Disse que manterá sua palavra no acordo, portanto, espero que não tenhamos problemas depois da transmissão da mensagem de nossos maiorais da Luz.
— Vocês estava se perguntando como descobri que uma de suas tarefas era penetrar em nossos laboratórios para, certamente, destruí-los, não é?
Azaliel permaneceu em silêncio.
— Eu simplesmente sei tudo o que se passa em meus domínios, guardião, e li a mente de alguém que participaria da tarefa, mas possuía informações limitadas.
— Ah! Então o encontro com Drusos tinha um outro propósito oculto?
— Sim, enquanto ele conversava com você eu tentei penetrar em sua mente, mas você é mentalmente poderoso também e exerce controle de segurança sobre a mesma. Não foi naquele momento que descobri.
— E como descobriu, então? — perguntou Azaliel desconfiado.
— Quando estreitamos os laços mentais para acertar o acordo de aproximação sua mente se fixou em mim e ao mesmo tempo se voltou para os seus maiorais da Luz para receber instruções, e foi neste momento que eu aproveitei sua concentração durante o contato com seus superiores para, sutilmente, penetrar nos recônditos mais profundos de sua mente.
Azaliel sentiu-se invadido e desprotegido, mas instantaneamente recebeu mensagem mental de Aalão para fortalecer seus propósitos e que tudo continuava sob controle.
"Perder uma batalha não significa perder a guerra" — disse lhe Aalão mentalmente, incentivando-o.
— Que outra tarefa você precisará cumprir, guardião da Luz?

– Não recebi ordens para destruir seus laboratórios. Nossos irmãos da Luz locados em esferas superiores esperam que depois de conhecer o teor da mensagem, o próprio mago dê ordens para que os laboratórios sejam desativados. Essa tarefa será apenas uma etapa.

O mago negro não demonstrou contrariedade, mas esboçou um sorriso indefinido de sarcasmo, falsidade e desdém. Azaliel evitou encarar aqueles olhos hipnóticos, baixou a cabeça e permaneceu em silêncio. Com suas percepções espirituais analisou o comportamento de Névius e percebeu a frieza nas palavras inarticuladas dele e o olhar maléfico que ele lhe dirigia. A situação se assemelhava a um tenso jogo de xadrez, em cujo tabuleiro cada movimento era estudado, cada lance era analisado para ser essencial à derrocada do oponente. O mago precisava avaliar o jogador à sua frente e ele o faria sem dificuldades com qualquer outro ente espiritual utilizando a sua poderosa força mental extremamente hábil e capaz de penetrar nos recônditos mentais de seus interlocutores e oponentes, mas não funcionaria com Azaliel, que também era detentor de prodigiosa força mental e permanecia vigilante, atento e imantado aos entes espirituais superiores da Luz que lhe davam sustentação. Névius logo descobriu que não seria possível tentar antecipar a próxima jogada. Antes de qualquer ação ele precisava conhecer o teor da importante mensagem que demandara tanto esforço e coragem para ser transmitida sem intermediários, pessoalmente.

Em profunda concentração Azaliel se comunicava com os espíritos de elevada estirpe e luz que dirigiam a delicada missão, empenhando-se ao máximo para ser um instrumento eficiente e fidedigno na transmissão da mensagem.

Azaliel levantou o rosto e encarou a representação artificial do mago Névius. Sua cabeça estava toda nimbada de luz azul safira muito brilhante que descia pelo sistema nervoso central iluminando a coluna e emitia uma ramificação para o coração. O brilho da energia luminosa obrigou o ser da escuridão a se proteger, puxando a capa à frente do corpo e baixando uma espécie de película opaca sobre a superfície dos olhos, uma lente protetora que os deixou totalmente negros e lhe emprestou um semblante duro, severo, grotesco e diabólico.

Com voz grave e firme Azaliel iniciou a transmissão da mensagem do Alto, dizendo:

– Os dirigentes espirituais do orbe terrestre, associados aos diretores e coordenadores siderais que cumprem as determinações do Cristo – servo fiel do Altíssimo, a Fonte Criadora do Universo –, encarregaram o guardião Azaliel, leal trabalhador da Seara da Luz, como porta-voz de significativa mensagem direta e pessoal aos maiorais do reino das trevas.

O mago permaneceu imóvel, circunspecto e sem qualquer expressividade facial. Azaliel continuou:

– Desde tempos imemoriais espíritos opositores da luz interferem na evolução da humanidade terrestre apondo obstáculos incomensuráveis a todas as iniciativas de progresso. Tais ações contrárias sempre demandaram continuados esforços dos benfeitores cármicos para vencer as resistências e prover ações exitosas para alavancar os projetos evolutivos. Há mais de dois milênios Jesus, o Dirigente planetário, o doce rabino da Galileia, visitou pessoalmente os redutos abissais, depois dos martírios e dores acerbas sofridas no infame madeiro do Gólgota e, antes de ascender novamente às mais altas esferas espirituais de luz, foi pessoalmente transmitir a sublime mensagem de amor incondicional, perdão e fraternidade universal aos irmãos rebeldes e, naquele momento impar, humildemente pediu a todos os maiorais das sombras que se voltassem para dentro de si próprios e identificassem as sombras interiores, pois estas seriam o verdadeiro farol da revolução íntima pelo amor, único sentimento que pode nos conduzir a patamares evolutivos espirituais mais altos. Sua exemplificação personificava os verdadeiros atributos do espírito e lhes ofereceu a misericórdia divina como lenitivo e caminho para a renovação, que deveria ser acompanhada da essencial, necessária e indispensável mudança de atitude espiritual. Ele exaltou os sublimes propósitos de paz e harmonia universal, apresentou os programas de evolução espiritual traçados para a humanidade terrestre e convidou-os a participar do seu festim de núpcias, esperançoso de que os rebeldes se vestissem com a traje nupcial da pureza de coração que somente é alcançada com a prática da Lei do espírito que está fundamentada na caridade e no perdão. No entanto, adotando uma postura de afronta e arrogância, os devedores da Justiça Divina, ao invés de suplantar sua falta de humildade e se submeterem às sábias vontades de Deus, a Fonte criadora, seguiram pelo caminho oposto e iniciaram uma ferrenha e acirrada luta para menosprezar o Cristo e os ensinamentos por Ele plantados e frutificados na árvore do seu Evangelho. Recusando-se veementemente a segui-lo, ignoraram as determinações para que cessassem as interferências nocivas direcionadas ao processo evolutivo da humanidade terrestre, cujas ações sempre tiveram o intuito primordial, desde tempos imemoriais, de desviar a florescente humanidade do caminho luminoso que lhe fora traçado pelo Criador. A negativa deles foi veemente; os rebeldes que lutam contra a Luz se mantiveram fechados em sua arrogância e revolta, expressaram sua determinação de atrapalhar os planos evolutivos propostos pelos dirigentes planetários da Terra.

Diante da força avassaladora da Lei de Progresso e da recusa que flagrantemente expressava a rebeldia inerente àqueles seres milenares endividados e repletos de culpas, Jesus Cristo precisou adotar uma drástica solução: isolar os dragões magneticamente nas dimensões abissais, dado o esgotamento das inúmeras oportunidades que lhes foram oferecidas e a indisponibilidade de novos recursos destinados à retificação de trajetórias de vida neste planeta. As escolhas realizadas são os determinantes dos destinos de cada um e não há motivo superveniente para alterar as medidas restritivas impostas aos dragões. Agora, em momento tão significativo da evolução do orbe terrestre e de sua humanidade, os magos negros se associam aos dragões para somar forças negativas que objetivam burlar e desrespeitar ardilosamente as restrições impostas. Sabemos que as reais intenções das lideranças trevosas do governo oculto são causar o máximo de desordem e provocar o caos comprometedor, que julgam serem capazes de alterar o curso evolutivo da Terra. Ledo engano.

Azaliel fez ligeira pausa e logo continuou:

– A vontade do Criador jamais será olvidada e suas sábias determinações serão cumpridas de maneira inexorável. Equivocadamente os senhores da escuridão propõem um genocídio humano, com desencarnes em massa precedidos por abundante sentimento de medo, de terror e de angústia, que irá alimentar o mecanismo energético negativo nefasto – o Sol negro –, fonte energética dos entes das sombras, localizada no centro do planeta, que lhes serve de sustentação para fortalecer o desenvolvimento de seus propósitos escusos e criminosos. Novamente subestimam o poder da luz que será sempre o verdadeiro sol a balizar os destinos da humanidade terrestre. A luta por poder no ambiente astral da Terra precisa ter um fim. As alianças ilícitas firmadas entre os magos negros Névius e Draco com entidades não confederadas de outros orbes e enraizados no mal serão desfeitas. Os pactos espúrios firmados entre os componentes do governo oculto têm realizado inúmeras interferências para provocar atrasos espirituais na Terra e tentam a todo custo estabelecer seu projeto de poder edificando um domínio que será temporário. As associações criminosas que objetivam o poder terreno para subjugar, escravizar e manter o planeta como um reduto trevoso exclusivo, a fim de transformá-lo em um império do mal, com leis ditatoriais antiéticas, fundamentadas na rebeldia e apartado das leis divinas, que negam fervorosamente, serão desfeitas. Conhecemos seus planos...

Quando ouviu que seus planos eram conhecidos, Névius soltou um grunhido estertorado de ódio, mas ardilosamente se conteve e novamente silenciou.

– A associação de chefes trevosos com objetivos tão antagônicos nos mostra que o desespero pode ser a chave de tão improvável união de esforços no mal. Estão todos sendo confrontados com as consequências inadiáveis de um novo exílio e tentam desesperadamente se manter no poder e no controle. No entanto, sabemos que os dragões são seres que desde tempos longínquos pretendem destruir o planeta que lhes serve de prisão para se libertarem da imantação magnética do orbe e poderem migrar para outras regiões do Cosmo, a fim de dar prosseguimento à sua destrutiva e sistemática oposição aos desígnios do Cristo, e esse objetivo vai de encontro ao que pretendem os magos negros: edificar na Terra um império de trevas e isolá-lo do restante do Cosmo, apartando-se das Leis eternas e imutáveis do Criador. Mas vocês sabem também que tal iniciativa não será tolerada e todas as ações direcionadas ao atingimento de tais pretensões serão exaustivamente combatidas. Conhecemos, então, as duas vertentes do mal e trabalharemos incansavelmente para descobrir o elo que as une.

Névius soltou uma estridente gargalhada que ecoou por todo o reduto, mas Azaliel prosseguiu:

– As constantes e insistentes tentativas de impulsionar mentes corrompidas de governantes inescrupulosos ao uso da força termonuclear não lograrão êxito. Felizmente, os guardiões e inúmeras comitivas de irmãos das estrelas pertencentes à Confederação Galáctica encontram-se a postos para impedir que tais tentativas se concretizem.

Eles comungam do firme propósito de evitar que um evento dessa magnitude cause uma desarmonia energética em parcela significativa do Cosmo.

As pandemias disseminadas com o apoio das trevas pretendem semear o terror, o pânico, a tristeza e a angústia, mas todos esses elementos servem como instrumentos eficientes de renovação e mudança de postura diante da vida, tanto para encarnados como para desencarnados.

Diante de cenário tão contundente e grave as lideranças siderais deliberaram apresentar ao sindicato de mentes maléficas que se associaram os dragões e a todas as demais entidades das furnas sombrias apartadas das leis divinas, da ética e da moralidade, um *ultimatum*:

"Cessar imediatamente os fomentos aos conflitos que objetivam disseminar as disputas de poder no submundo astral, cujas consequências energéticas deletérias contaminam toda a egrégora psíquica do planeta e provocam o caos e a desordem; estancar, nos dois planos da vida terrestre – o físico e o extrafísico –, a disseminação dos agentes patogênicos e parasitas mentais criados nos laboratórios das trevas; sanear os efeitos danosos da guerra biológica em curso por meio do desencadeamento de urgentes e necessários trabalhos de contenção que propiciarão o campo fértil à difusão dos essenciais recursos de cura desenvolvidos pelos planos superiores da vida espiritual, que irão beneficiar as vítimas encarnadas e desencarnadas, incluindo-se os asseclas e associados do mal; deverão promover a reversão do grave quadro de conturbação gerado pela crise e ainda, absterem-se definitivamente de tentar utilizar a energia termonuclear para atingir seus propósitos."

Azaliel parou de falar e ficou observando as reações do mago negro Névius.

– Ou? – indagou ele em um tom desafiador.

– O imediato exílio de todos os envolvidos para o planeta *UHT32*, localizado em uma distante galáxia batizada pelos astrônomos terrestres como *GN-z11*. Trata-se de um complexo sistema de vida semeado pelos agentes siderais que necessita, neste momento, de inserção de novos elementos dinâmicos de desenvolvimento, cujas inteligências possam ser determinantes para alavancar o processo evolutivo planetário enquanto redirecionam seus esforços para trilhar os caminhos da redenção e do retorno aos braços do Pai celestial justo e misericordioso, que nunca os abandonou e aguarda o maravilhoso momento da reinte-

gração das ovelhas desgarradas ao Seu rebanho.
 O mago permaneceu em silêncio e Azaliel continuou:
 – O mago já conhece o processo de expurgo, já esteve inserido nele em duas outras ocasiões e sabe muito bem o quanto é doloroso ter que recomeçar e...
 – Basta! – disse Névius com voz grave, interrompendo Azaliel. – Não existe e nunca existirá recomeço para nós. Nosso caminho não será interrompido, não há desvios, não haverá retorno algum, a trajetória foi traçada há muito tempo atrás e selou nosso destino. Seremos sempre os opositores da Luz e isso não vai mudar enquanto nossa legião puder lutar para conseguir atingir seus objetivos de edificação de um sistema paralelo de governo, regido pelas nossas próprias leis, e para concretizar nossos planos lutaremos até o último instante. Não há espaço para desistências.
 – O mago sabe muito bem que se trata de uma meta impossível porque a morada universal é indivisível e se submeter às Leis eternas e imutáveis da Fonte Criadora onipresente, onisciente e que agrega um Todo é condição inegociável, fato irrefutável e consumado.

57

Na dimensão astral do ambiente externo o mago Draco aguardava com ansiedade o desfecho da conversa entre o Guardião Azaliel e Névius. Estava interessado no teor do assunto que levara um Mensageiro de alta estirpe espiritual a uma descida vibracional até o reduto de Névius para transmitir pessoalmente uma mensagem, que ele julgava ser, na realidade, um ultimato, dadas as circunstâncias que envolviam os últimos eventos destrutivos que tinham sido programados pelo governo oculto do mundo, cuja assembleia estava reunida naquele momento. Fossem quais fossem as interferências, seus planos não seriam abortados; tinha assumido um compromisso perigoso com os dragões e seria um completo desastre se não conseguissem, ao menos, dar início às ações meticulosamente planejadas. Sim, tinham um plano alternativo, mas não estava disposto a optar por ele. Sem a interferência da Luz os planos das trevas possuíam uma excelente perspectiva de sucesso. Tomaram todas as precauções para evitar vazamento de informações e manter os planos em sigilo absoluto, mas a chegada daquele mensageiro, naquele momento grave, era muito preocupante. Decidiu deixar a assembleia acompanhado de diversos asseclas que lhe dariam o suporte necessário para romper uma possível barreira que certamente seria imposta; o tempo era fator crucial e ele precisava se adiantar, estar um passo à frente de seus opositores. Saiu enfurecido com a situação, sob os olhares furiosos dos demais membros da sinistra assembleia, e se dirigiram para a inexpugnável fortaleza de calcário negro e sílica cinza de Draco, uma grandiosa edificação rochosa milenar erigida nos confins do umbral grosso após a sua última encarnação como o faraó Neferusebeque da XIII dinastia egípcia, cujo reinado ficou conhecido na história da humanidade como a era do caos e da desordem.

Draco reuniu seu séquito de malfeitores do astral inferior, espíritos inteligentes, astutos marginais, poderosos chefes de falanges de delinquentes de alta periculosidade e determinou que eles fizessem contato com os espiões espalhados pelos continentes, a fim de saber se houvera modificações no *status quo* das governanças mundiais subjugadas. Chegara o momento de intensificar as ações e desencadear as revoluções planejadas.

58

Azaliel sabia que seria muito difícil dialogar com entidades milenarmente enraizadas no mal e com linhas de pensamento tão subversivos, mas era uma etapa que deveria ser cumprida. Prosseguiu tentando convencer a liderança trevosa a reconsiderar suas ações e investidas destinadas a provocar o caos mundial generalizado.

– Essa conversa está me cansando e ocupando desnecessariamente o meu precioso tempo. Além disso, suas palavras muito me desagradam, guardião. Somos uma legião apartada de tudo isso que você mencionou e somos considerados engrenagens danificadas que atrapalham o bom funcionamento da máquina sideral. Ora, bem sabemos que pretendem que essas engrenagens sejam substituídas e armazenadas em um depósito específico, preferencialmente distante. Querem que deixemos este planeta seguir com seu funcionamento conforme os planos da Luz, e o que será de nós? Viraremos sucata espiritual armazenada em um depósito qualquer do Universo? Seremos entulho, lixo acondicionado em um orbe distante e primitivo, juntamente com outras peças não funcionais, inservíveis?

Acreditam, ainda, que podemos servir a um propósito? Nossas matérias-primas não podem mais ser fundidas e moldadas novamente para integrar um novo sistema, diferente do originário e que funcione conforme as regras, procedimentos e leis próprias, adequadas à sua natureza e finalidade. Essa opção não nos parece mais ser possível, é tarde demais para voltar atrás – discursou Névius, com palavras mentais, inarticuladas, carregadas de intensa angústia, rancor e forte energia hipnótica.

Aquele ser inteligente, destemido e detentor de vastos conhecimentos científicos e energéticos, adquiridos em milenares vivências pretéritas em outros orbes, dos quais foram expurgados e exilados na Terra, era um reptiliano cruel e astuto, que fora capaz de subjugar os semelhantes e ocupar o topo de um sistema hierárquico de poder mantido pela força e pela violência desmedida. São muito temidos, mas temem a força da Luz e, por essa razão, tornaram-se extremamente agressivos para se manter no poder e se protegerem. Iludem-se na tentativa de mitigar o persistente temor que os persegue: serem alijados do planeta Terra e novamente terem que recomeçar suas jornadas do zero, em um planeta primitivo, cujos desafios irão requerer exaustivo trabalho.

– O bom e misericordioso Criador, por intermédio de seus prepostos, lhes ofereceu inúmeras oportunidades de redenção, sistematicamente rejeitadas. Muitos foram os avisos e alertas para que promovessem alteração do curso de suas vidas, e foram exaustivamente cientificados de que as opções um dia terminariam. E esse dia chegou, Névius – complementou Azaliel, de forma compassiva.

Eles permaneceram longo momento se entreolhando em absoluto silêncio e ficou evidente para Azaliel que o mago realizava profunda reflexão mental. A esperança de uma modificação drástica no curso dos acontecimentos residia no íntimo de Azaliel e ele aguardou pacientemente. Névius permitia que sua identidade fosse conhecida apenas pelos chefes e ditadores do submundo astral inferior, mas o local exato do seu reduto ninguém jamais pôde encontrar. O reduto se movia ininterruptamente e aqueles que ousaram tentar localizá-lo foram castigados com a segunda morte. Muitos o desafiaram e o traíram, contudo, todos foram declarados opositores e transformados em consciências escravas e são essas consciências subjugadas e conjugadas que alimentam indefinidamente a rede neural a serviço do mal, cujo foco é a energização negativa das ações que objetivam atingir os escusos propósitos definidos em seu projeto de poder e dominação. Seus asseclas, colaboradores e companheiros de exílio formavam um grupo coeso, mas os dissidentes, sem exceção, foram sendo subjugados e se tornaram inteligências componentes de sua diabólica rede de processamento neural de consciências vivas, aprisionadas, e mantidas unidas sob inimaginável enlaçamento hipnótico-psíquico-energético. As mentes componentes da rede neural foram submetidas a intenso, profundo e crônico hipnotismo que inseriu, continuamente, comandos de subserviência irresistíveis às ordens de seu dominador.

Para manter-se no anonimato o mago maioral Névius passou a utilizar corpos artificiais diferentes, elaborados com avançada tecnologia. E é assim que ele se apresenta perante as assembleias das trevas, de modo a surpreender todos os integrantes do comando oculto do mundo. Seu poder mental inenarrável possui capacidade para penetrar e perscrutar as mentes, a fim de descobrir o que está escondido em seus recônditos e alcançar os segredos mais bem guardados. A chegada do guardião da luz Azaliel expunha uma falha de sigilo que Névius precisava descobrir onde e quando ocorrera, no entanto, ele desconfiava que tudo o que fizera, por mais sigiloso que fosse e apesar de todos os cuidados para evitar o vazamento de informações e todos os esforços empregados na limitação dos associados que precisavam saber sobre os planos antes de sua execução, tudo, inadvertidamente, acabava sendo transmitido de uma forma ou outra aos maiorais da Luz, até mesmo sua identidade e o local de seu reduto. As constatações o enfureceram e ele perguntou com a voz carregada de intenso ódio:

– Como? Como me encontraram, guardião?

– Mago, tudo o que acontece nestes redutos abissais, nestas furnas e com todos os seres que aqui habitam e que você insiste em dizer, erroneamente, que foram esquecidos pelo Altíssimo, é do conhecimento Dele e dos maiorais da Luz. Deles recebi as instruções de minha missão e as coordenadas paramétricas de localização do seu reduto.

O mago se enfureceu ainda mais com a resposta de Azaliel e desfechou intensos e progressivos ataques energéticos que ricochetearam no poderoso campo de força dos guardiões, emitindo faíscas vermelhas e púrpuras. Uma massa energética negra e altamente tóxica ficou aderida à superfície multicolor transparente do campo magnético controlado pelos guardiões e começou a queimar. À medida que se desintegrava, uma espessa fumaça negra inundou o ambiente, exalando odor pestilento e fétido que contaminou a já deteriorada atmosfera interna daquele lugar.

– Mago, minha missão se reveste de extremada importância, pois falo em nome dos maiorais da Luz, no entanto, como representante dessa plêiade de seres cósmicos, solicito respeito e consideração para que possamos prosseguir em diálogo franco, verdadeiro, direto e isento de subterfúgios que possam nos distanciar da realidade – disse Azaliel expressando paciência face ao ataque de fúria de Névius.

– Que juízo fazes de mim, guardião?

– Nenhum juízo. Definitivamente não é a conduta adequada neste momento, tampouco sou autorizado a emitir qualquer juízo de valor em relação à sua decisão. Vou me manter na posição de simples servidor fiel da Luz e canal de contato e ligação entre os maiorais da Luz e as forças das sombras.

– Você não externa nenhum juízo, no entanto, suas atitudes e palavras o denunciam – provocou o mago de forma ardilosa. – Não vejo mérito em aceitar ser um simples mensageiro. Você demonstra fraqueza ao aceitar que o mandem vir aqui me afrontar, desconhecendo com quem está lidando. Recomendo que sejas cauteloso; eu já destruí muito outros somente pelo fato de tentarem me encontrar;

– Com todo respeito, o mago se esforça para manter sua identidade oculta e evitar que associados e asseclas o confrontem, reivindicando o posto de maioral da escuridão, contudo, sabemos, sim, com quem estamos lidando. Sua ficha extensa foi meticulosamente estudada e...

– Cale-se! – retrucou o mago furioso. – Como se atreve?

– Eu seria um tolo se viesse até aqui sem planejar a missão e sem conhecer o meu interlocutor.

Instantes de um tenso silêncio se passaram até que o mago se pronunciasse novamente:

– O que mais tem para me transmitir? Desembuche!

Azaliel permaneceu breves momentos calado em profunda sintonia com o Alto e em seguida falou:

– Mago, como maioral das trevas e membro-governador das forças ocultas da Terra, você está sendo convocado a promover uma mudança substancial nas políticas das sombras. Está sendo convocado a desistir dos projetos diabólicos de dominação e destruição, devendo admitir, enquanto há tempo, que a transição do planeta para um estágio de regeneração está findando e que a separação do joio e do trigo, conforme anunciado no evangelho do Cristo, está em franco processo, e não há a mais remota possibilidade de reversão. As ações estão sendo conduzidas por mãos habilidosas, fiéis aos desígnios da Fonte Criadora e o processo não sofrerá mais atrasos, adiamentos ou interferências, não havendo, também, lugar para aqueles que lutam contra a vontade do Altíssimo e se opõem à Sua sábia política evolucionista.

– Então estamos declaradamente em guerra, guardião? – perguntou sarcasticamente o mago negro Névius.

– A Luz nunca entra em guerra com outras forças, apenas intervém para que as diretrizes siderais direcionadas ao processo evolutivo do planeta sejam cumpridas. A guerra existente envolve os integrantes das sombras, mas não a Luz. A Luz não necessita promover conflitos, embates e guerras para se impor. As sombras, a escuridão, as trevas são apenas a ausência da luz e ela simplesmente entra para preencher o espaço com sua luminosidade benfeitora.

O mago soltou um grunhido diabólico de ódio e se agitou ensandecido. Queria se vingar atacando Azaliel e os demais guardiões, mas retomou a compostura e se calou para escutar o que Azaliel ainda tinha para lhe transmitir.

– Os diretores siderais, sob a orientação precisa e firme do Cristo, deliberaram que o agente patogênico produzido pelos laboratórios das sombras e disseminado na crosta terrestre em forma de pandemia com o intuito de promover a destruição da esperança, provocar terror generalizado, medo e instaurar o caos mundial, servirá ao propósito da Luz, constituindo-se no primeiro ceifador, força redentora que permitirá à espiritualidade superior executar as ações previstas no planejamento evolutivo cármico da Terra, que deverá progredir na hierarquia dos mundos celestes. Os eventos contribuirão para acelerar a ultrapassagem da etapa de transição e projetar a Terra da atual situação de provas e expiações para um mundo de regeneração. Definitivamente, mago, todos os seres que servem às sombras serão excluídos da etapa vindoura, e com pesar resta-me acrescentar que a exclusão e o exílio são decisões irrevogáveis e inadiáveis, cabendo-lhes, apenas, aderir ao projeto de transmigração de forma pacífica e sem resistência, de forma mais consciente, resignada e menos dolorosa.

– Vocês sabem muito bem que jamais admitiremos

tal hipótese e lutaremos até o último esforço para adiar tal desígnio – irrompeu o mago com voz áspera e gutural, readquirindo o seu usual comportamento arrogante e prepotente.

– Também tenho um recado para os maiorais da Luz.

No momento em que o mago terminou a frase e se preparava para uma atitude mais contundente, as paredes rochosas internas do reduto balançaram, estalos como se algo estivesse rachando e fortes ruídos de pedra se partindo foram ouvidos. Ondas de choque de uma intensa explosão ocorrida acima deles foram sentidas. Fendas se abriram no teto jogando poeira sobre todos. Das paredes laterais escaparam gases telúricos que causaram uma frenética movimentação nas criações artificiais e nas formas-pensamento negativas aderidas ao teto escuro.

O mago permaneceu imóvel, se comunicando mentalmente com seus chefes de falanges para descobrir o que estava acontecendo.

– É o fogo purificador saneador – disse Azaliel.

O mago olhou intrigado diretamente para Azaliel, com seus olhos negros injetados de ódio e bradou:

– Não ouse me desafiar em meus redutos, guardião. O único ser ousado e capaz de deter minhas ações foi o Nazareno. Todos os demais – seus prepostos falharam –, não estão à altura do meu poder.

– Não o subestimamos, poderoso mago. Bem conhecemos o seu poder e temos plena consciência de que as trevas evoluíram muito em poder e tecnomagia, mas às esferas vibratoriais inferiores são impostos limites e as esferas de Luz, ao contrário, são ilimitadas. Conhecimentos inimagináveis foram produzidos, tecnologias avançadas foram disponibilizadas pelos maiorais da Luz para serem aplicadas em prol dos povos do Universo e muitos seres de elevada estirpe espiritual do nosso sistema planetário se tornaram gigantes em amor, sabedoria e justiça, compartilhando os mais sublimes tons de beleza, de conhecimentos e de compaixão. Dentre os guardiões que o mago negro equivocadamente menospreza e subestima está o poderoso Miguel, Comandante supremo dos exércitos dos guardiões, intimamente comprometido com a evolução deste planeta – finalizou Azaliel, convicto.

– Acreditam que ficamos isolados aqui por tanto tempo sem aumentar nosso cabedal de conhecimentos? – indagou o ser diabólico. – Se assim fosse, não estaríamos causando tantos embaraços. Agora somos a única força neste Universo capaz de confrontar a luz. Somos temidos.

Uma risada sarcástica, aguda e aterrorizante foi ouvida por todos os presentes no local. As emanações daquele ser provocaram ondas de energia deletéria que perturbaram as camadas superficiais mais tênues do campo magnético de proteção, abalando as convicções de segurança dos guardiões da equipe comandada por Azaliel. O mago auscultou as mentes deles e acrescentou:

– Perceberam que basta uma simples ação para que eu possa envolvê-los em um turbilhão de energias destrutivas e acabar com essa conversa tola? – perguntou ele, de forma insolente.

– Reitero que em momento algum subestimei o seu poder. Respeito-o – respondeu Azaliel, com humildade.

– Os maiorais da Luz devem entender que não recebo ultimatos e nenhuma transmigração nos atingirá, a não ser que o próprio Cristo venha pessoalmente cumprir a tarefa – retrucou. – E isso é impossível, dada a sua envergadura energética atual, que o impossibilita de descer até o meu reduto, de vir até mim. Me considero inatingível.

– Concordo com a sua afirmação sobre a impossibilidade da descida vibracional do Cristo devido ao fato de ser um espírito ascensionado, no entanto, indubitavelmente, Ele possui uma plêiade de servidores, de prepostos, que estão à altura de tal tarefa, além de estar sempre presente, ciente de tudo o que ocorre neste planeta.

– Por mais que Ele tente, não poderá reverter o que já está em curso. Este planeta é nosso...

– Ninguém pode se dizer dono deste planeta, tudo pertence ao Magnânimo Criador. O Cristo cumpre a vontade da Fonte Criadora que já decretou: "todos serão chamados a prestar contas perante a Minha justiça". Não haverá fuga espiritual e tudo será revelado, todos irão expor suas entranhas, serão visíveis as mais íntimas mazelas espirituais e somente as virtudes acrescerão créditos às almas. A fé distorcida e hipócrita será abalada e somente a verdade prevalecerá para deixar florescer a humildade e a fraternidade. Jesus não está ausente, por mais que tentem apagá-lo e interpretar erroneamente o seu legado de amor, perdão e caridade. O Cristo é como a luz do Sol que aquece todos aqueles que estão imersos no frio da noite escura do mundo e a sua ideologia de poder jamais alcançará êxito.

– Já chega, guardião! – explodiu o mago.

Azaliel encarou o semblante angelical artificial de Névius; a máscara do traje que envergava exibia um brilho nos traços faciais extremamente sedutores. Apesar de seu íntimo perturbado, suas feições possuíam destacada perfeição, que lhe conferia um aspecto hipnótico de encantamento e deslumbramento.

59

Draco recebeu um alerta de invasão. Os integrantes de sua guarda estavam atacando o numeroso exército de guardiões da Luz que avançava sobre seus domínios, surpreendendo-o.

– Como conseguiram chegar até aqui sem serem notados? – Draco perguntou a Fressen, seu braço direito e chefe da guarda.

– Eles talvez tenham rastreado meu amo. Quando saímos furtivamente da assembleia do governo oculto do mundo eu segui na frente para lhe dar segurança e me deparei com um maltrapilho nos observando. Eu o enxotei daquele local e segui o meu mestre até a nossa fortaleza. Senti no momento que havia algo estranho no olhar daquele mendigo espiritual, contudo não me importei. Agora me ocorreu a possibilidade de ele ser um maldito espião da Luz.

Draco se enfureceu e disse:

– Se essa falha realmente ocorreu você pagará o preço de sua imprevidência. Agora trate de verificar o motivo do alerta de invasão e se o perigo for iminente, tome todas as medidas de segurança necessárias para que possamos reverter a situação. Agora suma da minha frente, seu verme!

Fress mobilizou grupos da guarda de guerreiros de Draco e se dirigiu para a frente da fortaleza. Olhou para o campo à gente e se deparou com muitos veículos de transporte dos guardiões.

– Maldição! – esbravejou. – Preparem os canhões de plasma.

Houve intensa movimentação no interior das muralhas de pedra, mas era tarde demais. Aproveitando o fator surpresa, Macberius e os guardiões Obreiros da Noite e integrantes do Grupo de Sara, do Comando tripartite, invadiram o reduto de Draco e com muita dificuldade e acirrados combates conseguiram neutralizar os ataques das forças guerreiras do mago, inicialmente imobilizando-os e depois aprisionando-os. Muitos tentaram fugir para escapar ao aprisionamento dos guardiões e foram capturados no entorno da fortaleza que fora cuidadosamente cercada por numeroso grupo guardiões destacados da Falange Hindu chefiada por Kadir. Criminosos de legiões associadas a Draco investiram contra os membros da falange Hindu do lado de fora da fortaleza, mas encontraram defesas muito bem posicionadas, armadas e preparadas para impedir o contra-ataque das forças das sombras, deixando o reduto de Draco, conforme o planejado, isolado e sem apoio externo.

Macberius e Sara entraram no amplo salão da fortaleza e encontraram Draco esperando-os.

– Draco, suponho que você já saiba o motivo de nossa investida contra o seu reduto, portanto, sem perda de tempo, iremos direto ao ponto.

– Acreditam mesmo que me dominando irão interromper os projetos? Enganam-se. Eu não atuo isolado; o comando oculto do mundo possui muitas legiões em condições de continuar a luta. A perda de uma batalha não é, por si só, capaz de encerrar uma guerra. Nossa assembleia, aquela que vocês, os malditos emissários da Luz, interromperam, estava reunida com objetivo de coordenar algumas ações em todos os níveis de execução, mas consideramos apenas um contratempo porque as tarefas principais e mais contundentes já estão andamento, não há mais como impedir a sua execução. Sinto informá-los que chegaram tarde.

Draco soltou uma comprida risada enquanto Macberius e Sara permaneciam calados e atentos, observando-o. A gargalhada de Draco era surreal, uma mistura de desdém e preocupação, ao mesmo tempo.

– Nós conhecemos todos os planejamentos das sombras, Draco – informou Sara.

O mago parou de rir e fechou o semblante.

– Impossível! Vocês gostam de blefar? Eu não, e por isso acreditem no que vou lhes dizer agora: destruirei todos vocês.

Sara e Macberius sabiam que ele tentaria destruí-los, mas estavam sendo amparados por uma grande falange de espíritos superiores comprometidos com a justiça e a política divina.

– Como eu disse, mago Draco, conhecemos todos os planos estratégicos da escuridão e vou enumerá-los para mostrar que não estamos blefando – disse Sara.

– Se isso for verdade, receberão uma represália à altura para que deixem de ser enxeridos. Já convoquei todos os chefes de legiões associadas e seus inúmeros guerreiros para confrontá-los. Sabem que não será fácil me prender.

– O governo oculto do mundo pretende intentar uma guerra total, cujas ações possam atingir as diversas dimensões do globo terrestre – afirmou Sara. – Nem a união de forças entre vocês magos negros e daimons (dragões) será suficiente para desviar os planos evolutivos previstos para a civilização terrena.

– Veremos, guardiã!

Os daimons foram encarcerados há milênios nas regiões infernais (astral abissal) por decreto divino, mas apesar de permanecerem isolados, continuaram interferindo limitadamente no processo evolutivo do orbe terrestre, por intermédio de seus asseclas, fomentando guerras, discórdias e manipulando serviçais úteis para promover a degradação ou o esgarçamento dos sistemas político, econômico, religioso, ecológico, social e militar da humanidade. Para suplantar as limitações impostas ao seu poder, os ditadores do submundo estruturaram uma rede de agentes comprometidos com seus ideais negativos que foram despachados para a crosta terrestre, em espírito e encarnados, com missões específicas, precisas e perfeitamente inseridas em um contexto estratégico de caos global. Criaram estruturas políticas corruptas, corporações inescrupulosas, grupos de poderosos empreendedores financeiros e hordas de terroristas. Eles fortaleceram e empoderaram as indústrias da guerra, a farmacêutica, e provocaram dissenções e conflitos religiosos múltiplos, para manipular o destino da sociedade, a fim de impor uma nova ordem mundial que estagne o desenvolvimento da humanidade, que paulatinamente desperta sua consciência coletiva. No entanto, duas poderosas ferramentas a serviço do mal e das trevas estão sendo francamente utilizadas para evitar esse despertar consciencial e subjugar, manipular as mentes: a mídia, com sua comunicação de massa e desinformação e o ciberespaço, instrumento para disseminar as ideias corrompidas e distorcidas que irão dominar as consciências.

– Draco, embora vocês acreditem que são sócios dos dragões, não passam de marionetes nas mãos dos verdadeiros e supremos senhores da escuridão – disse Macberius. – Eles não possuem associados; são os dominadores, os líderes do conselho vibratorial inferior e todos os demais pretensos chefes são seus subordinados, seus serviçais.

– Cale-se! – Esbravejou Draco.

– Você e os outros poderosos magos negros nem sequer podem se encontrar com os dragões, não possuem capacidade para confrontá-los, e recebem as ordens por meio de seus emissários. Não acha estranho isso? – indagou Sara de forma provocativa. – Vocês também são manipulados e enganados, ludibriados para fazer somente o que os anjos decaídos querem.

– O que querem, o que pretendem, guardiões? – perguntou Draco, de forma ríspida.

– Impedir que as ações funestas planejadas para prejudicar a humanidade terrestre sejam executadas – respondeu Sara com muita tranquilidade.

– Vocês nem ao menos sabem o que vieram impedir. Seus conhecimentos são genéricos.

– Engana-se, Draco. Sabemos que o governo oculto do mundo se estruturou hierarquicamente de forma piramidal e que missões específicas foram confiadas a membros de confiança abaixo de dois grandes líderes tirânicos: Draco e Névius – afirmou Macberius. – Sabemos que a coordenação das ações é encargo de vocês dois e nossa missão é neutralizar as cabeças de controle.

– Ah! Ingênuos. Acreditam mesmo que isso impedirá que alcancemos o sucesso? Esqueceram que somos Legião, que somos muitos? Que outro assumirá o meu lugar?

– Sim, já ponderamos tudo isso, mas a saída de vocês desarticulará a atual estrutura que foi erigida.

– Mais uma vez digo que vocês não sabem com quem estão lidando, nem com o que estão mexendo – retrucou Draco, colérico.

– Sabemos tudo sobre você e Névius; temos arquivos completos repletos de informações sobre os dois e nada fica oculto da Luz; é assim que monitoramos suas atividades, sempre respeitando o livre-arbítrio de cada um, evidentemente, mas dentro dos limites impostos pela justiça divina.

– Chega de conversa inútil, minha paciência acabou!

Draco se preparou para atacar os guardiões, emitindo ordens mentais para seus comparsas. Sara e Macberius sabiam sobre os acontecimentos que se desenrolavam do lado de fora da fortaleza, e devido à intensidade dos combates, por um instante ficaram apreensivos, receando que o hindu houvesse encontrado muitas resistências e não fosse conseguir finalizar a sua etapa a tempo. No entanto, logo em seguida eles receberam informações de Kadir de que a situação estava sob rigoroso controle e não haveria interferência externa no momento em que decidissem agir contra Draco.

— O que está ordenando será impossível de ser cumprido pelos seus asseclas, Draco. Eles não poderão atendê-lo — disse Macberius.

Draco permaneceu concentrado, tentando contato mental com seus associados, sem resultado. Sara ativara um equipamento de bloqueio das emanações mentais no entorno de Draco, impossibilitando-o de se comunicar com seus guardas e com os comandantes das falanges associadas à sua legião do mal, facilitando o trabalho de Kadir no exterior da fortaleza e protegendo-os de potenciais surpresas no ambiente em que se encontravam.

Quando Draco percebeu que estava sozinho, tentou utilizar um truque de magia para evadir-se do local, mas foi impedido pelo vigoroso campo magnético projecional ativado no seu entorno. Um especialista da noite direcionou o equipamento de avançada tecnologia astral para o mago e ativou o campo de contenção magnética. Um feixe radiante foi projetado sobre o espírito a ser imobilizado; a cena lembrava o facho de um canhão de luz que ilumina um ator no palco de uma peça de teatro. Enfurecido, Draco se agitou vibratoriamente para tentar escapar do cerco, emitiu descargas elétricas, gritou impropérios, reuniu entre as mãos massas energéticas negativas que não puderam ser atiradas contra seus algozes, ativou aparelhos de nanotecnomagia elaborada em seus laboratórios para tentar romper o campo magnético, mas todos os seus esforços foram inócuos: estava aprisionado. Quatro guardiões armados entraram no local trazendo uma espécie de caixa metálica, como uma jaula de contenção de material isolante e altamente resistente, especialmente fabricada para ele, para que o mago pudesse ser transportado em segurança para fora de sua fortaleza, antes que ela fosse desmantelada pelos canhões de plasma trazidos pela falange Hindu de Kadir, que já havia recolhido os prisioneiros aos VT prisão e mantinha uma equipe de tiro em posição, aguardando a saída de seus companheiros guardiões conduzindo o mago, para iniciar o trabalho. Sara determinou que a escolta de guardiões armados transferisse a cela de contenção com Draco para um dos veículos de transporte. Receberam ordens de Azaliel para conduzi-lo novamente ao local onde se realizava a assembleia do governo oculto do mundo, de onde não deveria ter saído. Draco e Névius precisavam se juntar aos demais membros da assembleia trevosa, que seria dissolvida por completo por ilustre emissário da Luz e preposto do Cristo.

60

Azaliel observou as atitudes de Névius e concluiu que precisava mantê-lo sob cerrada vigilância até receber informações sobre as ações das outras equipes de guardiões encarregadas de neutralizar as forças de guerra de Draco e seus associados, impedindo-os de reforçar o exército de Névius naquele momento delicado da missão e de alertar os demais senhores da escuridão presentes na sinistra assembleia do governo oculto do mundo. As forças das trevas precisavam ser divididas, pois reunidas seriam nada desprezíveis.

Para ganhar tempo e alongar a conversa, Azaliel falou:

– Peço ao mago Névius que observe o que vai ser mostrado a seguir – pediu de forma cortês, mesmo sabendo que o mago poderia atacá-lo, traiçoeiramente e de forma inescrupulosa, a qualquer instante.

Uma ampla tela se materializou à frente do mago negro e Azaliel projetou, por meio de sua poderosa mente os eventos que ocorriam em diversos redutos infernais do plano astral inferior ao redor do planeta Terra. Ondas gigantescas do fogo purificador queimavam o que encontravam pela frente, carbonizando redutos astrais, instalações grotescas, terrenos desérticos e suas vegetações raquíticas, negras e disformes, pântanos, lagos de lodo e as construções das cidadelas erguidas com matéria do astral inferior. Espíritos trevosos das falanges do mal eram atingidos pelas chamas intensas, cujas vestes e armas eram calcinadas. Ao serem atingidos sofriam os efeitos da queima total sobre seus corpos astrais, porém, para suportarem os sofrimentos acerbos, assumiam forçosamente um dilatado estado de torpor e entravam em profundo adormecimento para amenizar suas dores. A situação, no entanto, facilitava às equipes socorristas seu posterior recolhimento para adoção das medidas preparatórias ao envio transmigratório, reunidos em grupos cármicos para os seus novos destinos que, pelos milênios seguintes, serão suas novas moradas, suas novas e benditas escolas de vida, em mundos onde terão a oportunidade de se reeducar, de aprender o significado dos verdadeiros valores da vida e do espírito, locais onde irão vivenciar lições reeducativas para o espírito e experimentar redentoras situações que deixarão marcas indeléveis em suas mentes e corações de espíritos rebeldes.

As chamas de coloração vermelho-alaranjado intenso, semelhante às cores do crepúsculo solar observado na Terra consumiam, também, todos os miasmas, as energias negativas, as formas-pensamento, as criações mentais inferiores, os insetos, as larvas astrais e os parasitas que infestavam o ambiente daquelas paragens abissais.

Os membros da sinistra assembleia do governo oculto do mundo receberam de seus comparsas e súditos as informações sobre a ocorrência do fogo purificador. Em pânico, tentaram sair, mas o recinto havia sido lacrado energeticamente por uma equipe especializada de técnicos dos guardiões, sem que percebessem, impedindo-os de socorrer os associados, os asseclas e a si mesmos.

Ao verem as ondas do fogo purificador saneador consumir grandes áreas dos redutos infernais e neutralizar considerável parcela dos numerosos exércitos de guerreiros das sombras – membros da guarda negra –, os magos perceberam que as ondas se direcionavam diretamente para o local onde se encontravam naquele momento, e entenderam que também seriam atingidos. Houve grandes tumultos e diversos chefes de hostes do mal ficaram enlouquecidos de ódio.

Névius se virou para Azaliel e com extremado ódio vociferou:

– Nada, nem esse maldito fogo selvagem vai nos impedir de dominar este mísero planeta. Ele é nosso! Já passamos por isso antes e como a fênix, ressurgiremos das cinzas e nos reergueremos para dar continuidade aos nossos planos diabólicos e oferecer sistemática oposição à política do Nazareno. Nossa conversa acaba aqui. Vieram para nos destruir? Eu vou destruir todos vocês antes, para que sirvam de exemplo aos maiorais da luz que ainda acreditam poder nos conter e evitar que se cumpra o que foi programado pelas hostes e potestades das trevas. Somos sombras e escuridão e assim permaneceremos. Jamais nos submetermos aos desígnios da Luz e às diretrizes do Carpinteiro – falou, demonstrando desdém, falta de respeito e sarcasmo.

Em seguida Névius viu Macberius, Sara e numeroso grupo de guardiões adentrarem aquele ambiente hostil com Draco aprisionado em uma cela especial de contensão.

O mago negro estava furioso, mas se concentrou e manteve a calma para iniciar a manipulação de energias poderosas, entoando palavras de um dialeto há muito extinto e desconhecido da humanidade terrestre comum, em evocações de magia negra que projetavam no ambiente símbolos desconhecidos e ideogramas macabros de grande poder. Ao mesmo tempo operava equipamentos de tecnologia das trevas criadas em seus laboratórios, que resultaram em uma associação extremamente potente: a tecnomagia das sombras, somente conhecida pelos maiorais da escuridão – parcela de seu arsenal de armas para a manutenção do poder pela força e violência desmedida. Com esse poder acumulado ele destruía os seus oponentes e produzia efeitos desastrosos e irreversíveis aos atingidos, quer fossem vítimas ou opositores.

Azaliel, percebendo que a fúria daquele ser das trevas se voltara contra ele e seu grupo, disse:

– Mago, somos apenas o canal de comunicação entre o poder das sombras e os maiorais da Luz.

Ele não se importou com a ponderação de Azaliel e continuou acumulando energias para um ataque devastador. Azaliel, extremamente preocupado, determinou que os operadores do campo de força interno e dos que permaneceram do lado de fora aumentassem as camadas de proteção ao máximo, reforçando-as com energias extras. O mago se elevou e permaneceu suspenso nos fluidos astrais, sustentado pelas energias poderosas que reunira.

No entorno dos guardiões a cúpula semicircular do campo de força, semelhante a uma grande bolha de sabão, transparente, pousada sobre a superfície do solo de matéria astral, emitia cintilações multicolores ao ser fortalecida e reforçada. Os guardiões viram quando os olhos do mago se acenderam na cor vermelho intenso e o seu olhar maléfico e cheio de intenso ódio foi direcionado para a equipe da Luz. Eles se prepararam para suportar o iminente ataque que seria desfechado e acompanharam com ansiedade as mãos do mago que, elevadas acima de sua cabeça, emitiam faíscas negras e escarlate de energia densa e tóxica. A energia acumulada pelo mago atingia níveis incomensuráveis. A tensão entre os guardiões era evidente, mas eles precisavam confiar nos equipamentos de proteção. No momento seguinte e antes que o mago atirasse sem piedade a condensação energética sobre os guardiões, um facho cilíndrico de luz azulínea se projetou do alto até aqueles redutos abissais, como se fosse um raio laser de altíssima potência, intenso, uma condensação energética descomunal.

Quando o facho de luz tocou o solo, houve uma ressonância vibratória que provocou uma espécie de terremoto local e ondas de choque se espalharam concentricamente para longe dele, abalando as estruturas mais sólidas ali existentes, como ocorre em uma detonação de artefato explosivo.

No interior do facho cilíndrico eles vislumbraram um Ser extremamente luminoso, alto, forte, esguio e brilhante, vestido em uma armadura dourada que lhe cobria o peitoral e parte dos braços. Na cabeça um elmo também dourado deixava apenas o rosto exposto. Calçava botas que cobriam suas pernas até a base dos joelhos. O ser luminoso empunhava uma longa espada de luz coagulada violácea que emitia um som semelhante a um silvo vibrante e fino de altíssima intensidade, que sibilava e pulsava, aumentando e diminuindo o seu brilho, como se estivesse viva, repleta de poderosas energias astrais superiores.

– Miguel! – todos exclamaram, estupefatos e surpresos com a projeção daquele Ser elevadíssimo, das mais altas esferas espirituais, que intercedia em socorro ao humilde grupo de guardiões que servia como mensageiro do alto naquele momento crucial para os destinos da humanidade terrestre.

O que Azaliel e os guardiões presenciaram foi um rápido e contundente desfecho. O facho de luz se expandiu e Miguel, em projeção energética, se posicionou entre o mago negro e os guardiões para receber e absorver todo o impacto das energias do feroz ataque desfechado pelo ignóbil ser trevoso, que tinha como alvo o grupo de guardiões à sua frente. As energias negativas do mago circularam em torno da projeção, numa espécie de nuvem negra tóxica e ao entrar em contato direto com as energias de polaridade oposta da projeção se chocaram e provocaram um estrondo ensurdecedor, para em seguida serem dissipadas no ambiente. Miguel, em projeção energética, elevou o braço que empunhava a espada de luz e girou-a com grande velocidade para abrir um rasgo dimensional que foi se transformando em um portal circular com energias internas circulares que de imediato se expandiram formando um vórtice, um redemoinho que envolveu o mago da cabeça para os pés e começou a sugá-lo, no momento em que ele se preparava para desferir outro ataque energético. Névius, a poderosa entidade maléfica não pôde resistir ao processo de desagregação molecular que se iniciou. Seu traje protetor artificial fruto da tecnomagia astral inferior começou a se desfazer em pequenas partículas atômicas luminescentes e formaram uma nuvem de poeira negra que foi atraída para o interior do agitado núcleo do portal como se um aspirador as sugasse. Uma longa mancha negra se formou, como uma nuvem de poeira. O mago negro encontrava-se em franco processo de desagregação molecular, estava sendo dissolvido em minúsculas partículas que se estendiam da extremidade onde ele havia permanecido até o centro do portal localizado a três metros de altura e a cerca de cinco metros à sua frente, pelo vórtice que o sugava. O desprendimento das partículas ocorreu de forma lenta e arrastada, camada por camada, e durou alguns minutos até que tudo desaparecesse. O mago, então, permaneceu à frente da projeção energética de Miguel como realmente era: um espírito deformado e degenerado e sem a vestimenta artificial que envergava, que fora inteiramente sugada pelo portal. Os guardiões, então, viram passar pelo portal e se posicionar à frente do mago um cilindro de material translúcido, um tubo magnético hermético de material conhecido somente pelas esferas mais elevadas da espiritualidade e que fora construído utilizando avançada tecnologia, especialmente preparado para a prisão daquele ser infernal. Névius foi atraído magneticamente para dentro do tubo. A atração foi irresistível devido à ressonância vibratória entre o tubo-prisão e o mago. Dentro do tubo o mago seria incapaz de se valer de seus perigosos recursos mentais e de tecnomagia para se evadir, fato que poderia causar enormes prejuízos durante a sua transferência para o local onde enfrentará o processo de exílio planetário, o terceiro de sua tenebrosa trajetória de rebeldia espiritual.

 Somente o ilimitado amor do Criador por Seus filhos e a incomensurável misericórdia Dele era capaz de suportar sem esmorecimento e de forma persistente as ações nefastas daquele ser revoltado e esperar, pacientemente, o momento em que o filho rebelde e desgarrado se conscientize de sua condição cármica de grandes débitos e decida retornar à casa de seu Pai, renovado e disposto a alterar o curso de suas vidas infinitas. Draco acompanhou tudo sem dizer uma única palavra.

 – Nobre Azaliel, você e sua valorosa equipe já podem deixar este local e retornar às esferas superiores o mais rápido que puderem. O fogo purificador saneador logo chegará e varrerá estes redutos infernais. Esses dois magos negros e todos os integrantes da assembleia do governo oculto remanescentes juntamente com suas respectivas guardas negras serão alcançados pelo fogo saneador purificador se não deixarem esses redutos, e o único meio de escapar do fogo é se entregando às equipes de guardiões, para serem retirados daqui, aprisionados, após passarem pelo imprescindível saneamento energético com recursos suficientes para atingirem um estado mínimo de limpeza, recursos esses que permitirão a aproximação e o acesso dos guardiões socorristas com relativa segurança. Depois de estarem satisfatoriamente saneados, eles serão submetidos a um latente estado de torpor e hibernação, para serem transportados sem problemas destes redutos até os VTs prisão que os conduzirão aos locais de deportação para outros mundos do Universo. Eles serão preparados para a imediata transmigração de mundos – disse Miguel, com brandura e firmeza, por intermédio de sua luminosa projeção energética.

— Entendido, meu senhor! – respondeu Azaliel.

— Realizaram um excelente trabalho e o Criador onisciente e onipotente os recompensará em bênçãos pelo empenho, destemor e abnegação com que realizaram suas tarefas, cumprindo a missão que lhes foi confiada com precisão e acerto incomuns. As repercussões de tais ações muito contribuirão para que o planeta Terra possa receber as emanações luminosas que cairão do alto para que o processo de transição para um mundo regenerado ocorra sem a interferência de tão funestas e destruidoras inteligências das sombras e a humanidade terrestre possa dar um salto quântico em sua evolução. Neste dia glorioso muitas almas foram libertadas do jugo magnético diabólico do governo oculto das sombras e incontáveis redutos de trevas e escuridão encontram-se em avançado processo de esvaziamento, de limpeza energética e reurbanização das paisagens extrafísicas.

— Obrigado pela ajuda, inestimável e nobre comandante!

— Agradeça ao Cristo que me permitiu vir até aqui e nos sustenta energeticamente – disse o comandante do exército astral dos guardiões. – Receberá instruções precisas que esclarecerão as próximas etapas de seu trabalho. Que a paz e a justiça permaneçam em nossos corações e mentes.

Assim que terminou de falar, ele ergueu sua espada

e o faixo de luz intenso que vinha do alto trazendo a projeção energética de Miguel se intensificou, se comprimiu em um tubo estreito e se encurtou de baixo para cima até se transformar em um ponto luminoso, como uma estrela vista da Terra.

Azaliel permaneceu concentrado, orando em agradecimento pela oportunidade de servir aos propósitos de libertação espiritual de muitos espíritos que eram mantidos sob o jugo daqueles seres infernais. Quando terminou ele se voltou para os membros da equipe e notou que eles também haviam permanecido em prece.

– Vamos nos juntar à equipe externa para recompor nosso efetivo e deixar este local enquanto há tempo. Nos refugiaremos em uma dimensão um pouco mais elevada e aguardaremos o necessário para que o fogo purificador realize o seu trabalho saneador nesta região abissal, depois retornaremos para dar continuidade à tarefa – ordenou.

– Conseguiremos sair daqui sem ter que lutar com alguns remanescentes que nos aguardam lá fora? – indagou Vhanet.

– Certamente já sabem o que ocorreu e o que está por vir. Logo perceberão que precisam se proteger e irão se dispersar.

61

Nas regiões ínferas do astral, Azaliel e seus guardiões davam continuidade aos trabalhos. Depois de relatar os avanços alcançados por sua equipe, Vhanet se aproximou de seu líder e indagou:

– Azaliel, é certo que o governo oculto ainda detém importante participação nos desajustes da humanidade terrena como um todo. A queda dos líderes certamente não os deterá, outros ascenderão aos postos-chave de comando e poderão continuar o trabalho que por enquanto está interrompido. Estamos diante de uma triste encenação, em um palco de bonecos, de marionetes, cujos fios que lhes conduzem as ações são manipulados pelas mentes diabólicas dos daimons, que os comandam dos bastidores. Como conseguiremos romper esse laço nefasto para libertar definitivamente nossos irmãos que querem evoluir?

– O trabalho é árduo e contínuo. Como nós, outras muitas equipes trabalham em diversos pontos do planeta para que nossa sinergia possa trazer resultados concretos em futuro próximo. Precisamos alcançar e neutralizar a fonte de energias das trevas denominada de sol negro – a egrégora de energias negativas localizada no centro abissal do planeta que se abastece continuamente dos medos, das angústias, dos desesperos, dos ódios e de todas as demais emanações negativas de encarnados e desencarnados e é a fonte energética das trevas para a consecução de seus objetivos escusos. O planeta encontra-se em seus últimos momentos de transição, quase pronto para adentrar na etapa de regeneração, cuja psicosfera planetária estará livre de todos aqueles que são contrários a política do bem, da justiça e da paz. Diversas etapas simultâneas estão ocorrendo, mas desentranhar seres que há milênios se enraizaram no mal e se aprofundaram em redutos da escuridão não é uma tarefa fácil e rápida.

– Muitos guardiões, entre os quais eu me incluo, ficaram surpresos com o que encontramos nestes redutos. Eu não sabia que os draconianos e magos negros podiam reencarnar. Acreditávamos que devido ao teor tóxico de suas energias espirituais negativas essa possibilidade lhes era vedada.

– Sim, era o que sabíamos, no entanto, a espiritualidade dirigente sideral não realizou intervenções para estancar as experiências draconianas e dos magos negros em relação à criação de um ser híbrido que pudesse lhes fornecer a possibilidade de reencarnar.

– Então é verdade? Eles agora conseguem reencarnar na crosta da Terra? – perguntou Vhanet estupefato.

– Sim, meu amigo. Eles criaram essa possibilidade. Magos draconianos, reptilianos e outros seres que habitam as zonas ínferas do astral pediram para encarnar. Precisavam recompor-se da desagregação molecular de seus corpos astrais, mesmo sabendo que seriam submetidos ao esquecimento temporário e às limitações mentais e psíquicas inerentes às encarnações. Os draconianos, seres detentores de vastos conhecimentos científicos e tecnológicos, lograram êxito e conseguiram produzir um ser híbrido misturando seu DNA com o de cobaias humanas. Inicialmente seus objetivos eram colonizar a Terra com esses seres híbridos.

– A governança da Terra permitiu essa aberração?

– A governança sideral e o próprio Cristo permitiram porque a reencarnação deles nos híbridos irá atender aos propósitos da Luz também. A reencarnação vai tolher o livre-arbítrio desses seres trevosos possibilitando o surgimento da chama redentora da mudança íntima, por meio do arrependimento e da diminuição do ódio. Será um exercício de paciência e acolhimento dos filhos desgarrados do Criador que poderá gerar bons frutos: o ressurgimento das centelhas do amor – explicou Azaliel.

– Você já sabia disso?

– Sim, fui informado por meio de uma apresentação de projeto ocorrida em uma reunião preparatória para essa missão.

– Isso significa que esses seres híbridos são gerados por mulheres escravas sexuais de seres reptilianos-draconianos?

– Exatamente.

– Como esse processo é conduzido?

– Durante as incontáveis abduções de que se tem notícia; e as mulheres na realidade não são vítimas: elas foram escolhidas por possuírem um passado cármico associado a esses seres, com laços psíquicos e emocionais e até cobrança de dívidas antigas.

– Aonde isso vai nos levar? – perguntou Vhanet, sentindo-se um pouco confuso.

– Na realidade nos trouxe. Estamos aqui para colocar ordem e restabelecer a justiça e a paz no planeta.

– Então a guerra astral é muito mais complexa do que imaginávamos?

– Sim, extremamente complexa. Os draconianos querem colonizar o planeta para aqui se estabelecerem de vez, substituindo a população humana por seres híbridos para reinarem absolutos. Os magos negros, que se opõem a eles, pretendem obter o poder incondicional para edificar um império de poder, trevas, escuridão regido pelas suas próprias leis. Os daimons (dragões) desde tempos imemoriais objetivam a destruição do planeta, pois essa seria a única forma de conseguirem a liberdade – destruindo o campo magnético que os prende aqui. As divergências entre os maiorais das sombras provocaram essa guerra astral sem precedentes.

– E todos eles estão em guerra contra a Luz – concluiu Vhanet.

– Sim, as facções lutam entre si e todos lutam contra a Luz.

– Estamos em desvantagem?

– Certamente não. Os nossos maiorais da Luz são exímios estrategistas, mentes brilhantes, inteligências muito aguçadas e possuem o fator mais importante: a direção firme do Cristo. Além disso, a luz sempre teve e sempre terá maior poder quântico, que nos permitirá estar um passo à frente de todos eles e contar com as mais avançadas tecnologias, fruto da engenharia sideral.

— O comandante e amigo me deixou mais tranquilo com essas informações — falou Vhanet, aliviado.

— Eu gostaria que você transmitisse as informações que acaba de receber aos demais membros de nossa valorosa equipe de guardiões, para esclarecê-los e deixá-los mais confiantes no sucesso da missão que ora desenvolvemos.

— Sim senhor! Assim será feito — ele respondeu e se retirou, deixando Azaliel sozinho para se comunicar com seus superiores nas altas esferas de Luz.

Epílogo

Alfrey se encontrava reunido com Aalão na sala de coordenação, acompanhando os acontecimentos ao redor do planeta e dirigindo as ações de saneamento e reurbanização que se desenvolviam simultaneamente em diversos pontos do orbe terrestre, tanto na dimensão física como na extrafísica. Ao lado deles encontravam-se diversos comandantes e dirigentes, inteligências extraterrestres, irmãos de outros orbes, vindos de planetas, galáxias e constelações diversas e distantes para auxiliar no processo que se desenrolava na Terra. Estavam interessados no processo evolutivo da Terra, pois, no Universo, as civilizações mais adiantadas auxiliam no progresso das mais atrasadas. A irmandade universal depende da harmonia, da paz e do equilíbrio de todos os filhos do Criador para evoluírem juntos e em paz. O sucesso de uma transição pacífica da Terra ocasionará repercussões positivas em todo o Cosmo e eles sempre estarão dispostos a nos oferecer compaixão e solidariedade, porque sabem como o processo se desenrola, por já terem ultrapassado tais circunstâncias em seu programa evolutivo.

Alfrey se dirigiu àquela plêiade de seres de alta estirpe espiritual e iniciou seu relatório sobre as atividades desenvolvidas pelos guardiões para evitar um colapso no controle das atividades humanas que influenciaria sobremaneira a psicosfera espiritual tanto do plano astral quanto da crosta terrestre. Exporia também os planos e as estratégias que os senhores da escuridão, em especial os dragões, estavam adotando e tentando implementar a todo custo.

— Todos os meus irmãos já conhecem o histórico espiritual destruidor e revoltado dos seres que mantemos aprisionados neste planeta tão bonito e ao mesmo tempo tão conturbado.

Eles aquiesceram e continuaram em silêncio, atentos às explicações de Alfrey.

— Os dragões, seres milenares de invulgar inteligência, vastos conhecimentos voltados à prática do mal e incomensurável ódio e aversão à política de misericórdia e justiça divina continuam presos em planos vibracionais situados nas profundezas dimensionais energéticas abissais do planeta. Contudo, impedidos de atuar diretamente nos planos astrais e na crosta terrestre, se cercaram de associados para executar as ações previstas em seus planos maléficos de destruição, medo, terror e caos, cujos objetivos principais são a subjugação mental, a tomada do poder e a subsequente destruição do planeta, evento que poderá libertá-los das amarras magnéticas que os mantêm presos. Eles se servem de outras entidades trevosas que estão livres e equivocadamente acreditam estar no comando como mandatários das ações, para levar a cabo seus planos diabólicos. Muitas outras investidas ocorreram no passado e foram desarticuladas pelos guardiões da justiça, no entanto, agora, neste momento especial de transição planetária do orbe terrestre, a estratégia das trevas se mostrou extremamente complexa e abrangente, fator que está exigindo um esforço integrado e muito bem articulado entre os maiorais da luz e o exército de guardiões para evitar que os dragões consigam atingir os efeitos desejados. Suas estratégias alargaram o horizonte de atuação e os tentáculos das sombras passaram a envolver diversas áreas em diferentes setores da vida terrena. Na ciência e na tecnologia, trabalham para desenvolver instrumentos para desviar a atenção dos encarnados dos aspectos espirituais, com avanços capazes de ocupar suas mentes e criar dependências virtuais. A internet global conecta as mentes de encarnados com as emanações mentais de desencarnados, criando um mundo artificial denominado virtualidade, que conduz os usuários a uma situação de descontrole emocional e os mergulha na sedução e na licenciosidade. Imersos no ambiente virtual, ocorrem as manipulações mentais que os sobrecarregam com desinformação e ilusões para facilitar a dependência doentia do virtualismo como modo de vida. A farmacologia e a química criam drogas e narcóticos que produzem efeitos alucinógenos e hipnóticos que abrem as portas para as sensações desregradas ou para a passividade doentia que permite a inserção de mensagens subliminares de cunho antiético, de ansiedade, de medos e indutoras de vícios diversos. O virtualismo aliena as mentes com o excesso de informações muitas vezes conflitantes e contraditórias para prender a atenção e formar uma casta subjugada de *onliners*.

Na medicina, muitos avanços são omitidos. Somente

o que interessa ao projeto de poder e escravização mental é divulgado para continuar semeando o medo, a angústia, a desesperança diante de enfermidades fatais e o pânico face à incapacidade de debelar os agentes patogênicos causadores de doenças pandêmicas. Neste cenário caótico a indústria química e farmacêutica se arvora como a tábua de salvação e passa a cobrar valores exorbitantes por seus produtos medicamentosos. Criam problemas para vender soluções. O desenvolvimento de *softwares* de tráfego de dados globais serve ao propósito de controlar as transações financeiras, as comunicações, os dados pessoais e as emoções humanas. As novas tecnologias virtuais que causam uma dependência contínua miram principalmente os mais jovens, e mediante sons neurais e imagens apropriadas vão inserindo sensações escravizantes de apatia que facilitarão o acatamento das ordens absorvidas pelas mensagens subliminares descarregadas na hipnose coletiva por meio da mídia televisiva, radiofônica, dos games, do cinema, dos veículos de formação de opinião de massa e dos instrumentos de cultura e entretenimento em geral, cujo principal objetivo é afastar, apartar os usuários das lições do evangelho e criar uma massa crítica de seres fechados à fraternidade e à caridade, indivíduos que não se sensibilizam com eventos considerados antiéticos, dada a avalanche de cenas cruéis que recebem diariamente através das mídias.

Outra área muito explorada pelos dragões é a relacionada à política, grande causadora de sofrimentos, de crueldades. Na política, a dominação e o poder são as tônicas que conduzem aos desmandos, à iniquidade, à prepotência, à corrupção dos mais caros valores e ao fomento das guerras que destroem os valores humanos, o patrimônio cultural e aniquilam as economias provocando medos e angústias, dores e desesperos. Os dragões são exímios manipuladores da fé e da religiosidade. Todas as iniciativas de esclarecimentos espirituais libertadores fundamentados na fé e na razão, que poderiam alçar a humanidade terrestre para um patamar consciencial mais aberto e elevado, se tornaram alvos da férula dos dragões que as combateram, menosprezaram e as transformaram em religião, cujas adeptos criaram cismas, dissidências, fanatismos e radicalismos que as enfraqueceram e serviram ao propósito de dividir para segregar e fomentar antagonismos e até guerras, para colocar irmãos que deveriam marchar juntos em lutas fratricidas destruidoras da crença, para transformar os fiéis em adeptos da sua visão de religião, separá-los em facções restritivas e limitadoras do ser humano, e todas elas afastadas dos verdadeiros preceitos do Evangelho do Cristo. Basta-nos observar a sede por dinheiro, os templos luxuosos erguidos em nome do Criador e o poder que os sacerdotes, pastores, rabinos, padres e demais representantes religiosos exercem sobre as massas ludibriadas, agrilhoadas em sua fé cega, dúbia e contraditória.

Os dragões são os artífices das crises, os senhores do caos. Sua estratégia atual pretende, ao contrário do que vinham fazendo, instituir um governo mundial único, autoritário, ditatorial que possa submeter ao seu jugo todas as nações; criar uma moeda digital única, para controlar a economia mundial, as finanças, as empresas; erigir uma igreja única que reúna todos os fiéis em torno de uma doutrina universal, a fim de que todas as ideias religiosas sejam transmitidas de forma mais direta e unificada, para que as linhas de pensamento disseminem o que eles desejam impor e atinja a todos indistintamente, escravizando suas mentes e corações sem qualquer pudor e sem exceções; assim não haverá fugas, desvios ou dissidências, porque a vigilância e o patrulhamento religioso serão implacáveis com aqueles que ousarem discordar.

Planejaram a ascensão de líderes fiéis à sua política trevosa, que se tornarão governantes alinhados aos seus propósitos inferiores; planejam a disseminação de agentes biológicos, de eventos climáticos devastadores e de guerras para ocasionar o desencarne em massa e diminuir o contingente encarnado; querem devastar nações para concentrar poderes nas mãos de poucos diretamente subordinados a eles. Seus objetivos são bem definidos: crises globais, caos e desordem, para que a humanidade terrestre encarnada se encontre totalmente envolvida em questões relativas à sua sobrevivência e a desencarnada seja submetida a sofrimentos acerbos e contínuos que a impeça de enxergar a ajuda, que a cegue para a abertura consciencial e destrua qualquer resquício de fé. Os dramas coletivos e as respectivas soluções serão providas por eles; novamente vemos o lema: criar problemas para vender soluções com dependências escravizantes do espírito.

Os daimons se julgam os deuses da Terra. De fato, eles forjaram o desenvolvimento da humanidade terrestre: suas etnias, sistemas políticos de governo, religiões, estruturas sociais, econômicas e culturais, línguas, forças militares. Erigiram construções monumentais na Lemúria, na Atlântida, no Egito, nos antigos impérios persa, grego, romano. Promoveram guerras e destruições incalculáveis e atualmente os seus tentáculos alcançam todos os gabinetes dos governantes das nações do planeta.

Refletindo sobre esse sistema complexo, perverso e repleto de artimanhas muito bem delineadas pelas inteligências sombrias na governança terrestre, observamos que parcela significativa da humanidade está inserida em uma *matrix*, cuja estrutura escravizante transforma as pessoas em seres tão dependentes do sistema, tão apegadas a ele que até o defendem, mesmo sabendo que ele está errado e que as mantém subjugadas.

Pretendem implantar definitivamente a governança mundial única que estruturaram meticulosamente, posicionando os seus eleitos indicados e não eleitos no comando supremo das organizações, das instituições, das corporações, para controlar a economia, o comportamento social, a política, as guerras, as comunicações midiáticas e dominar tudo para impor restrições às liberdades individuais e à soberania das nações, para limitar o livre-arbítrio e subjugar corações e mentes, a fim de transformar a humanidade terrestre em gado subserviente, dependente e submisso. Trabalham incessantemente para controlar tudo e para que nada se realize sem a permissão dos dragões. Repetem que ninguém conseguirá viver sem se submeter, pois nada conseguirá realizar estando fora, desgarrado do rebanho, sem que exiba a marca do pertencimento, a marca de seu dono – o selo do anticristo – a marca da besta –, expressão presente nos registros sagrados. Apregoam que a humanidade se transformará em um rebanho cujos seres serão categorizados, classificados, monitorados por dispositivos eletrônicos – implantes –, e conduzidos para a preservação temporária e útil ou para o abate, levado a cabo por intermédio de instrumentos de redução de contingentes como bactérias e vírus destruidores causadores de pandemias mundiais, de guerras química, biológica e termonuclear, que resultariam em um caos global sem precedentes, com a finalidade de desviar as mentes da renovação íntima espiritual, de abalar a fé e fechar os ouvidos aos ensinamentos da luz.

Afirmam que estarão nos bastidores controlando tudo, com sagacidade, com força e poder abrangente. Que utilizarão as religiões para enganar, subverter, para enfraquecer os sistemas de vida, para causar discórdia, dividir, segregar e aniquilar as iniciativas do pensamento filosófico e existencial da humanidade como um todo. No entanto, os daimons subestimam o poder da verdade e do amor, relativizando a supremacia da luz. Acreditam equivocadamente estar no controle, estar no pleno exercício do comando, mas, na realidade, são controlados, limitados e restringidos para não ultrapassar os limites estabelecidos pela justiça divina e ainda servirem aos propósitos elevados da governança espiritual cósmica no escopo do processo evolucionista planetário.

Dentro deste contexto, é missão dos guardiões da luz promover o reequilíbrio de poder energético implementando ações de desarticulação das estratégias dos dragões e de seus prepostos, os magos negros. Por isso, nossas ações, por enquanto, se concentraram nos principais executores diretos das estratégias dos dragões: Draco e Névius. Em etapas subsequentes, já planejadas, mas ainda em atitude de espera pelo momento oportuno, os dragões serão destituídos de seus poderes efêmeros e certamente enfrentarão o aguilhão da justiça que atinge todos os seres da Criação, sem exceção.

Alfrey fez ligeira pausa e continuou em seguida, dizendo:

— Queridos irmãos, a partir deste momento iniciaremos os trabalhos relativos à execução da próxima etapa do projeto elaborado pelos nossos dirigentes siderais para a ascensão do planeta Terra na hierarquia dos mundos, cujo objetivo é alcançar o patamar de regeneração. Inicialmente vou relatar os progressos alcançados para que possamos nos posicionar. A guerra astral contra as hostes das trevas está em pleno desenvolvimento e as ações neutralizadoras que objetivam o reequilíbrio energético da psicosfera terrena então em andamento e sendo implementadas pelos guardiões em diversos locais do planeta, com campanhas repletas de êxitos.

O sol negro, a fonte energética do governo oculto do mundo, está sendo extinguida, mas ainda nos causa problemas por continuar oferecendo energia negativa aos comandos da escuridão, em especial aos dragões, embora com menor intensidade devido ao afastamento de alguns líderes das sombras, já em processo de expatriamento planetário. Essa fonte de energia negativa continua ativa e sendo alimentada por encarnados e desencarnados de uma humanidade que ainda sofre com a desinformação geradora de angústias e desesperanças, que insiste em decidir os seus destinos fundamentada na força, na violência, na vingança, causando dor e sofrimentos acerbos em seus semelhantes.

Esclarecer é ação imprescindível para exercer oposição à estratégia diabólica das trevas e promover a melhoria do estado vibracional da humanidade terrestre. Eles precisam saber que existe um sistema de vida melhor para se viver, que a fraternidade entre os povos é o caminho da paz, que a erradicação dos preconceitos simboliza a união de todas as criaturas filhas do mesmo Pai magnânimo e justo, que o amor edifica sentimentos que valorizam o ser e que as ideologias políticas nefastas e apartadas da ética auxiliam os projetos de poder do governo oculto do mundo que está alicerçado no poder, na tirania e na força ditatorial contra os seus semelhantes.

Portanto, a próxima etapa exigirá a adoção de atitudes mais firmes para separar o joio do trigo. Continuaremos a desentranhar de seus redutos os líderes remanescentes do governo oculto; desmantelaremos os exércitos de seguidores das sombras; acabaremos com o poder dos sindicatos do crime; extinguiremos definitivamente a chama do sol negro, a fonte temporária de energias negativas deletérias dos senhores da escuridão; e intensificaremos o programa de transmigração planetária para sanear o planeta e incentivar novas perspectivas de continuado progresso espiritual; percorreremos o terceiro milênio focados no farol inextinguível das ditosas ações de regeneração. Neste momento, convido-os a unir forças em prol do sucesso da fase que iremos iniciar: o saneamento do planeta. Estaremos escrevendo um novo capítulo na história da humanidade terrestre, com o aval do Cristo e as bênçãos do Criador.

Por fim, eu gostaria de agradecer o apoio incondicional do Cristo e de todos os coordenadores siderais e solicitar que mantenhamos vivo em nossas memórias o lema do Cristo: amor, misericórdia, justiça e paz.

A congregação de seres presentes acenou afirmativamente para Alfrey, expressando mentalmente efusivos cumprimentos pelo magnífico e edificante trabalho que estava sendo realizado em prol da evolução da humanidade terrestre.

FIM

AS MANHÃS SÃO ETERNAS
Almir Resende
232 páginas – ISBN 978-85-7618-316-7

Que mistério liga, de remoto passado, o luminoso espírito Natanael a Nathan, um líder das Sombras, levando o primeiro a descer à cidadela sombria onde este reina, no intuito de resgatá-lo para a Luz? Por que o poderoso líder trevoso estremece ao defrontar-se com Alexandre, o auxiliar de Natanael?

Neste obra fascinante, vamos com Natanael e o jovem Augusto à cidade sombria de Nathan, e a conhecemos em detalhes: habitantes, edificações, o palácio do líder obscuro e a realidade energética do conjunto. Percorrendo os vales de sofrimento e seus guardiões, vemos os temidos dragões em ação, e deparamos com uma universidade trevosa onde se desenvolvem pesquisas e estratégias científicas avançadas: chips eletromagnéticos, experiências genéticas, indutores de obsessões, rastreadores psíquicos, técnicas de sondagem de almas, hipnose; enfim, toda uma avançada tecnologia a serviço das Trevas. E mais ainda: vemos desencarnados e encarnados em desdobramento sendo vitimados por elas.

Na contraparte da narrativa, em plena crosta, uma casa espírita, onde médicos desencarnados e extraterrestres operam juntos, socorre vítimas desses métodos invasivos. A presença dos companheiros da Irmandade Galática é uma constante na obra que nos conduz, inclusive, a um planeta mais feliz que a Terra, com o qual os personagens da história têm um vínculo original.

Várias tramas e destinos se entrelaçam, entre o Astral e a crosta, em torno do drama de Nathan e Natanael, enriquecendo de preciosos conhecimentos de realidades espirituais, de teor atualizado, esta obra que constitui verdadeiro compêndio de estudos avançados, em meio à envolvente narrativa que abrange muitas almas em trânsito das Trevas para a Luz.

A GUERRA ASTRAL
foi confeccionado em impressão digital, em outubro de 2023
Conhecimento Editorial Ltda
(19) 3451-5440 — conhecimento@edconhecimento.com.br
Impresso em Book Slin Millennium 70g - Bignardi